邓荣霖◎著

论公司

ON COMPANIES

中国人民大学出版社
·北京·

出版说明

从 1978 年开始“摸着石头过河”到进入新时代，我国的经济发展取得了举世瞩目的成就。由此带来的经济学核心命题是，中国经济发展的动力到底是什么？换言之，始于 1978 年的改革开放到底做对了什么？回答这个问题，经济学者责无旁贷。在整个国家开始“摸着石头过河”的伟大实践的同时，学者们自然也在进行着对这一伟大实践的研究总结、对经济发达国家的学习借鉴和在理论上的深度思考。其中，中国人民大学的邓荣霖先生在当时直接抓住了决定“摸着石头过河”这一伟大实践能否成功的关键，即能否培育和发展壮大“公司制企业”这一微观经济主体，以及由此决定的社会主义经济体制改革的方向，并开创了社会主义公司理论的系统化研究，此后被称誉为“邓公司”。

经济体制要解决的核心问题是，一定的资源配置方式下社会生产的微观经济主体及其生产效率。现在回过头来看，我国改革开放的核心问题是如何从传统的计划经济体制向社会主义市场经济体制转变，而决定这一转变能否成功的关键在于，如何从传统计划经济体制下微观经济主体以工厂组织形式为主，逐步转变为以公司制企业为主，并推进市场化改革。

从 1961 年毕业留校到 1978 年改革开放，邓荣霖先生长期从事工业企业管理教学和研究工作，对传统计划经济体制下工厂组织形式的弊端了如指掌。1979 年，作为改革开放之后国家首批公派国外的高级学者，邓先生前往改革开放已有 20 年的南斯拉夫留学，详细研究南斯拉夫工业企业管理。1982 年回国后，他在全国率先开设"公司概论"课程，并开创性地提出中国企业的主要组织形式将是公司，系统提出"建立并发展具有中国特色的社会主义公司体系"的设想、框架及内涵。1984 年，邓先生在《合理组建工业公司，提高经营管理水平》一文中指出，中国合理组建工业公司必须"实行政企分开，实行自愿互利，采用多种组织形式"，应当特别重视提高经营管理水平对公司建设的重要作用。1985 年，邓先生在《公司的地位和作用以及清理和整顿公司问题》一文中提出，公司是依法成立、从事经营活动、自负盈亏的法人企业，理解公司的特征必须坚持"公司是企业，公司是法人企业，公司是依法成立的企业"三个要点。1984 年 9 月和 1986 年 12 月，邓先生参加了公司法起草工作及研讨，认为应该尽快制定并实施公司法，规范我国公司法律形式和公司经营行为。1987 年，邓先生提出我国公司发展的趋势是，股份有限公司和有限责任公司将成为我国社会主义公司体系中两种最基本的公司责任形式。1987 年和 1989 年，邓先生先后出版了《工业公司概论》和《公司经营学》两本著作。

1989 年以后，邓荣霖先生进一步以公司理论为核心，对企业的制度形式、企业的组织形态、企业的经营管理、现代企业制度的建立、与国有企业公司化改革改制相关的整个经济体制改革和政府职能转变、企业立法、以公司理论为核心的企业集团研究、公司治理结构、董事与经理制度、企业家的作用、内部人控制、经营者激励与约束、独立董事制度、民营企业建制和发展、中小企业改革和发展、企业战略、企业的国际化、企业的并购和重组、企业的文化建设等问题进行了全方位的深入研究。由此，邓荣霖先生也被誉为我国现代企业制度理论的奠基者之一。

纵观邓荣霖先生的研究历程，有这样几个特点。一是科学性。他的研究不会赶时髦，不会为了迎合而研究，而是抓住公司理论和现代企业制度在经济体制改革中的核心地位和作用这一问题的本质进行系统研究，经得起历史的检验，40年前的研究成果放到现在也不过时。二是实践性。他的研究紧紧抓住了中国如何实现工业化这一大的时代命题，从实践中来，又到实践中去，研究的目的是为了解决实际问题，很多研究成果被政府决策和公司立法所采用，体现了他作为经济学家和管理学家的责任担当。三是前瞻性。他的研究抓住了公司这一市场经济的核心命题，自然就能对我国社会主义市场经济体制改革和公司发展的方向做出前瞻性的研究和预见，并在此后为我国企业改革和发展的实践所证明。

2019年，世界500强企业里中国企业上榜数量达到129家，首次超过美国成为全球第一，蓬勃发展的中国企业已经成为国家竞争力的坚强磐石。这一发展成果，离不开当初的那场伟大实践，包括邓荣霖先生在内的研究者在其中发挥了重要的作用，怎么赞誉都不为过。为了庆祝新中国成立70周年，为了庆祝这一伟大的新时代，中国人民大学出版社将邓荣霖先生毕生的研究成果汇集成册并出版，分别是《论公司》《论企业》《论管理》，忠实再现改革开放以来邓荣霖先生在不同阶段所做的开创性和系统性研究，以飨读者。

最后，用邓荣霖先生一位老友的诗作为结束语："经天宏论开心钥，济世良方破霹雷。娓娓清言疑尽释，迷花深处不思回。"这首诗道出了先生毕生理论研究的执着和担当。

李琦　赵宝华

2019年9月16日

前 言

一国的经济发展，总是在一定的经济体制下进行的，而企业是经济体制中承载经济发展的微观主体。综观企业的发展历史，公司自产生以来不断完善，已经成为现代经济体系中最重要的企业组织形式。世界各国的经济发展实践表明，经济发达的国家，都是公司发达的国家，抓住了公司，也就等于抓住了经济发展的实质。

邓荣霖教授是我国最早系统研究公司理论的著名学者。自 20 世纪 80 年代起，他开始从事公司理论和实践方面的研究，开创了公司和现代企业理论与实践研究的新领域。他从考察经济发达国家的公司组织入手，最早建立了比较系统的公司理论体系，并将之运用于我国的实践。该体系包括公司的形成和发展、公司与技术进步和经济发展的关系、公司的企业特性、公司的经营管理特点、我国公司发展的理论与实践研究等。此后，他又以公司理论为核心，从不同的角度对企业进行了研究，包括企业的制度形式、企业的组织形态、企业的经营管理、以建立公司制度为核心的国有企业改革、现代企业制度的建立、与公司化改造相关的整个经济体制改革和企业立法等。理论的研究和实践的发展表明，公司的确是企业组织中最重要的形式。

邓荣霖教授是从考察经济发达国家公司的实践开始进行研究的。他分析了以美国为典型代表的发达国家公司的产生、发展、企业特性、经营管理特点及其在经济发展中的重要作用，并对比分析了我国公司的历史、现状及其在经济发展中的作用，提出了在我国如何发展公司的具体对策。他指出，公司是依法成立，从事经营活动、自负盈亏的法人企业，公司的产生是现代工业生产社会化和科学技术进步的客观要求，公司是适应社会主义商品经济发展要求的企业组织形式，公司的组织形式在实践中处于不断调整之中，公司可以有效地实现科学的经营管理。他在 1984 年提出，要合理组建工业公司，就要实行政企分开、自愿互利，并采用多种组织形式，在公司的清理和整顿中应该正确地发挥公司的作用。他的早期研究成果初步形成了比较完整的关于公司的理论体系。这集中地体现在 1985 年他在国家经委召开的“工交系统清理、整顿公司工作座谈会”上的发言《公司的地位和作用以及清理和整顿公司问题》一文和 1987 年出版的由他主编的《工业公司概论》一书当中。当时的国家体改委领导对邓荣霖教授 1985 年的发言作出了这样的批示：“此文有理论，有分析，又从中国实际出发，很有启示。这是目前把公司问题说得比较清楚的一个材料。”在《工业公司概论》中，他系统地提出了“建立并发展具有中国特色的社会主义公司体系”的理论框架，包括确定公司的企业性质；确立公司的法人地位；通过公司组织形式推动我国社会主义商品经济的发展；通过多种公司形式和其他多种企业形式以及多种经济联合形式的并存及其共同发展形成我国合理的社会主义企业模式，实现大中小型企业的配套和协调发展；利用有限责任公司和股份有限公司的有效形式促进我国社会主义公有制经济的发展；利用跨国公司的形式壮大我国的经济力量并促进我国企业进入国际市场；建立公司内部合理的组织结构和组织机构；形成合理的外部环境；制定并完善公司法及其相关配套的经济立法；等等。今天，我们回过头来看，会发现整个理论框架是如此富有远见。我们已经进行的和正在进行的改革，正是沿着这个理论框架所揭示的方向展开的，而目前还远远没有达到最终的目标。

此后，邓荣霖教授从不同的角度，以公司理论为核心，进一步展开了对企业的研究。

在对企业制度的研究上，他认为独资企业、合伙制企业和公司制企业是最基本的和最主要的企业制度形式和法律形式。实际上，我们今天关于企业的立法正是按照这种体系进行的，这也有利于我们对外开放和加入世界贸易组织（WTO）后在企业制度方面与国际接轨。

在对企业组织形态的考察上，他指出企业组织包括小企业、大企业和大企业的变形体，其中大企业包括由多个事业部和分公司组成的单一法人公司、多厂联合企业、集资组成的托拉斯式的大企业以及各种专业性和综合性的大型公司。大企业的变形体则包括企业集团和跨国公司，而企业集团和跨国公司的组织基础正是公司。这一提法，一方面把小企业、以公司形式存在的大企业、各种企业联合形式、企业集团和跨国公司全部纳入企业组织体系，使其成为一个统一的整体，有利于形成大中小协调发展、合理分工的企业组织体系，另一方面使我们清楚地认识到公司在整个企业体系中的核心地位。

对企业经营管理的研究，他最早是通过考察国外发达国家公司的经营管理情况，从研究公司的经营管理开始的。这些内容包括：适应科学技术革命的要求，公司这种组织处于不断的改组之中，包括调整、合并和新建等形式；从公司的组织机构来看，公司实现了决策机构、执行机构和监督机构的分开，从而各司其职、合理分工；公司的组织结构有直线与参谋式、事业部制、超事业部制、战略经营单位、矩阵式、多维结构等多种形式；公司突出的特点是它能有效地实现科技开发和技术进步的内化等。他认为公司的经营观念对于公司的生存与发展起着决定性作用，并把公司经营观念分为空效观念和时效观念两大类。以对公司的经营管理的分析为基础，他研究了企业集团的组织与管理、企业集团的母子公司体制等内容。在 1992 年以后的研究中，他明确提出建立现代企业管理制度，并在企业的跨国经营战略选择、企业的多元化经营、企业的资本营运、企业的兼并与重组以及中国的企业管理学科建设等方面都有独到的见解。

1992 年，党的十四大正式把建立社会主义市场经济体制作为我国体制改革的目标。在新的形势下，邓荣霖教授把重点放在研究现代企业制度以及与建立现代企业制度相关的整个经济体制改革上。他认为，市场经济体制反映企业、消费者和政府这三大利益集团之间的关系，而现代企业制度是以公司制度为主体的市场经济体制的最基本成分，现代企业制度就是现代公司制度，或者说现代公司制度是现代企业制度最典型的形式。因此，他关于现代企业制度的论述，实际上是 20 世纪 80 年代初建立的比较系统的公司理论体系及其后提出的“建立并发展具有中国特色的社会主义公司体系”的理论框架在新形势下的延伸和进一步发展。

现代企业制度包括现代企业产权制度、现代企业组织制度和现代企业管理制度三个部分。包括国有企业在内的企业建立现代企业制度涉及经济体制方方面面的改革，比如政府职能的转变、国有资产管理体制的改革、市场体系的发育、人事制度的改革、行业组织的建设、我国法制的健全和社会保障制度的建立等。关于这些论述，邓荣霖教授在当初提出“建立并发展具有中国特色的社会主义公司体系”构想和论述股份制企业的外部关系时大部分已有涉及，此后又作了进一步的丰富和完善。

关于政府职能的转变，他认为政府应做的事情包括：维护消费者的利益；维护企业的合法利益；协调消费者与企业之间的利益冲突；协调企业与企业之间的利益冲突；健全和完善社会公益事业和社会中介组织；通过法律手段和宏观调控手段指导企业健康发展；等等。这就明确地指出了现代成熟的市场经济中政府应具有的职能。具体到中国，政府能否按照市场经济的要求转变职能，是关系到经济体制改革能否成功的关键环节。

关于国有资产管理体制的改革，他在1988年提出，国有资产管理部门是代表国家实施国有资产管理的职能机构，应设立专门从事国有资产经营活动的公司，在国有资产管理部门的指导下进行国有资产的投资以及企业之间产权交易的经营活动。1992年以后，他从建立现代企业产权制度的角度来研究这个问题，认为改革国有企业产权制度是建立现代企业制度的核心内容；国有企业产权制度改革，关键在于国有资产管理体制的改革，在于国有资产人格化代表的确认；要实现产权清晰和政企分开，前提是政资分开，即政府的行政管理职能与资产管理职能分开，国有资产的政府管理职能与国有资产的经营机构职能分开，国有资产的经营机构职能与企业经营职能分开，从而实现国家财产的原始所有权和公司法人财产权的合理分解，确立法人产权。国有企业只有确立法人产权，才能真正实现自主经营和自负盈亏。

关于市场体系的发育，他在《工业公司概论》一书中指出，我国社会主义公司体系中包含公司外部环境的协调性和一致性，应当建立起全国统一的、开放的市场体系，包括商品市场、技术市场、资本市场、劳务市场等。从现代企业制度的建立和国有企业改革的角度来看，又涉及产权市场和企业家市场等方面，这里着重介绍他对中国企业家队伍建设的研究。他认为，企业家是转换国有企业经营机制的关键环节，建立现代企业制度要求董事、经理具备企业家素质；中国企业家队伍的形成要注重制度建设，包括企业高层经理应实行聘任制度，要建立经理人才市场和经理注册制度，要实行经理无任期制度和经理报酬的薪金制度；在企业家队伍建设的环境保证上，要维护企业的独立性和自主性，使企业真正具有法人资格，要取消企业高层管理者的干部称号和行政级别，要改革人事制度，通过立法来保护企业家合法权益。

关于行业组织的建设，邓荣霖教授在研究公司理论初期就十分关注这个问题。他在 1984 年针对实践中存在的“行政性公司”的现象，提出要按照政企职责分开的原则来组建工业公司，包括改组政企不分的挂牌公司和建立作为经济组织的真正公司。对于挂牌公司的改组，具备经济组织基本条件的就办成经济实体，起行业协调作用的可转为行业管理组织。他指出，作为经济组织的公司、作为行业管理组织的行业协会和作为国家管理机构的行政主管机关是三种不同的组织体。1992 年以后，他对行业组织和行业协会作了进一步的研究。他认为，建立社会主义市场经济体制，要正确发挥企业、政府和行业协会的作用。在市场经济条件下，企业行为具有有效性和局限性这二重性。企业行为的局限性，表现为市场经济的局限性和盲目性。由于政府职能的内在规定性，要解决这个问题，就需要行业组织和行业协会。具体来讲，行业协会要反映企业意愿，为本行业的众多企业提供信息和人才方面的服务，协调行业内部企业之间的竞争与合作关系，指导企业健康发展；要立足于企业，向政府反映企业要求，并使企业行为遵守国家法律和政策的规定。另外，他还具体分析了在中国建设行业协会应注意的理论和实践问题。

关于法制的建设和完善，邓荣霖教授最早是从发展公司的角度出发，开始关注这些问题的。他在相关的论述中一直坚持要尽快制定并实施公司法，以规范我国公司的发展，并分别于 1984 年 9 月和 1986 年 12 月参加了公司法的起草工作和相关的研讨会。1994 年《中华人民共和国公司法》（以下简称《公司法》）颁布并实施之后，他继续关注《公司法》的建设情况。在充分肯定我国第一部《公司法》的现实作用和战略意义的前提下，他认为《公司法》中存在一些遗留问题和不完善之处，比如若干条例还需要制定具体的实施办法，一些法律条文留给执法部门过多的执行空间等，并详细研究了《公司法》施行中须注意的现实要点。除《公司法》之外，他还关注公司及企业发展的法律环境的完善。他在《工业公司概论》中指出，要制定并完善公司法及其相关配套的经济立法，包括破产法、价格法、投资法、税法等有关法律。他还参与了早期国有资产法的立法体系指导思想及草案的有关讨论和研究活动。

这里特别要指出的是，邓荣霖教授长期关注国有企业的改革和发展。从 80 年代的如何把国有企业改组为工业公司，如何加强国有企业的技术进步和经营管理，如何建设企业集团等；到 90 年代以来的如何进行国有企业改革、建立现代企业制度和转换国有企业的经营机制，如何培育企业家，如何激励和约束经营者，如何进行资本营运和重组兼并，如何有效地进行专业化经营与多元化扩张，对国外国有企业发展情况的对比研究等，从理论和实践相结合的角度提出了许多真知灼见。

邓荣霖教授丰硕的研究成果，这里只能略窥一二。通过以上介绍，我们不难发现，邓荣霖教授的学术研究具有如下特点：

一是，他注重将不同的学科综合起来进行研究。研究企业及公司问题，邓荣霖教授将经济学、管理学和法学等学科结合在一起，这样能够开阔研究视野，不断创新理论。

二是，他在研究当中注重理论与实践的紧密结合。研究企业及公司问题，除了要探求现代市场经济中企业及公司的发展规律，更重要的是如何与中国的具体实践紧密结合起来。邓荣霖教授在建立比较系统的公司理论以及现代企业制度理论体系时，一直密切关注国有企业的改革和发展实践，从而使自己的理论更加充实并得到更进一步的发展。

三是，他注重研究事物发展的一般规律性，今天来看，也就是能与国际接轨、符合现代市场经济发展的规律性的东西。邓荣霖教授是在 80 年代开始研究和形成较为完整的公司理论体系的，提出了“建立并发展具有中国特色的社会主义公司体系”的理论框架，比如指出公司制的两种有效形式是有限责任公司和股份有限公司，这些论述直到今天仍然具有现实性，我国企业的改革和发展仍然在沿着这个方向前进。

四是，他注重研究的前瞻性。邓荣霖教授较早建立的比较系统的公司理论体系，正是 1992 年以后我国提出的建立现代企业制度的最核心的内容，而公司化也正是我国国有大中型企业的改革方向。1985 年他在国家经委召开的“工交系统清理、整顿公司工作座谈会”上的发言《公司的地位和作用以及清理和整顿公司问题》一文和 1987 年出版的由他主编的《工业公司概论》一书当中，在当时的体制和政策背景下，他只提发展“社会主义商品经济”，而有意识地不提“社会主义有计划的商品经济”，这在 1992 年所确定的我国经济体制改革的方向上得到了验证。这同时也表明了他敢于说真话、在研究中求真的科学态度。

五是，他的研究总有自己独到的见解，不受他人的影响。《中国软科学》1996 年第 4 期的“编辑人语”是这样评价邓荣霖教授的《经济增长和企业行为》一文的：“与上一期国有企业改革专题相呼应，邓荣霖教授提出了几个不为潮流左右的独到见解，对当今‘两个转变’及‘抓大放小’的再认识，相信不无裨益。”

综观邓荣霖教授的学术研究，科学的方法和踏实的作风，使他在公司理论和现代企业制度等方面的研究在国内处于领先水平，邓荣霖教授也由此被理论界和实业界赞誉为“邓公司”。他围绕公司理论和现代企业制度理论发表了大量的论著和学术论文；多次参与国家经贸委、国家体改委等有关部委关于公司和现代企业制度方面的专题讨论和研究，其研究成果和建议被作为制定有关政策的重要依据；参与了一些相关法律的立法研究和起草讨论工作；多次直接向国务院领导汇报研究成果并提出政策建议；担任国务院学位委员会工商管理学科评议组成员、国家经贸委企业研究中心专家委员会副主任、北京市人民政府顾问、中国工业经济联合会学术委员会副主任、中国企业联合会和企业家协会常务理事、欧美同学会理事等多个学术和社会兼职。

邓荣霖教授作为著名的学者，广受人们赞誉。但邓荣霖教授首先是辛勤的园丁，自留校任教至今已整整 40 年，先后担任中国人民大学工业经济系副主任、主任，并担任多年的博士生导师。如今的邓教授，把更多的心思放在了企业的发展上，他说他想为中国企业的发展多做一些实实在在的工作。邓荣霖教授的思想和理论是对中国公司发展和现代企业制度建立实践的深刻理解和系统总结，且随着中国改革开放的进程，这些真知灼见将日益显示出其重大的理论价值。

我们有幸成为邓荣霖教授的弟子，在导师的言传身教下受益匪浅。我们怀着崇敬的心情整理汇编了这本文集，希望更多的读者从中受益。

徐佳宾　赵宝华

2002 年 5 月

目 录

公司理论

工业公司的基本理论 / 3
公司的地位和作用以及清理和整顿公司问题 / 8
企业集团的基础在于公司的发展 / 23
建立和规范公司法人治理结构 / 32
中国大型公司与企业集团发展的关系 / 39
母子公司体制 / 41
合理组建工业公司，提高经营管理水平 / 45
发挥工业公司在技术进步中的作用 / 58
发挥股份公司在科技进步中的作用 / 63

企业制度

公司法和现代企业制度 / 67
现代企业制度与公司制度 / 116
关于现代企业制度的问题 / 120

我国建立现代企业制度的三个原因 / 155
现代企业制度与政府职能 / 160
通过制度创新实现持续发展 / 170
现代企业法人制度：国有企业公司化改造的方向 / 191

国资管理

国企面临深化改革的要求 / 199
《公司法》是国有企业改革的基本法律依据 / 201
《国有资产法》是国有企业产权制度改革的准绳 / 206
论国有资产进入市场 / 211
资本营运与国有企业改革（上）/ 219
资本营运与国有企业改革（下）/ 227
转换国有企业经营机制与培育企业家 / 231

国外经验

国外的企业组织形式和管理模式 / 237
国外企业制度的启示 / 255
国外企业制度及其对国内深化企业改革的启示 / 262
美国工业公司管理 / 271
南斯拉夫工业公司管理 / 288
外国国有企业的来龙去脉 / 311

附录

“公司”研究第一人
——记中国人民大学博士生导师邓荣霖 / 331

理论不止　创新为魂

——邓荣霖教授著《论公司》评价 / 334

《论公司》评介 / 339

现代企业制度：中国企业发展的方向

——访中国人民大学工业经济系主任邓荣霖教授 / 343

著名经济学家邓荣霖教授认为：现代企业制度有六大优势 / 347

公司制：国有企业改造之途径

——访著名工业经济学家邓荣霖教授 / 349

董事不是官员　经理不能选举

——中国人民大学教授邓荣霖谈建立现代企业领导制度 / 353

产权·产权界定·产权制度

——访著名经济学家邓荣霖教授 / 356

人才市场：求职者的福音

——中国人民大学博士生导师邓荣霖教授访谈 / 361

市场经济条件下铁路运输企业改革的思路

——访著名经济学家邓荣霖教授 / 366

走出建立现代企业制度的几个误区

——访著名学者、中国人民大学工商管理学院博士生导师邓荣霖教授 / 375

独立董事：要么打破“内部人控制”，要么成为“新一代摆设” / 382

公司理论

On
Companies

● 工业公司的基本理论

“公司”这个名称由来已久。从世界上正式颁布第一部公司法到现在，已经有300多年的历史。世界各国的实践表明：经济发达的国家，都是公司发达的国家，发展公司与发展经济有着极其密切的联系。

我国近几年涌现出来的公司，数量之多，范围之广，规模之大，是新中国成立30多年来前所未有的。这是我国商品经济发展的需要，是我国实行对外开放的需要，是我国经济体制改革的需要。但是，同国外经济发达国家比较起来，我国公司的历史短，经验少，再加上经济立法不完善，旧的经济体制对公司的束缚和影响，致使我国公司存在亟待解决的理论问题和实践问题。

1984年10月《中共中央关于经济体制改革的决定》中明确指出：“为了从根本上改变束缚生产力发展的经济体制，必须认真总结我国的历史经验，认真研究我国经济的实际状况和发展要求，同时必须吸收和借鉴当今世界各国包括资本主义发达国家的一切反映现代社会化生产规律的先进经营管理方法。”[①] 而公司正是从企业组织形式上来解决我国企业的现代科学管理问题的一个重要课题。这个决定还

① 中共中央关于经济体制改革的决定．北京：人民出版社，1984：9-10.

指出："全国性和地区性的公司，是在国民经济发展的需要和企业互有需要的基础上建立的联合经济组织，它们必须是企业而不是行政机构，不能因袭过去的一套办法，而必须学会现代科学管理方法。"①我们是在中央决定的这个精神指导下编写《工业公司概论》这本书的。

我们在编写本书的过程中，采用了理论与实践相结合、历史与现状相结合、国内与国外相结合、观点与材料相结合的方法，力求从我国实际出发，注意总结我国的经验，并吸收和借鉴国外经济发达国家的有益经验，阐述公司的基本理论及其有关知识。其目的在于取人之长，补己之短，力求反映随着我国社会主义经济建设不断深入发展而逐步形成的具有中国特色的社会主义公司体系。

纵观世界上 300 多年的公司历史过程，特别是近百年来公司发展的经验，横观当代世界各国的公司现状，特别是国外经济发达国家的公司特点，我们从中可得到以下几个方面的启示：

第一，公司是商品经济发展的产物，是商品经济条件下有效的企业组织形式；

第二，公司反映了社会化大生产的客观要求，是推动社会生产力发展和技术进步的重要力量；

第三，公司组织形式的演变和更新是必然趋势，多种形式的公司并存及其发展是增强公司活力的组织基础；

第四，公司的组织结构不是千篇一律的，也不是固定不变的，而是随着公司内部条件和外部环境的变化不断改善和调整的；

第五，公司法的制定和完善是使公司顺利发展和正常活动的根本保证。

回顾我国 30 多年来公司建立及其发展过程的历史经验，联系我国现阶段公司的实际情况以及今后公司的发展趋势，依据我国社会主

① 中共中央关于经济体制改革的决定．北京：人民出版社，1984：24.

义现代化建设和体制改革（包括经济体制改革和政治体制改革）的要求，为建立并发展具有中国特色的社会主义公司体系，我们应当重视以下几个方面的内容：

第一，确定公司的企业性质。公司不是一级国家行政机构，公司不是行业组织，公司不是社会团体组织，公司不是社会福利组织，而是具有企业特征的商品经营者。应当按照发展我国现代商品经济和现代社会化大生产要求的观念来认识公司，对待公司，摒弃传统的产品经济体制旧观念和小生产者习惯势力的影响。

第二，确立公司的法人地位。必须使组建的公司具备法律规定的法人条件，使公司的“生死存亡”符合法律规定的核准登记程序。公司的各项经营业务活动，都必须遵守法律条文的规定，在法律监督之下开展。公司的合法行为，受到法律保护；公司的违法行为，受到法律惩罚。极少数违法公司的存在，现在有，将来还会出现，但发现一个，解决一个，直至取缔。极少数违法公司的出现，表明违法分子利用公司形式从事违法活动，但并不表明公司这种组织形式不好。这是应当划清的界限。正如商品经济不是资本主义社会所特有的一样，公司也不是资本主义社会所特有的形式，我国社会主义同样可以利用公司这种组织形式来为社会主义现代化建设事业服务。

第三，通过公司组织形式来推动我国社会主义商品经济的发展，推动现代社会化大生产的发展，加快技术进步的步伐，提高企业经营管理水平，并在发挥公司作用的过程中进一步使公司形式扩展到更多的经济技术领域中。我国经济技术发展的趋势表明，公司将成为我国社会主义商品经济条件下的一种主要企业形式。

第四，通过多种公司形式和其他多种企业形式以及多种经济联合形式的并存及其共同发展，逐步形成我国合理的社会主义企业模式和充满生机的新型企业联合形式，从而有利于实现大中小型企业的配套和协调发展，发挥不同类型和不同规模的企业的特长与优势，使多种多样的企业形式都具有活力。

第五，利用有限责任公司和股份有限公司的有效形式，促进我国社会主义公有制经济的发展，使公有制的生产资料与劳动者有机地结合起来，实现国家与企业、企业与职工在经济利益基础上的职责分工及其联系。利用跨国公司的形式来壮大我国的经济力量，并打入国际市场，参与当代国际投资、国际金融、国际贸易、国际劳务、技术转让等活动，使我国企业的水平尽快地提高到世界先进水平。我国公司发展的趋势表明，股份有限公司和有限责任公司将成为我国社会主义公司体系中两种最基本的公司责任形式。

第六，公司内部的组织结构和组织机构，应当符合公司的经营目标和实际情况，有利于调动公司总部和内部各单位的积极性，实行集权与分权的合理划分和有效结合，形成公司内部的决策系统、指挥系统、利润中心、技术中心，并攥成一个拳头打入国内外市场。

第七，形成合理的公司外部环境。无论公司规模的大小和经营业务范围的不同，就公司的组织性质来说，都是作为企业而存在的一个社会细胞，这就要求整个经济体制中确保公司的企业地位并发挥公司的企业作用。我国社会主义公司体系中包含着公司外部环境的协调性和一致性。应当建立起全国统一的开放的市场体系，包括商品市场、技术市场、资金市场、劳务市场等。形成平等条件下的市场竞争环境是搞活企业（包括搞活公司）的基础；发挥城市功能是搞活企业（包括搞活公司）的必要保证；明确政府行政机构职能是搞活企业（包括搞活公司）的前提条件。

第八，制定并完善公司法及其相关配套的经济立法，包括破产法、价格法、投资法、税法、资金法、分配法和其他有关法律。在实际经济生活中，公司概念首要的是一个法律概念。公司的定义、特征和法律地位，以及公司的建立、变更和解散及其在民事活动中的权利与义务，都应在公司法中明确具体地予以记载。为了保证我国公司的健康发展，应当尽早地颁布我国公司法。这是我国社会主义公司体系的极其重要的组成部分，是公司存在与发展的法律依据，是公司从事经营活动的行为准绳。

基于上述我国社会主义公司体系的要求并借鉴国外发达国家的有益经验，本书包括公司的特性、公司的产生、公司的作用、公司的形式、股份公司、公司的组建、公司的组织结构、公司的组织机构、公司的内部关系、公司的外部关系、跨国公司、公司法共十二章内容，系统全面地论述了公司的基本原理和基本知识。本书内容体系的形成，既是力求反映国内外公司建立和发展过程中具有规律性的普遍内容，也是我们近几年来开设“公司概论”这门新课程内容的不断总结。因此，我们期望，本书的出版发行，不仅有助于我国公司的健康发展，使我国公司在国内外市场竞争中发挥更大作用，而且将为我国高等院校有关专业提供一门新课程的参考教材，为培养我国企业家和公司经理及公司系统各类人员提供一本有关公司理论与实践的系统教材，也可作为有关部门各级人员的自学教材。

（原载邓荣霖：《工业公司概论》，北京，
中国人民大学出版社，1987）

● 公司的地位和作用以及清理和整顿公司问题

一、正确评价我国公司的历史和现状

公司作为企业一种组织形式的名称，在世界上已经有 300 多年的历史。从世界各个发达国家来看，它们经济的发展是同公司这种组织形式紧密联系在一起的。新中国成立以后我们真正搞公司，是从 50 年代中期开始的。对公司的历史作用和当前清理整顿公司的成绩，还是应当肯定的。从我国历史看，公司发展经过了三个历史阶段：

第一个历史阶段是 50 年代中期，在我国一些工业基地，如上海、天津等，兴起了一批公司。这批公司对推动当时第一个五年计划的完成，对社会主义改造的完成起了一定的历史作用。

第二个历史阶段是 60 年代初期，当时办了全国性的托拉斯、地方性的托拉斯，实际上也是公司。它对我国当时贯彻“调整、巩固、充实、提高”八字方针起了一定的历史作用。

由于当时“左”倾错误和“文化大革命”的干扰，这两个时期的公司大部分没有得到巩固，除了少数保存下来，多数夭折了。

第三个历史阶段是 70 年代末期，兴起了大批公司。这次公司兴起的规模之大，数量之多，范围之广，都超过了历史上前两个阶段。这次公司的兴起，是在清除了“左”倾错误和“文化大革命”干扰后进行的。

30多年来，公司发展经过了一个曲折的历史过程。当前存在的问题是公司前进中出现的问题。公司的问题，不仅现在会存在，今后还会存在，所以改组公司是个经常性的工作，不是一个突击性的任务。对当前公司存在的问题应该有个正确的看法。我认为我国公司当前存在的问题至少可以说明以下几点：

（1）我国商品经济还不发达，小农思想的影响反映到现代工业生产的组织形式上来，对公司这种组织形式的利用还不够，没有把公司这种组织形式的优越性发挥出来，而不是公司这种组织形式本身不好。一旦我们商品经济发达起来，那种自给自足的小农经济思想得到克服，公司这种组织形式将会进一步显示它的作用。

（2）经济体制改革对公司提出了新的要求。有的公司在旧的体制下日子还过得下去，现在面临体制改革的新要求，公司本身就显得不适应了。在这种不适应面前，公司又没有及时调整自己。这反映出公司是体制的一部分，它本身又受体制的影响。

（3）公司面临新技术革命的挑战。新技术革命对公司提出了许多新的要求。比如要求公司开发新技术，拿出新产品。但我们有许多公司不适应这些新要求，尽管有些公司过去办得很好，起过很多作用，但现在日子也不好过，碰到许多困难。这说明公司要迎接新技术革命的挑战。

（4）我国立法不健全，缺乏关于公司的明确法律。公司存在的问题，我认为不能过多地责怪公司本身，没有明确的法律，谁都可以插手公司，干预公司，必然会造成混乱和出现许多问题。公司法、破产法我国现在还没有，税法等也不健全，而这些法律是办好公司的必备条件。

以上这些，目的是想说明，要把公司当前存在的问题同公司这种组织形式区别开来，我们在解决公司存在的问题时，不要去否定公司这种组织形式。

二、正确认识公司的特性

任何事物都有它自己的特性，以区别于其他事物。公司作为一种组织也有它自己的特性，以区别于其他组织。怎样正确认识公司的特性，是我们当前的一个关键问题。什么是公司？什么样的组织可以挂上公司这个名称，我认为现在到了应该解决的时候了。公司是什么？我认为，公司是依法成立，从事经营活动，自负盈亏的法人企业。这个定义可以把各种公司包括进来。那么，公司的特性有哪些？我认为下面三点是要坚持的：

1. 公司是企业。这个概念应该非常明确，非常肯定。公司是企业，这在中央关于经济体制改革决定的文件和国务院 102 号文件中以及国家工商行政管理局的规定中都很明确。那么公司是企业，它的含义是什么？我认为包含以下几点：

（1）直接从事经营活动。公司必须直接从事经营活动，这是公司区别于行政机构的一个重要标志。行政机构不直接从事经营活动，不直接从事经营活动的不能叫公司。直接从事经营活动这里面有两点：其一，经营的业务种类可以不同。公司经营的业务种类可以多种多样：可以从事生产性的、商业性的活动，也可以从事建筑、咨询、资金活动等，经营业务本身就表明它是商品交换的一种形式。所以，公司是同商品交换联系在一起的，是从事经营活动的。经营实质上是商品经济条件下的一种经济交往活动。它的内容可以多种多样，这样我们就可以有各种类型的公司。公司经营的业务不同，并不说明它不是公司。因为在从事经营活动这一点上它们是相同的。其二，经营的范围可大可小，包括项目可多可少，地区活动范围可大可小。公司的规模可以不同，但公司规模的大小并不会改变公司的性质。不能因为公司规模大，就成为一个行政机构，公司规模小，就是一个企业。如果这样就会造成混乱。哪怕是全国性的公司、全省性的公司，也是一种企业。不能全国性的公司就成了行政机构，而下面的公司才是企业。全国性公司也好，地方性公司也好，只是经营的范围不同，或者是公司的规模不同。公司的人数可以是几万人，也可以是几百人，但公司的特性不会改变。

（2）必须承担自负盈亏的经济责任。这也是公司区别于行政机构的一个重要标志。行政机构不承担自负盈亏的经济责任。挂上公司牌子，采用公司这个名称，就必须承担自负盈亏的经济责任。在我国目前情况下，自负盈亏有哪些要求呢？我认为至少有两点要坚持：第一，独立核算。公司必须进行独立的经济核算。它之所以要独立核算，目的是要促使公司不断为社会创造财富，不断盈利，提高经济效益，这是公司必须承担的责任。公司不能亏损，如果出现亏损，就要限期扭转，否则就要倒闭。不能靠国家的资金去维持公司的生存。公司不是一个消耗财富的组织，而是创造财富的单位。所以公司要进行独立经济核算这一条必须坚持。第二，必须照章纳税。虽然几个文件都写上了这一点，但实际上没有很好地实施。我国的税法还不完善，公司如何纳税不明确。这一点不能责怪公司。公司必须照章纳税，只是在理论上、文件上得到承认，但究竟怎样纳税，没有具体明确的规定，理论与实践存在差距。公司既然从事经营活动，就应该照章纳税。

以上两点表明公司是个经济实体。经济实体这个概念是有内容的，公司要独立核算，要照章纳税，这是公司作为一个经济实体起码的两个要求。现在有必要对这两点具体化，制定有关的条例和规定，照这样做了就是公司，不照这样做就不能叫公司，这点是要明确的。

2. 公司是法人企业。公司是法人企业的含义有三点：（1）它是由两人或两人以上组成的，具有独立主体资格的企业。也就是说它能以公司的名义从事经营活动。(2) 由多个工厂联合组成的公司，可以独立同第三者进行经济交往活动，这就是工业领域中的公司。我国工业领域的公司更多的是这种组织形式。由若干工厂组成的企业给它以公司的名称，那么这种公司就具有法人地位。所谓具有法人地位，是指它能独立地同第三者进行经济交往活动。既然若干工厂有必要联合组成一个公司，就说明公司这种组织形式同原来的单厂企业是有区别的，否则就没有必要组成这个公司。若干存在经济内在联系的工厂联合组成公司，这是现代化工业生产社会化发展的必然趋势。在国外，表现为社会资金的筹集和联合。在我国公有制条件下，全民所有制工厂的联合，也可以用同样的财产，通过公司这种形式，为社会创造更多的财富。公司既然有成立的必要，就应该给予它独立地同第三者进行经济交往的权利，即具有法人的资格。(3) 若干工厂联合组成的公司应有相对稳定的组织结构。也就是说，一旦用上公司这个名称，就要有公司的组织机构去从事经营活动。因为公司具有法人资格。

上述三点说明公司是法人企业，公司是作为法人的经济实体。在我国社会主义条件下，公司作为一个法人企业，是发展社会主义商品生产的需要，是社会化大生产的需要。当前我们公司出现的许多问题都与这点有关。

3. 公司是依法成立的法人企业。亦有三点含义：(1) 只有依法登记成立之后，才能取得法人资格。公司不能任意宣布成立，任意宣布解散。(2) 公司依法成立的这个“法”，是指由国家专门机构制定的有关法律文件。在我们还没有公司法之前，必须要有其他的法规和条例来规定公司成立登记的有关事项。在现在的条件下，我们可以依据国务院的 102 号文件、国家工商行政管理局的规定等。(3) 公司依法成立，必须向专门机构申报，由专门机构审批。这个机构必须具有专业干部和人员，对公司的基本理论和法律规定以及有关事项非常了解，否则容易造成很多问题。

总之，公司是依法成立，从事经营活动，自负盈亏的法人企业。公司的上述特性是由于公司的产生有它的客观必然性。现列出以下几点：

（1）社会主义商品经济的发展要求采用公司这种组织形式。商品经济一发达，就需要有一种组织形式从事经营活动，公司作为这种组织形式便应运而生。我国自 1978 年以来公司不断兴起不是偶然的，这是商品经济发展的产物。

（2）公司的产生是社会主义现代化生产的要求。现代化生产是社会化大生产。公司这种组织形式能适应社会化大生产的要求，它能办到单个工厂办不到的事情，能带来比单个工厂更高的劳动生产率和经济效益。

（3）公司的产生是科学技术进步的需要。科学技术本身在发展，而且科学技术日益紧密地同生产相结合。怎么结合呢？社会主义条件下，有必要采用公司这种组织形式来开发新技术、新产品，适应科学技术进步的要求。

公司这种组织形式至少有以下优点：

（1）有利于生产集中化、社会化，实现大规模生产，从而提高生产效率。社会化大生产一方面表现为专业分工越来越细，专业化程度越来越高；另一方面表现为各个部门、生产单位的联系越来越紧密。因此，在专业化协作基础上，需要进一步组织联合，公司就是联合的一种基本组织形式。我们利用公司这种组织形式，是要发挥它的优越性，提高效率。

（2）公司这种组织形式便于采用先进技术。公司可以把有关工厂的技术力量联合起来，形成一股更大的技术力量。公司的科研力量还可以使科研部门的成果与生产实际结合起来，便于更多地从事应用科学技术的开发研究。公司是解决科学技术应用问题的一种很好的组织形式。

（3）公司这种组织形式有利于我们增强竞争能力，打入国内外市场。为了提高我们产品的竞争能力，增强工厂的竞争能力，应该有效地利用公司这种组织形式。

（4）公司这种组织形式便于综合利用物资。资源的综合利用需要有一定的组织形式来保证，公司就是这种组织形式。公司可以把与资源综合利用有关的工厂组织起来。

上面简单地叙述了公司的特性、公司产生的客观必然性以及公司的优越性。

三、正确发挥公司的作用

根据我们目前的情况，要发挥公司的作用，需要解决以下几个问题：

1. 坚持组建公司的基本条件。公司怎么组建十分重要，公司的组建有它的特殊要求，这是由公司的特性决定的，不能随随便便宣布成立一个公司。那么公司组建的条件有哪些呢？我认为至少有下面几点要坚持：

（1）要有公司的物质条件。公司的物质条件是公司从事经营活动的前提条件和物质基础。如果公司没有物质条件，就根本没有组建公司的基础。公司的物质条件起码有两点：一是有固定的经营活动场所。公司的基层组织也好，总部也好，必须要有经营活动场所。二是要有资金和其他财产。资金是财产的货币表现。公司要有从事经营活动所必需的设施、劳动工具和各种物质手段。公司在组建时必须具备这些物质条件。

（2）要有公司的组织条件。公司要有自己的组织机构。公司在组建时就应明确公司的组织机构是什么。没有组织机构，公司是办不好的。公司的组织机构与单厂性企业有区别，公司是从事经营活动的组织，必须要有自己的决策机构。公司不仅要从事眼前的经营活动，还要有长远战略考虑。这样，公司的决策机构就不可缺少。至于这个决策机构叫什么名称，我们可以创造。公司缺少决策机构，就不具备公司成立的组织条件，这一点，我们必须坚持。国外决策机构叫董事会，我们叫什么？是董事会，还是联合委员会、管理委员会，这都还需要实践。另外，公司要有执行机构和监督机构。公司的决策机构、执行机构、监督机构必须分开。就是说，决策机构只对公司的重大经营问题进行决策，执行机构执行决策机构的决策。比如经理，是公司决策的执行者。不论是总经理还是经理，都是执行机构的领导。执行机构应实行个人负责制，决策机构是集体决策。公司的监督机构要监督决策机构的决策和执行机构的执行情况。公司的这三个机构互相分开，各司其职。要办好公司，还必须加强公司的经营业务机构。比如公司的产品开发、技术开发机构要雄厚；经营机构要充实；财务机构要完善；等等。这些机构是不可缺少的。我们现在许多公司恰恰是这些机构薄弱，行政事务性机构庞大，这就难以办好公司。既然公司是从事经营活动、承担自负盈亏的经济责任的组织，经营业务机构就必须加强。公司的组织条件还包括要有专业人员，专业人员也是组建公司的必备条件。公司的专业人员应包括从事经营、财务、技术、科研、信息情报收集等的人员。目前这些人员在公司中还很缺乏，许多公司正在不断充实。

（3）要有公司章程。公司章程包括的内容很多，国家工商行政管理局的规定中都有，这里就不再重复。我想强调的是以下几点内容：一是公司的名称。公司的名称要同公司活动的内容相适应，要让人看了能知道这是一个什么公司，它的活动内容是什么。比如美国的通用汽车股份有限公司，“通用”是它的商号，“汽车”是它的产品，“股份有限”是它的责任形式。现在我们有些公司的名称使人难以看出这个公司究竟是什么公司。且不谈公司的名称应该如何讲究，以利于竞争，但公司是干什么的，名称上应该反映出来。这除了在登记时要把关，公司成立前也必须考虑。二是公司的章程要规定公司的内部结构，即公司的内部层次。比如公司有没有分公司，下属多少工厂，公司内部是采用公司、工厂两层还是三层，在组建时就应明确，列入章程。公司的成员加入或退出公司的程序、修改公司章程的程序等，都必须在公司章程中予以规定。此外，还有公司开办的宗旨、经营范围、资金的数额和它的来源、内部的分配等内容。总之，公司章程中应包括的这些内容在公司成立时就应明确规定，不能含糊。

（4）要建立账户。这点很重要。每个公司都要在国家规定的资金监督部门建立自己的账户。从公司成立的第一天起，它的资金活动就要受到监督和保护（它的合法活动受到保护，它的违法活动受到监督）。这里要发挥资金监督机构的作用。公司资金活动中的各种问题如何在事前就能发现，确实值得我们研究。比如买空卖空、投机诈骗、贪污盗窃等问题，怎样在事情发生之前就发现问题？这应该从制度上、机构上来解决。我们现在查出许多违法的公司，能不能从公司成立的第一天起，它的经营活动就受到有关部门的监督，它的经营活动的每一笔票据都必须送到有关部门审查？我认为我国应当建立这样的资金监督机构。在没有建立这样的资金监督机构之前，至少公司要建立自己的账户。这样公司的盈利亏损就非常清楚了。

以上是公司组建时必须具备的四个条件，是正确发挥公司作用的前提。我们在公司组建时必须把好这个关。

2. 加强公司的建设。除了提出清理、整顿公司之外，还应从正面提出要加强公司的建设，从积极方面来引导公司发挥它的作用。

从我国当前情况看，如何加强公司的建设，有下面几点是要坚持的：

（1）提倡多种形式的公司。一是从经济形式看，可以采用多种经济形式的公司。就是说，可以有全民的、集体的、全民与集体合营的公司以及其他形式的公司。公司的多种经济形式，是我国当前生产力多层次的表现，也是我国当前多种所有制形式在公司这种组织形式上的反映。对工业公司来说，也应有多种形式，不要只组建全民所有制公司一种形式，目的是推动社会生产力的发展。多种形式的公司还包括资金来源的渠道可以多种多样。就是说，公司不一定都是由国家划拨资金来组建的。在我国目前资金有限的条件下，我们可以利用公司这种组织形式，把社会上各方面的资金利用起来，以更快地发展我国的经济。现在有些地方出现了股份形式的公司，这种形式值得提倡。这种股份形式的公司是我国社会主义条件下的股份公司，与资本主义的股份公司有区别，尽管它们的名称相同。比如我国全民所有制的财产可以作为股份，集体所有制的财产也可以作为股份，这样便于联合，也有利于进行经济核算。通过公司来筹集社会资金，这是公司的一个实质性内容。公司的资金来源渠道可以多种多样，但一旦这些资金联合起来，组建了公司，就成为公司本身的资金，由公司统一使用，可以起到分散资金起不到的作用。二是从组织形式看，公司应有多种组织形式。从我国工业部门来看，应提倡组建以大厂为依托的公司、以产品为龙头的公司、科研生产相结合的公司和其他组织形式的公司。至于商业的、服务业的公司这里就不说了。总之，公司本身可以有多种组织形式。提倡多种形式的公司，目的是要促进社会生产力的发展，促进整个经济体制的改革。虽然公司的组织形式不同，但它的实质内容没有变。各种形式的公司并不改变公司的特性，不改变公司是一个企业，是一个经济实体。如果不厘清公司与其他组织形式的区别，今后可能还会造成新的混乱。公司以外的组织形式可以很多，比如行业协调的组织，这种组织就叫行业协会，不要叫公司。公司不能随便成立，行业协会同样也不能随便成立。行业协会也应有它的章程和规定。

公司还可以同其他组织搞联合，联合后的组织是否还叫公司要分析。联合有稳定性的，也有临时性的；有紧密的，也有松散的。公司是个经济实体，如果公司与其他组织联合后的组织不是一个经济实体，那这个组织就不能叫公司，可以叫别的名称。这样，就可以使国务院102号文件理论上规定的公司定义同实际中的公司相吻合。现在我们实际中的公司与公司的定义是有矛盾的，一些地方把各种联合形式的组织都冠以公司的名称，这就引起了一些混乱。

公司就是公司。不要把各种联合形式的组织都叫作公司，但这不等于要取消别的联合形式。在我国，应当大力提倡各种形式的联合，鼓励公司同其他组织搞联合，大力发展企业之间的横向联合。公司是联合的一种组织形式。不要把公司混同于其他组织形式，也不要把其他组织形式都冠以公司的名称。把其他组织形式都称为公司容易造成混乱。公司和其他组织形式不要混同这一点必须坚持。这样就使公司名副其实，其他组织也名副其实，各得其所，充分发挥各自的作用。

（2）鼓励公司之间的竞争。应该提倡在竞争中改组公司、发展公司。公司是否有存在的必要，应该让实践去检验。公司办得好坏，要看它对我国生产力发展起了多大作用。我们应该提倡搞活公司这个概念，因为公司也是企业。既然承认公司是一个企业，又怕搞活公司，这本身就是矛盾的。搞活公司有利于搞活微观经济。微观经济内部也有个控制问题，现在搞活微观经济，是不是单位越小越好，权放得越下越好，值得研究。公司作为一个经济实体，要进行经营活动，必须要有相应的权力。公司搞活了，对我国经济发展是有利的。同时，公司搞活了，还有利于宏观控制。宏观控制包括统一性和灵活性。在我国，一讲到宏观控制，好像只有统一性的一面，没有灵活性的一面，这是不科学的。宏观控制也包括把微观搞活。

当前的问题在于许多公司名不副实，是挂名公司，而不是真正的公司。这些挂名公司与真正的公司混在一起，带来许多问题，产生了不好的影响，使真正的公司也畏首畏尾，发挥不出它的作用。问题的复杂性还在于我们有相当多的公司是挂名公司，如果把这部分挂名公司搞活了，公司下面的企业就搞不活。现在矛盾就在这里。那么这个问题怎么解决呢？我认为，不能因为这些挂名公司的存在而影响公司的形象。公司是一种有效的组织形式，公司形象如何，应当由公司在竞争中去决定，由实践去检验。具体到某个公司是否有存在的必要，当前来看，一个有效办法就是由其成员工厂的态度来决定。如果公司下面的工厂不愿意这个公司存在下去，这个公司就没有存在的必要。不要简单地由上级行政机关用单纯行政手段去宣布这个公司可以存在或不可以存在，要先听听公司内部工厂的意见。如果下面的工厂拥护这个公司，哪怕它现在还不是真正的公司，与我们前面讲的公司特性还不完全相符，也应该让它在竞争中去经受考验。如果公司办得不好，下面的工厂就会有意见，它就存在不下去。如果办好了，工作改进了，更符合公司的特性了，它就可以继续存在。这样也就有利于解决我们现在的清理、整顿公司工作中的许多矛盾。

鼓励公司开展竞争，还要提倡下面两点：一是一个行业不要只搞一个公司。一个行业只搞一个公司，不利于社会主义条件下开展竞争，如果一个行业只搞一个公司，它的生命力是不强的。一个行业有一个政府机构管着，一个行业协会协调，我看这就可以。科学的管理体制应该一个是政府机构，一个是企业，政府机构内部可以有经委、主管局等，企业内部也有自己的组织机构，然后再加上一个行业协会来协调。一个行业不要只搞一个公司，不等于说一个行业不能搞一个公司。而是说，组建公司不要用行政办法去捏合，要顺其自然。如果一个行业搞一个公司更好，那也可以搞一个公司。但这要具体分析，要看在什么行业、什么地区，行业内有多少个企业等具体情况而定。二是尽量少搞全国性的公司。这点应当比较明确地提出来。全国性公司太多，不利于开展竞争和经济的发展。资本主义国家存在垄断，但它也有反托拉斯法。在我国，例如汽车行业，如果全国只搞一个公司，不利于竞争。可以多搞几个汽车公司，开展竞争，在竞争中发展品种，提高质量，这样更有利于汽车工业的发展。其他行业也有类似情况。

3. 尊重公司相对独立的经营自主权限。这里包括公司的外部，即政府机构和其他社会组织应该尊重公司的经营权限。公司的内部应该自己发挥作用。首先从工业公司来说，它的基层工厂和公司总部的关系要处理好。就基层工厂来说，必要的职责权限应明确，比如生产任务、进度安排、产品质量、生产安全、工人调配等，应尊重工厂的权限。从公司来说（如果还有一个中间层，可以从事供销活动），公司的总部从事经营决策，包括产品方向、开辟新市场、发展科研、打入国内外市场这些方面的研究。总之，公司总部同基层工厂的关系要处理好，既要维护公司作为一个整体发挥作用，又要调动工厂积极性，搞活工厂。这就是公司内部集权与分权的问题，要处理好这个问题，需要具体分析，不搞一种模式。

我们现在的问题是，工厂自己的生产任务很紧，它还要派出许多人去和各方面联系，事情很多，而公司又干了许多它不应该干的工作，这个问题也影响公司作用的发挥。

四、正确进行公司的清理和整顿

对公司现在存在的问题怎么解决，需要有个正确的方针和政策。对这个问题我想谈以下几点：

1. 采取从实际出发，具体分析，逐个解决的办法。不提简单片面的口号，比如“公司病”“中梗阻”等等。这些口号容易产生片面性。不把当前清理、整顿公司当成一种突击性的任务，而要认清公司的改组是一种经常性的工作。随着生产、技术的发展，体制的改革，公司也要不断改组自己，以适应变化了的新情况。应该通过这一次清理、整顿，将来形成正常的制度，凡是不符合要求的公司，就要进行改组和整顿。另外，不要搞“一刀切”，不要搞统统过渡，现在的挂名公司都要过渡成经济实体肯定不行；也不要一律撤销。公司的出路可以多种多样，现在看来至少有以下几条：（1）创造条件办成真正的公司。一些公司可以在竞争中通过改进工作成为真正的公司。（2）改成行业协会。现在有些公司实际上是起行业协会的作用，还不如改用行业协会更名副其实。（3）改为行政管理机构。这是指工作上有必要成为行政管理机构的公司。（4）解体或撤销。对于那些上面三条出路都没有的公司只好如此。这里的解体或撤销是指原来挂名公司的组织解体或撤销，但那些人员还可以开办新的公司（当然新开的公司必须符合公司条件）。

2. 加强指导。领导机关加强指导是十分重要的。这里的关键是要把住审查、批准这个关。把好这个关是领导的责任。如果公司不符合条件成立了，这个责任就不在公司，而在领导机关。领导机关要把住今后新成立的公司的关，对现存的公司作具体分析。

3. 重新登记。就是说，经过一段清理、整顿工作以后，符合条件的公司要重新登记。

4. 进行与公司改革有关的配套改革。这点很重要。公司的改革要求它的外部环境也要相应进行改革。公司现在存在的问题，公司本身有责任，但公司是整个体制中的一个环节，要受体制的影响。公司的清理、整顿必须同外部环境的改革结合起来。

对公司，我们一方面承认它是一个企业，但实际上在很多情况下又不把公司作为企业对待。比如把公司作为一个“漏斗”看待，使公司很难从行政职能中解脱，无法履行公司作为一个企业的职责。

我认为，应该坚持公司是企业这个方向。不能因为现在一些公司承担了一些行政职能，就模糊了公司的特性。坚持公司是企业这个方向，按照公司是企业来改革，这点不能含糊。公司现在承担的这些行政职能要剥离，需要有一个过程，这牵涉到国家行政机构的改革。如果我们等待国家的行政机构改革后再来改革公司就晚了。

我们还要通过公司的改革去推动综合部门的改革，例如银行的改革、税务部门的改革，等等。公司税这个问题就向税务部门提出了改革的要求。公司作为一个企业，必须政企分开。我国公司现在最大的一个问题就是政企不分。一方面讲政企分开，另一方面又不舍得分开，这个问题就不好办。政企分开这个方向要坚持，但要逐步进行，要很好研究政企分开的办法，要给公司创造一个好的外部环境，使公司作为一个企业在社会中从事经营活动，而不是作为一种政企不分的混合体。

公司承担的社会工作怎么办？有许多同志提到现在的公司还要管计划生育、民兵工作、卫生工作等社会工作。如果公司不做这些工作，又交给谁呢？城市的综合体制改革就应当解决这个问题。应当加强与完善城市的社会功能。这些社会工作应由城市专门的社会机构来抓。

另外，公司的行业职能也必须剥离。目前许多公司还承担行业管理职能，要逐步剥离，交给行业协会去做。

这样，就可以使公司同行政机构、行业协会、社会组织区别开来。这种区别很重要。

上面讲的内容，归结起来说，就是我们应当承认公司是个企业，把公司作为一个企业来对待，把公司同其他组织形式区别开来，出台有关公司的条例和法律。

（原载《国家体改委资料》，1985（20））

● 企业集团的基础在于公司的发展

一、公司理论是企业集团的理论基础

企业集团是在公司发展的基础上应运而生的。当公司发展到一定的程度，就出现企业集团；没有公司的发展，也就没有企业集团。因此，在客观上，公司理论必然成为企业集团的理论基础。为了促进我国企业集团的健康发展，我们必须形成正确的企业集团理论，用来指导企业集团的各项经营活动的顺利开展。而企业集团理论的正确与否，取决于公司理论的正确与否。正确的公司理论，关键在于明确公司组织的内涵和特征，认清公司与企业集团的辩证关系。

公司理论的最基本内容就是确认公司是企业。公司具有企业的全部内涵和特征，包括公司直接为社会提供产品或服务；以追求经济效益作为经营活动的直接目的；实行独立核算，自负盈亏；向国家照章纳税；拥有必要的企业自主权；公司领导层行使企业职能。这个公司理论对我国公司发展并在此基础上形成企业集团具有极其重要的现实意义，即公司不是政府机构，也不是政企不分的组织；企业集团不是政府机构，也不是政企不分的组织。

公司是企业，但并非所有的企业都是公司。公司是企业的一种组织形式，但不是企业的唯一组织形式。公司与其他企业组织形式的并存及其发展，是现代商品经济和社会化大生产的客观规律的要求。不应当人为地强制所有的企业都变成公司，也不应当主观地随意把所有的公司和企业都装入企业集团的口袋之中。

公司既是企业，又是法人，因此，公司是法人企业。“公司是依法集资联合组成，具有独立注册资产，自主经营，自负盈亏的法人企业。”① 公司的这个定义表明，从企业的资产关系来看，作为法人企业的公司区别于作为自然人企业的独资企业和合伙企业。从企业组织形式及其联合形态的发展过程来看，公司作为法人企业存在，正是形成企业集团的基础和前提条件。

在我国社会主义公有制情况下，公司成为企业集团的基础，不仅是由于公司作为法人企业存在，还在于公司是现代企业的典型组织形式。与传统的早期的单厂企业组织形式比较来看，公司具有现代企业的显著优越性：（1）公司能够有效地组织工厂之间的专业分工与协作关系，提高社会生产的专业化与协作水平。公司既能保持并提高各工厂的专业化水平，又能集各工厂的优势于一体，形成新的合力，优化组合和合理配置，达到更高的社会生产力水平。（2）公司能够把生产、商业、金融、信息以及各种服务业组织在一起，形成一个经济实力雄厚的企业整体，从而有利于各种经营要素的合理流动，减少不必要的中间环节，开展多种经营活动，实现工商结合、工贸结合、农工商结合以及相关经济活动的结合，达到提高企业经济效益和社会经济效益的要求。（3）公司能够使经济活动与科研活动结合成一个利益整体，形成以先进的科技力量为后盾的企业组织形式。在公司这种企业组织之中，生产需要科研，科研面向生产，而且生产与科研的结合是在追求企业整体经济效益的前提下进行的，这就从组织上和利益上解决了生产、科研“两张皮”的脱节现象，使生产与科

① 邓荣霖 . 公司经营学 . 北京：中国人民大学出版社，1989.

研之间形成鱼和水的关系。(4)公司对实现资源的综合利用起到组织保证作用。公司更能克服单厂企业在技术、资金、设备、人员诸方面的限制与困难，凭借公司雄厚的经济实力和先进的科技力量，对原材料和能源进行综合利用并对“三废”(废物、废水、废气)进行综合治理，以利于提高社会资源的利用效率。(5)公司能够表现出大型企业的规模经济性。虽然单厂企业可以成为大型企业，即把工厂规模搞得越来越大，但工厂规模的扩大受到行业特点和客观条件的限制。因此，在现代经济技术条件下，大型企业更多地表现为公司这种企业组织形式。尽管公司规模有大有小，但公司作为大企业的主要组织形式已是客观存在的事实。公司规模的扩大可以不受工厂规模的限制，既能包含大工厂，又能容纳众多的中小工厂。公司作为大企业，显示出“船大好压浪”的优势，但其内部的众多中小工厂，又便于适应日新月异的技术进步和千变万化的市场需求，显示出“船小好掉头”的灵活性。公司作为大企业的规模经济性大大地超过了单厂企业的规模经济性，在当代各种行业、部门和领域发挥着越来越大的作用。

企业集团的功能正是建立在公司上述作用的基础上。公司作为大企业可以不断扩大规模，但不能无限扩大。如果公司规模扩大到一个不合理的垄断程度，不仅不能带来规模效益，而且会损害我国社会主义经济发展过程中企业之间的竞争机制。而企业集团的出现有利于继续发挥公司的作用，并解决公司发展过程中的矛盾。企业集团看起来像一个大公司，但实际上并不是大公司。从这个意义上来说，公司是大企业的正形体，企业集团是大公司的变形体。

因此，企业集团功能的实现，从企业集团内部来看，就是既要充分发挥作为集团基础的主体公司的优越性，又要有利于集团成员企业的独立自主经营及其相互之间的竞争机制的运行。而集团内部的成员企业之间的相互关系，归根到底，表现为作为集团基础的主体公司与各个成员企业的关系。企业集团的建立，不是一些工厂、企业的简单拼凑或强行捏合，而是顺应主体公司发展目标的客观需要。为进一步发挥主体公司的作用及优势并不断实现其发展目标而形成企业集团，才符合企业集团的本来目的和要求，才有利于促进经济发展。如果离开这个目的和要求，去追求什么提高企业行政级别、扩大企业知名度、争取企业优惠政策，甚至收回已下放的企业或对抗上收企业的做法，则会失去企业集团发展的基础，使企业集团误入歧途。

为了保证我国企业集团的健康发展，使企业集团建立在公司发展的可靠基础上，必须对我国现存的大量“工厂式企业”进行公司化改造。从根本上来说，企业集团的数量和质量是由公司发展的数量和质量决定的。没有一定数量和质量的公司，不可能形成真正的企业集团。即使人为凑合一个，也难以有效地发挥企业集团的作用。企业集团的发展，有助于推动商品经济的发展和生产社会化水平的提高。企业集团是对我国现有企业进行公司化改造的有效组织形式。

二、我国企业集团发展的关键在于解决公司中的政企不分问题

我国公司发展的历史与现状表明，在我国建立和发展企业集团，已经具备一定的基础和条件。企业集团的出现，是社会化大生产发展的必然结果，是在公司发展基础上的一种新型经济组织形式，具有重要的意义。

但是，必须清醒地看到，我国公司发展的历史是极其曲折的，我国公司的现状是相当复杂的。20 世纪 50 年代中期我国兴起的一批公司，除极少数目前尚存之外，其余的绝大多数公司都不复存在；60 年代初期我国试办的一批托拉斯式公司，又很快地在“文化大革命”期间夭折了；70 年代末期我国出现的大量公司，其数量之多、范围之广、规模之大都超过了以往，但到 80 年代中期就进入了公司的清

理整顿阶段，一直持续到 80 年代末期和 90 年代初期。我国公司的大起大落和小起小落，反映出我国公司状况存在复杂的矛盾现象：一方面，我国社会主义经济的发展在客观上需要公司这种先进的企业组织形式，这是不以人们意志为转移的经济发展规律的表现；另一方面，人们长期习惯于工厂型企业的形式，缺乏公司型企业的实践经验，再加上现实中的许多公司存在种种问题，致使公司的作用难以发挥，并在一定时期损害了公司的组织形象。我国公司状况的这种矛盾现象，必然会影响我国企业集团的发展。

从我国社会主义经济发展的总体需要来看，我国的公司不是多了，而是少了。尤其是从我国企业集团发展的要求来看，必须有一大批高质量、高水平的公司，才能使企业集团建立在扎实可靠的现代化大型公司的基础之上。但具体分析可发现，确有相当数量的公司未能起到应有的作用。几年来的公司清理整顿工作取得了一定成效，特别是解决了一些公司违法乱纪，以权谋私，打着公司的旗号从事贪污、犯罪活动的问题，但并没有真正解决公司政企不分的问题。我国公司在今后的发展中必须重视解决政企不分问题，不能使那些政企合一的组织采用公司的名称继续存在下去。公司就是企业，不是一级政府机构，也不是政企合一的组织。不符合公司内涵和特征的组织不能采用公司这个名称。目前我国一些公司的职能和权责混乱，不是因为公司这个名称不好，而是政企不分所带来的弊端。如果不能有效地解决公司中的政企不分问题，势必会引起企业集团的混乱现象，造成企业集团的政企不分问题。那种以为用企业集团名称取代公司名称就能解决问题的想法是不现实的。从深化体制改革的角度来看，只有解决我国公司中的政企不分问题，才能既有利于公司的健康发展，又能在公司发展的基础上发挥企业集团的作用，防止以“拉郎配”“梳辫子”“装口袋”等方式把企业集团变成政企不分的组织。

我国现阶段正在进行的股份制企业试点工作，极其有利于解决公司中的政企不分问题。因为股份制企业在我国目前的两种类型——股份有限公司和有限责任公司，实际上就是我国公司制度的丰富和发展。而一旦采用了“股份有限公司”的名称和“有限责任公司”的名称，那么，这种公司就必须是而且只能是企业，不可能成为一级政府机构，也不会使人们误认为公司是一级政府机构。这就从根本上解决了公司中的政企不分问题，同时也为按照股份制建立与发展企业集团创造了有利条件。可以预见，90 年代将是我国公司制度健康发展的新时期，并将在此基础上有效地促进我国企业集团的健康发展。

三、公司立法是企业集团的法律基础

所谓企业集团，是指以大公司为主体的若干企业通过资产纽带联结并从事多角化经营业务所形成的经济组织。企业集团的这个定义包括以下几个方面的内涵：（1）企业集团是一种经济组织，不是一级政府的行政组织。（2）企业集团必须有一个主体公司。这个主体公司的规模大，经济技术实力雄厚，是企业集团的核心公司，可称集团公司或母公司，具有独立的法人地位。（3）企业集团必须由若干企业所组成。这些企业的下限数量应符合国家的有关规定，上限数量则由主体公司及集团发展需要来决定。这些企业可称作集团企业或子公司，或关联公司。这些企业的规模有大有小，但每个企业都具有独立的法人地位。（4）企业集团的联结有两种类型：一是通过资产纽带的联结，即形成财产所有权的投资关系；二是通过业务纽带的联结，包括生产、营销、采购、财务、人才、技术以及其他各种业务关系的建立。主体公司与集团企业必须具有资产纽带的关系，并在此基础上建立业务纽带的联络关系。企业集团不是一般的契约式关系。（5）企业集团从事多种行业的经营活动。企业集团既不是行业式的垄断组织，也不是行业性的民间协调组织。企业集团所从事经营的多种行业之间虽然没有必然的依赖关系，但都是为了共同使用集团的资源条件，分散经营风险，强化竞争优势。(6) 企业集团是由主体公司及集团企业的经济发展要求而内在地形成的一种企业联合组织。企业集团经营是依据内部能力和外部环境而从事的商品经济活动。

由此可见，企业集团内部的主体公司和成员企业（即集团企业）都具有独立法人地位。企业集团本身不是一个独立的法人，而是由多个法人联合组成的一种经济组织。实际上，企业集团是多个法人合伙式的企业联合组织。公司既是一个经济概念，又是一个法律概念。企业集团是一个经济概念，但不是一个法律概念。企业集团与公司是既有联系又有区别的两个概念。其联系在于企业集团的基础和主体就是公司，离开公司的企业集团是无法生存的；其区别在于公司既是一个单独企业又是一个独立法人，而企业集团本身既不是一个企业又不具有独立法人地位。由于公司是法人，在公司基础上形成企业集团之后，企业集团内部的公司仍然具有独立的法人地位。所以，在法律上，公司法律必然成为企业集团的法律基础。

公司是法人，但公司的内部单位不具有法人地位；企业集团内部的公司具有法人地位，但企业集团本身不具有法人地位。这两种情况的法律原理是一致的，即法人之间的法律地位是平等的，不存在“二级法人”概念，不存在大法人内部的小法人关系。从法律意义上来分析，公司作为法人存在，既是公司生存与发展的法律前提条件，也是企业集团生存与发展的法律前提条件。

因此，我建议，应当尽早使我国公司法出台。公司法，既是我国公司设立和组织及其有关事项的法律依据，也是我国企业集团建立与发展的法律基础。当然，在公司法的基础上，可以就企业集团发展中的一些具体事项作出相应的政策性规定。但是，必须分清主次，分清先后，即公司法是主要的，应当先颁布公司法。只有这样，才能使我国公司以及在公司基础上形成的企业集团得以健康地发展。

公司法是规定公司的种类、设立、组织、权利与义务以及解散和清算的法律制度。我国从 1982 年就开始拟定公司法，到现在已有十年时间，但至今尚未出台。进入 90 年代之后，我国公司进一步发展，成为我国公司发展史上的新时期，并在公司发展基础上出现了一批企业集团。在此形势下，公司法的出台已不容拖延。公司法的制定和实施，不仅有利于“治乱”，即解决现存公司中的各种问题，更重要的是为了“治本”，包括统一公司的法律定义，确定公司的法律地位，规定公司的责任形式，明确公司的内外关系，保障公司的合法权益，创造公司的公平竞争环境，惩罚公司的违法行为，从根本上为公司的“生死存亡”提供法律依据。

在我国公司立法过程中，必须明确一个基本问题，即公司法是公司组织法，不是公司一般行为管理法。因为公司法应当在完善公司法人制度的基础上，建立我国的公司制度，规范公司设立方式、组织工作和变更规则，并推进企业制度改革，促进企业集团发展。公司法当然也是清理整顿公司工作的法律依据。但公司法的出发点不是着眼于对公司的清理整顿，更不是作为一种行政手段去解决撤并公司的问题。公司法也应当是公司经营过程中各种行为的法律依据，但从公司法的根本制度来说，公司法是组织法，而不是公司一般行为管理法。即使公司法包含对公司行为的一种管理，也应当是对公司商事交易行为的管理，主要集中于对公司股票和公司债的行为管理，而不是公司其他一般行为的管理。至于对公司其他一般行为的管理，不是公司法所要解决的问题，而应当通过其他立法来规范公司行为。例如，针对偷税漏税问题，可以通过税法来解决；针对贪污盗窃、行贿受贿问题，可以通过刑法和其他有关法律来解决；针对以权谋私、弄权勒索问题，可以通过有关法律条文予以解决。如果公司法以打击各种违法乱纪行为为核心内容，势必与其他条文发生重复，而且不符合公司立法的国际惯例，不利于我国公司的对外往来。

在起草、讨论和审议公司法的过程中，对公司法的某些条款有不同意见是正常现象。公司法的内容是在实施的过程中不断补充、修改、完善而逐步成熟的。世界上从1673年法国最早进行公司立法到现在已有300多年的历史，其间包括德国、英国、美国、日本、意大利和一些发达国家在内的公司立法，都经历了若干次大大小小的修改，至今仍在不断调整和补充。而我国的公司历史较短，实践经验不够丰富，整个经济体制处于改革过程中，在这种情况下，试图令公司法十全十美是不可能的。在客观上，又亟须颁布公司法，以统一和规范公司的设立和组织及其有关事项，并作为企业集团建立与发展的基础。因此，公司法必须对涉及公司设立和组织及相关的一些最基本问题作出明确规定，而且作出这些规定的时机和条件现在均已成熟。重要的是，在制定和实施公司法的过程中，还必须对公司经营活动中的其他各种法律作出配套的相应规定，使公司法成为整个社会法律的有机组成部分，其中明显的有合同法、债法、税法、分配法、票据法、证券交易法、会计法、破产法及其他一些法律。公司法的实施，为上述各项法律的实施提供了有利条件，也对这些法律提出了新的要求，其中有些法律需要废旧立新或修改完善，有些则是新立法律，以保证公司及企业集团的正常经营活动。

（原载《经济理论与经济管理》，1993（1））

● 建立和规范公司法人治理结构

党的十五届四中全会通过的《中共中央关于国有企业改革和发展若干重大问题的决定》明确要求“对国有大中型企业实行规范的公司制改革”，并特别强调“公司法人治理结构是公司制的核心”，要“形成各负其责、协调运转、有效制衡的公司法人治理结构”。这是很有针对性的。从 1994 年开始的现代企业制度试点和国有企业公司制改革工作，取得了一定成效，但从总体上看，一些国有企业改制的效果并不理想。究其原因，主要是一些改制后的公司未能建立起规范有效的公司法人治理结构。所以，在今后的国有企业公司制改革中，如何规范公司法人治理结构是一个必须解决的核心问题。

一、所有者与经营者分离，是建立公司法人治理结构的前提条件

公司制企业实行所有者与经营者的分离，即所有权与经营权的分离，是公司制区别于其他企业制度的基本特征。所有者与经营者分离，是建立公司法人治理结构的前提条件。公司法人治理结构的基本要求有两个方面：第一，要有明确的所有者和明确的经营者，两者的分离表明两者追求的目标存在差异；第二，在所有者与经营者分离的基础上，建立起两者之间相互制衡的制度关系，形成公司组织的整体

利益。这是公司制的精髓所在，是公司制推动经济发展和促进科技进步的组织保证。

由此可见，在国有企业的公司制改革过程中，建立公司法人治理结构面临两方面的任务，一是实现所有者与经营者的分离，二是建立所有者与经营者的相互制衡关系。关于前者，即所有者与经营者的分离，实际上早在国有企业改革之初，我们就已提出了“所有权与经营权分离”，包括扩权让利、下放经营自主权、使企业成为自主经营的市场主体等诸多改革措施。但直到 1994 年现代企业制度试点和国有企业的公司制改革全面启动之后，仍未能真正实现所有者与经营者的分离，结果只能把政府“外部人监控”这种国有企业的固有弊端移入改造后的公司组织之中。关于后者，即所有者与经营者的相互制衡关系，由于国有资产的所有者缺位，未能建立起对经营者的激励约束机制，所有者与经营者的责任、权限、利益关系不明确，因此，在一些改制后的公司中又存在所有者失控的经营者“内部人控制”现象。这种既有政府强有力的对公司“外部人监控”，又有公司经营者强烈追逐的“内部人控制”的奇特现象，使得改制后的公司难以真正转换经营机制，增强市场竞争力。因而，为了建立规范的公司法人治理结构，必须加快国有资产管理体制改革，明确国有资产的所有者即国有股东，避免国有股东的权力与责任不到位或被肢解；必须加快政府职能转变和政府机构改革，实现政企分开，使改制后的公司真正成为法人实体和市场主体。

二、从组织制度上解决公司股东、董事、经理三者之间的分工与协调关系，设置公司组织机构，是公司法人治理结构的基本内容

根据我国公司法的规定，有限责任公司的股东会和股份有限公司（包括上市公司）的股东大会，是公司最高决策机构即最高权力机

构。在公司法人治理结构中，股东会或股东大会的地位和作用是极其重要的。股东“用手投票”或“用脚投票”的机制和股东之间的相互关系，是公司法人治理结构的起点和终点。但是，由于国有企业过多地改为国有独资有限责任公司，难以真正设置股东会或股东大会，不能发挥股东会或股东大会的作用，致使一些改制后的国有独资有限责任公司沦为国有独资企业的翻版。还有一些国有企业虽然改制为有限责任公司或股份有限公司乃至上市公司，但因国有股东缺位和片面强调国有股的绝对控股地位，再加上国有股不能流通，证券市场尚待规范，导致股东会或股东大会流于形式。因此，总结以往经验，国有企业的公司制改革，主要应改为有限责任公司和股份有限公司，符合条件的可改为上市公司；公司股权多元化有利于形成规范的公司法人治理结构，除极少数必须由国家垄断经营的企业外，要积极发展多元投资主体的公司；公司股东权利与义务的对等和股东之间法律地位的平等，是发挥股东会或股东大会作用的基本保证。

公司董事会处于公司法人治理结构的枢纽地位，对公司生存与发展具有决定性作用。董事会由股东会或股东大会选出，代表全体股东的利益，负责公司重大经营决策并检查其执行情况，包括制定公司经营目标、重大方针及管理原则；聘任经理人员，并决定经理人员的报酬与奖惩；对公司经营活动予以监控，协调公司与股东、管理部门与股东的关系；提出公司盈利分配方案供股东大会审议；等等。董事会实行集体决策原则，这有利于协调众多股东之间的利益关系，有利于保证决策的科学性与正确性，避免个人决策造成失误。董事长是公司法定代表人，但董事长不是作为自然人的个人代表，而是董事会这个集体的代表。董事长是董事会的召集人或主持人，对董事会有重要影响和作用，但董事会不能沦为变相的董事长个人决策机构。而且，除董事长是指定的公司法定代表人之外，还可由董事会决定某个或某几个其他董事作为公司的代表董事，对外签约具有法律效力，但不能由每个董事自行代表公司，而且代表董事之间必须相互协调，防止各行其是。董事会的职权与责任是一种对称关系，若是发生重大决策失误，给公司造成很大损失，则必须承担相应的受托责任。例如，1993年美国公司 IBM 许多在位十年的董事会成员就因对公司重大决策失误负有责任而引咎辞职，董事会被重组。

公司股东会或股东大会与董事会的关系，是委托信任关系，即股东出于信任，通过股东会或股东大会，选举董事组成董事会；股东会或股东大会委托董事会，由董事会行使公司重大经营决策权。董事会的决策是对股东会或股东大会决议的执行。任何董事都要对公司尽忠诚之义务，不得把个人意志强加于公司及其股东会或股东大会。当发生涉及董事个人利益的关联交易时，实行当事人董事回避和披露的原则。对董事的法律约束和竞争约束，是使董事以所有者（股东）利益为己任的基本保证。股东会或股东大会与董事会是集体与集体之间的组织关系，不是股东与董事之间的个人关系。如果股东对某个董事不信任，可通过股东会或股东大会来表达意愿，或通过法律程序提出申诉，但股东个人不得直接干预董事行为。股东会或股东大会与董事会是权限的分工与协调关系，不是领导与被领导关系。公司法人治理结构的实质，是一种权力相互制衡的制度。对股东会或股东大会和董事会来说，都不存在不受约束的权力。这是现代企业制度中的新型权力结构关系。但一些国有企业改制后建立的公司由于沿袭了传统的权力观念，要么董事或董事会企图摆脱股东会或股东大会的约束，要么股东直接干预董事行为而使董事会职权受到削弱或流于形式，导致公司重大决策的混乱。

在公司法人治理结构中，必须设置专门的公司执行机构，即执行董事会决策的专门机构，以保证董事会发挥作为公司常设决策机构的作用，避免董事会陷入公司具体事务性工作之中，以利于董事会的决策得到坚决执行，并解决执行过程中的大量经营管理问题。由于改制前的国有企业厂长负责制含义不清，即决策与执行不分，因此，不能把厂长负责制的做法搬到改制后的公司组织中来。实行公司董事会与经理机构分设的制度，是公司法人治理结构的重要内容，不能把董事会与经理机构合二为一。为保证董事会决策的信息来源和充分准备，董事会在必要时可下设某种专业委员会，但这些专业委员会只能对董事会决策起参谋与助手作用，而不能替代专门执行董事会决策的经理机构。

公司执行机构实行经理（或总经理）个人负责制，这是与作为公司决策机构的董事会实行集体负责制的重要区别。公司经理个人负责制，是指以经理为首的公司执行系统均实行个人负责制。公司经理与副经理、公司经理与部门经理之间是领导与被领导的关系。领导是指权力的不均匀分配，被领导者必须服从领导者的领导。这同董事会内部的董事长与董事的关系是不同的。董事长与董事之间不是领导与被领导的关系，在集体决策过程中是平等关系。在公司执行机构中，必须建立以经理为首的一元化领导系统、指挥系统、管理系统，实行严格的个人负责制，这是公司法人治理结构极其重要的内容，是增强公司内部凝聚力和外部竞争力的重要组织保证。强调这一点，有利于防止改制后的公司陷入无人负责与内耗之中。

公司董事会与经理人员的关系，是委托－代理关系，即董事会委托总经理行使管理公司日常经营活动的代理权。总经理接受董事会的聘任和委托，在公司内部有管理权，在公司外部有诉讼方面和诉讼之外的商业代理权。总经理实行无任期制，有利于其树立长期观念，避免短期行为，坚定地执行董事会的决策，否则，可按程序随时召开董事会解聘其职务。20 世纪 90 年代初开始，适应日新月异的科技进步和日趋激烈的市场竞争，国外一些大公司董事会对首席执行官是否称职更加关注。当公司经营业绩达不到目标要求时，董事会必须从首席执行官那里得到解释和补救办法，否则，董事会就会撤换首席执行官。这是使公司不断创新和保持旺盛活力的重要机制。

三、建立起对公司经理人员激励与约束相结合的机制，是必须解决的重要课题

在公司的实际经营活动中，作为代理人的总经理，在董事会委托授权范围内负责处理公司的日常经营事务并拥有相应的权限，与董事会之间不存在领导与被领导关系，这就使总经理的权力很大。因此，怎样建立对公司经理人员激励与约束相结合的机制，是建立和规范公司法人治理结构的重要内容。

在公司法人治理结构中，委托人与代理人的追求目标是不同的。作为委托人的董事会，要求经理人员尽职尽责，执行好经营管理的职能，以使股东能够取得更多的投资回报和剩余收入。而作为代理人的经理人员，追求的是自身人力资本（知识、才能、社会地位）的增值和提供人力资本从事经营管理所取得的报酬的最大化。所以，必须根据经理人员的经营管理绩效，建立一套行之有效的激励机制，包括实行基本工资、年度奖金、长期奖励（如股票期权）相结合的薪金报酬制度。与此同时，还必须建立与之配套的经理人员约束机制。其中最基础的是对经理人员的市场约束，包括商品或服务市场、资本市场（特别是股票市场）、经理人才市场的三重约束，形成一种压力和危机感，使得经理人员具有强烈的事业心和兢兢业业的工作态度，以免被市场淘汰出局，断送前程。但目前我国市场发育不完善、运行不规范，经理为行政任命，导致对经理人员市场约束的软化。目前国外一些公司在规范的市场约束基础上，正在采取针对公司“内部人控制”现象的反控制措施，包括董事长和总经理不能兼任；增加外部董事的数量，尤其是让有关专家担任董事；加强对公司经营的审计；董事会不但要得到总经理对公司业绩的事后报告，而且要对未来措施进行审议；扩大股东、董事、经理人员之间的对

话渠道和提高对话频率等，已取得明显成效。总之，在公司法人治理结构中，建立起对经理人员的激励与约束相结合的制度，是今后我国国有企业公司制改革和建立现代企业制度过程中必须解决的重要课题。

（原载《人民日报》，1999-10-26）

● 中国大型公司与企业集团发展的关系

中国组建企业集团，与大型公司的发展有着密切的关系，综合起来，在此问题上应当注意三个方面：

首先，以大型公司为基础来组建和发展企业集团。这些基础分别是：（1）公司理论是企业集团的理论基础。企业集团的发展也要遵循单个公司规模扩张的成长理论和规模经济理论的指导。在存在行业限制和法律限制的情况下，企业集团只能是应运而生，弥补公司的不足，二者互为补充，而不能相互取代。中国许多地方的现状是离开了公司的基础，去拼凑企业集团，造成基础不牢固。这种做法只会失败，没有任何意义。（2）公司组织是企业集团的组织基础。以大公司为核心来组建企业集团，集团的核心就是核心公司。无核心的集团被称为“签名式”集团，成立之日就是垮台之时。而多核心的集团容易产生矛盾和摩擦。所以既不能无核心，也不能多核心，只能建立单一核心的企业集团。这里企业集团的定义就是，以总公司为核心，包括子公司在内的经济联合组织。（3）公司管理是企业集团的管理基础。母公司和子公司必须各自管理好其内部事务，由于母、子公司是经济上的利益共同体，而非行政隶属关系，因此要以目标管理为基础，处理好二者之间的各种关系。（4）公司法律是企业集团的法律基础。企业集团必须遵守《公司法》及相关的《证券法》《投资法》《价格法》等，在此前提下，也可根据母、子公司的关系补充制定一些特殊规定。

其次，大型公司发展过程中必须解决好几个方面的问题：（1）公司规模扩大的方式。应遵循规模扩大与效益提高同步进行的基本原理，可通过内部税后利润再积累、再投资，外部发行股票、债券筹资和兼并三种方式，根据市场经济体制的规模经济机制来实现公司规模的扩大。国外从20世纪30年代到60年代，用了近30年的时间走完了公司规模扩大的道路，而中国不可能再用几十年时间来走国外这条路，必须用创新来迎接新的挑战。（2）成本降低。这是在公司规模扩大到一定程度之后必须解决的问题。完成了规模扩大的国外大公司在70年代都把成本降低放在第一位。（3）质量管理。在70年代解决了成本问题的前提之下，80年代国外公司发展中的主要焦点就是质量管理。我国在80年代大量引进的国外先进管理技术多数都是与质量管理有关的。（4）90年代的竞争焦点转移到了交货期的竞争。这要求企业在交通、通信等方面的改革要加速进行。（5）21世纪将是知识经济的时代，公司的科技含量决定了公司命运，因此公司发展的关键是科技水平的提高。

最后，中国的大型公司在发展过程中还有一个特殊而又重要的问题，那就是制度创新。公司内部制度包括：（1）产权制度；（2）组织制度；（3）管理制度。目前这些方面都不完善，存在诸多缺陷。外部制度包括投资体制、金融体制、财政体制等。这些配套改革也还没有完成，表现为三个方面的问题有待解决：（1）市场体系尚未完善；（2）政府干预过多；（3）大企业与中小企业的关系仍须妥善处理。

（原载《四川大学学报》（哲学社会科学版），2000（2））

● 母子公司体制

规范条文

（九）建立母子公司体制。企业集团应按照《公司法》的要求建立母子公司体制，母公司对子公司依法行使出资人权利并承担相应责任。子公司应依法改制，建立规范的法人治理结构。

大型企业内部管理层次要科学、合理，除极少数特大型企业集团外，企业集团的母子公司结构一般应在三个层次以内。

条文解析

企业集团是以母公司为核心的包括子公司在内的经济联合组织。企业集团组织结构旨在解决母公司与子公司之间的关系问题。企业集团组织结构与公司组织结构的区别在于，公司组织结构是单一法人公司的内部关系，而企业集团组织结构是母公司与子公司法人之间的关系。在公司组织结构中，公司是法人，公司内部的分公司或其他单位不是法人，公司与分公司或内部其他单位之间的关系是单一法人公司内部的集权与分权关系。在企业集团组织结构中，母公司是法人，子公司也是法人，应当按照《中华人民共和国公司法》的要求来建立母子公司体制的控制与自主关系。

企业集团的母公司，在中国称作集团公司。关于“集团公司”名称的规范使用方法，应当注意：必须是拥有子公司的公司才能称作集团公司；没有子公司的公司不得自称集团公司；有子公司关系的公司不一定必须称作集团公司。目前社会上流行的“集团公司”“集团”“企业集团”之类的名称太滥，极不规范，不利于市场经济条件下公司经营活动的正常进行。应按符合国际惯例的跨国公司标准来组建和发展企业集团，这有利于我国企业集团建立规范的母子公司体制并增强国际市场竞争力。

企业集团母公司与子公司的关系，有两类情况：一类是投资，即母公司对子公司的投资；一类是业务关系，包括生产、销售、采购、技术、信息、人力资源及其他业务关系。一般来说，母公司与子公司之间既有投资关系，又有业务关系。如果只有投资关系而没有业务关系，实际上母公司是一种投资公司，对子公司起着股东的作用。

母公司投资于子公司的股份，视其在子公司资本总额中的比重不同，存在全资子公司、控股子公司、参股子公司三种情况。在母公司对子公司处于控股地位的情况下，包括绝对控股和相对控股，母公司可称作控股公司。对于只有投资关系的控股公司，称为纯粹控股公司；既有投资关系又有业务关系的控股公司，称为混合控股公司。国外跨国公司的一般特征是，母公司对子公司是相对控股的混合控股公司，其相对控股的比例大小视子公司股权分散化程度而有所不同，业务关系的方式多种多样，包括交易方式、分包方式、特许经销方式以及类似的合同性契约方式等。

母公司对子公司的投资控制，主要是采取法律手段和经济手段，包括通过子公司的公司章程、建立和完善子公司的法人治理结构、行使母公司的股东权利以控制投资规模和投资方向、建立母公司对子公司投资业绩的评价体系，但应避免母公司用单纯行政审批手段直接干预子公司的自主权。母公司对子公司投资业绩的评价，既可运用绝对数量指标如股东收益额，又可运用相对比率指标如投资报酬率、股东权益收益率，还可采用经济利润的价值评价指标即用税后利润减去全部资本成本和负债成本之后为股东增加了多少价值。

企业集团母公司依法承担作为出资人的股东责任并享有相应的股东权利。母公司以其在子公司的出资额为限承担责任，并拥有参加子公司股东会或股东大会投票选举董事和表决重大事项的权利，享有分红权和优先认股权。子公司应建立规范的法人治理结构。子公司可依法投资于孙公司，但必须按规范的母子公司体制来建立子孙公司的关系。在企业集团母子公司的三层结构中，确保合并会计报表信息质量是极其重要的问题。在母公司公布合并报表时，应同时公布母公司及重要子公司报表，增强会计报表的可比性和一致性，使债权人和其他信息需求主体获取真实有用的会计信息。

母公司对子公司的业务控制，主要是通过转移价值、转让技术、商标、专利、信息沟通、人才培训及其他的交易方式来进行。母公司与子公司之间业务交易方式的选择，应有利于增强母公司的市场竞争力和子公司的市场竞争力，在维护母公司与子公司各自利益的基础上，形成企业集团的核心竞争力。企业集团的核心竞争力是指协调母子公司资源的知识和技能，是经过整合的母子公司的共同知识和技能，具有明显的市场竞争优势和持续发展的潜力，使竞争对手难以模仿。创新是形成企业集团母子公司核心竞争力的动力和源泉，具体表现在技术创新、战略决策、组织变革、反应能力、产品制造、市场营销、管理创新、新型人才诸多方面。

在国有企业重组上市过程中形成的存续企业与上市公司之间的母子关系极其复杂。由于计划经济体制下的国有企业是一个庞杂的混合体，是社会各类组织的基层单位，承担了大量的社会职能，必须对国有企业进行脱胎换骨的重组改制，按照主业与辅业分开、优良资产与不良资产分开、企业职能与社会职能分开的原则进行改制，才能组建新型的上市公司。而这些作为子公司的上市公司，与原国有企业即母体企业之间存在着千丝万缕的联系，甚至是唇齿相依的关系，再加上重组上市过程中浓厚的行政色彩和人际关系及其他非经济因素的影响，使得这类企业集团母子公司之间的关联交易成为当前和今后必须解决的一个突出问题。这类企业集团母子公司的关联交易，应当遵循母公司与子公司之间业务交易方式的选择原则，有利于充分利用企业集团内部的市场资源，降低交易成本，提高上市公司的经营质量和实现集团公司资本运营的目标。现阶段这类关联交易的形式包括关联购销、费用负担的转嫁、资产租赁、资金占用和信用担保等，对上市公司的经营效果和财务状况有不同程度的影响，存在集团公司索取型关联交易和集团公司付出型关联交易的问题，导致偏离市场交易规则的暗箱操作状况。问题的严重性还在于这类上市公司与集团公司的关联交易信息披露失真，掩饰非正常的交联交易，仅披露一些形式上的做法，不披露关联交易的实质性内容，使社会投资者难以了解到上市公司关联交易的真实情况。为此，严格实行这类上市公司关联交易的信息披露制度，是规范企业集团母子公司体制的重要内容。

（原载蒋黔贵主编：《国有大中型企业建立现代企业制度和加强管理基本规范读本》，北京，中国经济出版社，2001）

● 合理组建工业公司，提高经营管理水平

随着我国现代工业生产力的发展和科学技术的进步，城市经济体制改革的广泛深入开展，对如何组建工业公司并提高其经营管理水平提出了新的更高要求。同时，现有的各类公司中还存在亟待解决的问题。因此，正确认识和解决工业公司的组建以及加强公司建设，提高公司经营管理水平，对于促进社会生产力发展，加快技术革命步伐，推动经济体制改革，都具有重要意义。

一、合理组建工业公司

工业公司组建的合理性，就是要使公司符合经济规律客观要求之理，符合经济体制改革要求之理。结合我国当前实际情况，采取有效措施，真正做到实行政企分开，实行自愿互利，采用多种组织形式，这是实现合理组建公司的三个重要问题。

1. 实行政企分开

工业公司组建中的政企分开，是指政府行政机关与公司组织机构分别设置，各自承担不同的职责。不能以政代企，也不能以企代政；不要把公司变成政企不分的混合体，也不要把公司变成政府主管部门的附属物。

公司组建中的政企分开，是由公司的组织性质决定的。

工业公司是从事生产经营活动并以提高经济效益为目的的经济组织，是实行自主经营、自负盈亏、承担纳税义务和各项经济责任的经济实体。公司的这个基本特性，就是公司区别于政府行政机关和其他社会组织机构的基本标志。工业公司的主要精力是直接组织各成员厂之间的专业化协作并开展各种经营活动，推动技术进步和促进生产力发展。而政府主管部门作为国家管理工业经济的行政机关，代表国家行使法律和政策规定的管理职能。所以，工业公司同政府行政机关的组织性质和职能范围都是有区别的，不应当把两种职责不同的组织机构混在一起。我们应当把公司建成一个具有经济生命力的承担经济责任的经济组织。

公司组建中的政企分开，是我国历史经验的总结。

中华人民共和国成立30多年来，我国工业公司经历了一个曲折的发展过程。50年代中期和60年代初期，上海、天津、北京以及其他工业城市先后成立了一批工业公司。这些公司对于克服“大而全”“小而全”的毛病，推动当时的技术革新和促进工业生产发展，起了积极作用。但是，由于“左”倾错误和“文化大革命”的干扰破坏，就全国范围来说，公司未能得到巩固和发展。70年代末期到80年代初期，特别是在党的十一届三中全会关于“调整、改革、整顿、提高”的方针指引下，在按专业化协作原则改组工业的过程中，我国又建立了各种类型和不同规模的工业公司，其数量之多、范围之广大大超过了50年代中期和60年代初期。这个重要的历史事实充分表明，公司是现代社会生产力发展的客观产物，公司是适应我国工业生产发展的一种有效组织形式。公司的出现，是不以人们意志为转移的必然要求。如果人为地取消公司这种组织形式，必将影响我国的生产发展和经济建设。因此，30多年来的曲折历史过程告诉我们，在我国，建立工业公司是必要的。实行政企分开，不等于取消公司这种组织形式，恰恰相反，有利于在新的历史条件下加强公司建设，把公司办得更好。

但是，在建立工业公司过程中，一些地区和部门只是把原来的行政机关改名为公司。几年来的实践证明，挂着公司牌子的行政机关，既未达到建立公司的目的，又削弱了政府部门的管理职能，还不利于调动基层工厂的积极性。这个问题的存在，主要是因为对公司认识不深和经验不足，同时又使挂牌公司成为转移行政机关多余编制的场所，这是应当解决的问题。但是，在解决挂牌公司问题时，不能认为我国没有必要建立公司。我们的任务在于采取正确的有效的措施，逐步解决挂牌公司的问题，还公司以本来面貌。这就是历史经验给予我们的结论。

公司这个名称在世界上由来已久，最早产生于 17 世纪初的欧洲。作为专门从事工业生产经营活动的公司，则是出现在 19 世纪中叶。19 世纪下半期和 20 世纪初期，工业公司普遍流行于欧美各工业发达国家。300 多年来，尽管公司的具体组织形式千变万化，名目繁多，但公司始终是作为经济组织而存在和发展的。国外发达国家长期的公司组织与管理方面的历史经验值得我们认真研究。

公司组建中的政企分开，是我国现阶段经济体制改革的要求。

过去有人把我国工业公司分成“企业性公司”和“行政性公司”，这是当时历史条件下的特殊提法，虽然这种提法存在不少问题，人们难以解释清楚，但在原来那种政企职责不分、条块分割、吃“大锅饭”、单纯靠行政手段、忽视经济规律的管理体制下，矛盾暴露得不太突出，所谓“行政性公司”的日子依然过得下去。随着经济体制改革的全面开展，特别是在简政放权、打破条块分割、发挥中心城市作用的过程中，客观上要求把行政管理机构与公司组织分开来，以利于各级政府主管部门履行其应有的职责，并充分发挥公司作为经济组织的作用。如果现在再沿用过去所谓“企业性公司”和“行政性公司”那种不科学的提法，就不符合当前经济体制改革的要求了。因为“行政性”和“公司”是两个范畴不同的概念，前者是指履行政府管理职能的行政机关，后者是指承担经济责任的经济组织，把两者捏合在一起不符合当前经济体制改革关于政企分开的要求，也不可能“一身二任”。同时，公司本来就是企业的一种组织形式，在“公司”前面再冠以“企业性”字样也是多余的重复。因此，所谓“企业性公司”和“行政性公司”的划分，准确地说，实际上乃是真正的公司同挂牌公司的区别而已。不使“行政性公司”作为公司的一种类型而存在，不让“行政性公司”的提法合法化，有利于作为经济组织的公司的组建，有利于公司沿着经济体制改革的方向健康地发展。

按照政企职责分开的原则来“组建”工业公司，包括“改组”政企不分的挂牌公司和“建立”作为经济组织的真正公司。

对于挂牌公司的改组，须从实际出发，根据具体情况予以清理和调整。凡具备作为经济组织的基本条件的，则应当承担经济责任，办成经济实体，不要冠之以“行政性公司”。如果不承担经济责任而起行业协调作用，可转为行业管理组织。行业协会不是一级行政管理机构，也不是以营利为目标的经济实体，它在政府与企业之间起着桥梁和纽带作用，推动着全行业的发展。公司与行业协会是互相联系、互相补充、互相促进的，但两者的组织性质及所担负职能是不同的，不能把公司办成行业协会，也不要用行业协会去取代公司组织。如果需要履行国家管理经济的职能，可恢复为行政管理机关，但不等于沿用旧的一套行政管理机构和单纯的行政管理方法，而应当按照经济体制改革的方向设立精简、高效率的行政机构。这些行政机构不要再打着“公司”的招牌，也不要越俎代庖，直接干预公司及工厂的日常生产经营活动，不要把公司变成行政机关的附属物。由此可见，按照作为经济组织的公司、作为行业管理组织的行业协会和作为国家管理机构的行政主管机关这样三种不同的组织机构，来理顺现存的挂牌公司，必将有助于推动经济体制的改革，进一步发挥中心城市的作用，促进公司的巩固和发展。

如果有些挂牌公司不符合上述三种组织机构中的任何一种，则表明它是多余的层次，应当让其解体。有的在解体之后可根据需要重新组成咨询服务公司、技术开发公司以及其他服务性、咨询性的公司。对于挂牌公司的改组和解体，应按具体情况区别对待，不搞“一刀切”，不搞形式主义，防止由此而引起的生产下降和经济损失。总之，必须有利于促进社会生产力的发展，有利于提高经济效益，有利于提高职工群众的物质文化生活水平。

对于真正公司的建立，要切实按照经济组织的要求，采用经济手段，使其符合经济体制改革的方向。凡已成为经济组织的公司，应当不断巩固和发展，加强公司建设，发挥公司的作用；凡今后新建的公司，再也不能套用行政管理机关的办法，而必须使其成为名副其实的公司。

2. 实行自愿互利

工业公司组建中的自愿互利，是指组成公司的有关工厂自愿联合，并兼顾联合各方的经济利益。

公司组建中之所以必须实行自愿互利原则，就在于公司是由有关工厂在专业化协作基础上组成的经济联合体。公司是一种企业，但不同于单个工厂的企业，公司是多厂性的企业，即由多个工厂联合组成的企业。

工厂之间的联合是现代工业生产发展的必然趋势。因为随着社会生产力的发展，工厂间的分工愈来愈细，协作关系愈来愈紧密，这就要求有关工厂在专业化协作基础上联合起来。工业公司便是工厂联合的一种基本形式。可见，工业公司是现代工业生产社会化的必然产物。

工厂要联合，公司要组成，但一定要反映经济规律的客观要求，反映工厂之间的内在联系。其基本目标是，通过工厂联合和组成公司，带来新的社会生产力，推动技术进步和提高经济效益。自愿互利就是达到这个目标的一条基本原则。因为工厂最了解它们之间的要求和联系，在工厂互有需要的基础上组成公司，实现联合，才是最可靠的。按照自愿互利原则建立公司，对公司的生存和发展有着明显的好处：

- 工厂自愿组成公司，可以使公司成为一个有机的统一整体，既尊重各个工厂的自主权，又能够反映各个工厂的共同愿望；
- 工厂自愿加入公司，也允许工厂退出公司，把公司办成一个开放性组织，有利于搞活公司，保持公司的自身增值能力和旺盛的经济生命力，增强公司在国内外的竞争力；
- 工厂之间的互利，有助于贯彻执行按劳分配原则，调动各个工厂的积极性，发挥各自的特长与优势，防止公司内部出现“一平二调”与吃“大锅饭”的现象；
- 工厂经济利益的平等权利，可以促使公司自觉地运用价值规律，在工厂之间坚持等价交换原则，实行严格的经济核算，加强公司的经济责任，提高公司的经营管理水平。

为了贯彻执行自愿互利原则，在组建公司的过程中，应当根据经济发展的客观规律和生产技术的联系程度，由有关工厂共同协商，自下而上地组成公司。公司的规模可大可小，组成公司的工厂数量可多可少，不要强求一律，不搞一种固定不变的僵化模式。关键在于工厂之间、工厂与公司之间上下一条心，齐心协力，有着共同的经营目标，这是办好公司的坚实可靠的基础。这样做有利于克服和防止以往采用“装口袋”“梳辫子”“拉郎配”式的办法而造成先天不足的毛病。

应当看到，由于我国现阶段存在多层次的生产力水平，各地区、各行业的生产技术特点不同，因此，不应当也不可能把本地区、本行业的全部工厂都纳入公司。工厂之间的联合是现代工业生产发展的必然趋势，但并非所有工厂都必须加入公司。公司与独立中小企业并存是现代工业经济活动的一条重要规律。公司的建立和发展无法排斥或取代独立中小企业的存在，因为这些中小企业具有独特的优点和作用，是整个社会化大生产不可缺少的组成部分。即使在国外工业发达国家，也有大量的独立中小企业存在。美、日、英等发达国家的大公司力图吞并中小企业，但中小企业始终大批存在，未加入大公司的独立中小企业数量占这些国家企业总数的 90% 以上。我们是社会主义国家，更应当自觉地运用现代工业经济规律，合理地组建公司，并利用独立中小企业的特点来推动公司的发展。不宜过多地组织全国性公司，一个行业也不要只搞一个公司，应当提倡多家经营，保护竞争，防止垄断，以利于发展生产和技术进步，在竞争中提高公司的经营管理水平。

有人担心，实行工厂之间自愿联合组成公司，有些工厂就会退出公司，“搞垮”现在的公司。其实，这种担心是不必要的、多余的。因为实行自愿互利原则后，必将增强工厂的责任感，把责、权、利结合起来，使工厂更加关心公司的经营活动，把公司与工厂以及成员厂之间联成一个有机的经济利益整体，有利于公司的巩固和发展。即使个别工厂退出公司，也不必大惊小怪，这反而可以促进公司改善经营管理工作。当公司办得更好之后，还应当欢迎已退出的工厂重新加入公司，当然也欢迎其他有关工厂加入公司。这样，可以避免把公司变成死水一潭的封闭式组织，使自愿互利原则成为推动公司提高经营管理水平的催化剂。

当组建公司的时候，工厂之间应当就此达成协议并制定公司章程，这是贯彻执行自愿互利原则的重要保证。在协议和章程中，要明确规定工厂的权限、职责；工厂之间的利益分配办法；工厂与公司的职权划分及其经济关系；公司内部的管理层次及其机构设置，以及其他有关的重要问题。这些共同达成的协议和章程，可以使公司与工厂上下之间的目标一致，行动一致，既搞活工厂，也搞活公司，同时又具有一定的约束力，是运用经济手段和法律手段来组建公司的重要内容，有利于克服过去单纯靠行政手段强制拼凑公司所造成的不良后果及其对公司的潜在危险。

坚持自愿互利，是在正常情况下组建公司的有效原则。如果工厂之间具备联合的条件，有关工厂愿意组成公司，但由于部门或地区的条块束缚，门户之见，壁垒森严，无法实现联合。在这种情况下，通过适当的行政干预，冲破阻力，消除障碍，有利于促进工厂联合的实现。因此，在一定条件下行政干预也是必要的，但这种行政干预必须反映经济规律的客观要求，符合自愿互利的原则，尊重工厂的需要和意愿，必须根本不同于过去那种违背经济规律、违反自愿互利原则的单纯行政命令的做法。

3. 采用多种组织形式

在组建工业公司的过程中，合理地选择公司的具体组织形式是极其重要的一个环节；公司的组织形式多种多样，一定要从本地区、本行业的生产技术水平和具体条件出发，灵活运用，讲求实效。不应强求一律，不搞一种模式，避免形式主义。从单纯生产型公司转变为生产经营型公司，是我国公司发展的必然趋势。应当打破地区和部门的界限，扩大公司的经营范围，组织跨地区、跨部门的公司，提高整个社会的经济效益。依据现代经济发展和科学技术进步的要求，我们要重视发展科研生产型公司、生产服务型公司、经营服务型公司、咨询服务型公司，积极组织工农联合的公司以及工商、工贸、工农商、工商贸联合的公司，这必将大大提高整个工业的经营管理水平，促进我国社会生产力的发展。同时，由于我国现阶段多种经济形式并存，在全民所有制工厂联合组成的公司大量存在的情况下，允许组建不同所有制形式的公司，鼓励一些单位及劳动群众集资兴办股份公司。全民所有制工厂可以同集体所有制单位联合组成合营公司，集体所有制企业之间可以联合组成集体公司，还可以组成各种形式的中外合资经营公司。有些地区的民办公司或民办官助的公司逐渐兴起，越办越活跃，它们体会到许多优点，“民办公司的婆婆少，自愿联合来去自由，集资入股平等互利，热情服务搞活经营”，这些公司的产品能很快打开销路。由此可见，组建多种形式的公司，有利于工业生产的社会组织结构合理化，使生产活动同经营管理统一起来，不断满足社会发展的需要和提高人民群众物质文化生活水平的需要。

在选择和采用公司的具体组织形式时，应当具有战略的发展眼光，破除传统的陈旧观念，特别要重视当代新技术革命的趋势和我国经济现代化宏伟目标的实现。当代新兴工业的出现带动传统工业的技术改造。新兴工业的现代技术扩散到各行各业，又引起一系列行业的改革和变化。国外发达国家的工业公司，目前正在进行各种各样的改组、合并和调整，并且不断通过“裂变”形成许多新型公司。在我国，即使是办得很好的作为经济组织的公司，也面临当代新技术革命的挑战。从这个意义上讲，不断改组公司，调整公司的组织形式，是一件正常的事情。如果公司的组织形式多年不变，甚至几十年一贯制，必定会落后，以至于被淘汰。因为公司的任何一种组织形式，都是适应一定技术条件和生产力水平这个内容的。当技术进步和生产力发展时，公司也应当相应地发展和变化，这就是形式服从于内容的需要。例如，当代的电子技术同机械工业相互交融、渗透，通过复合，产生了许多新型工业产品。机械－电子技术已经成为当代新技术革命的重要内容。为此，我们的工业公司就要突破原来的传统界限，以新型产品为龙头，或以骨干企业为核心，组成新型的公司，开辟新的市场，推动新技术的发展。上海和其他一些城市在这方面做了许多工作，这些经验值得好好总结。

党的十二届三中全会通过的《中共中央关于经济体制改革的决定》中明确指出："全国性和地区性的公司，是在国民经济发展的需要和企业互有需要的基础上建立的联合经济组织，它们必须是企业而不是行政机构，不能因袭过去的一套办法，而必须学会现代科学管理方法。"这是我国现阶段和今后组建工业公司的正确指导思想。

二、提高工业公司的经营管理水平

前面已经指出，工业公司是企业的一种组织形式，但不同于单个工厂的企业。现在，我们可以进一步看到，同单个工业企业相比较，工业公司的经济活动更加广阔，更为复杂，客观上要求工业公司在经营管理中发挥更大的作用。工业公司唯有提高经营管理水平，才能求得生存并发展。因此，我们应当特别重视提高经营管理水平对公司建设的重要作用。

公司作为一种经济联合体，其本身就是一个系统。公司这个系统存在复杂的外部关系和内部关系。公司的经营管理在于对其内外部各种重要经济关系进行综合分析和全面决策，以达到规定的经营目标。公司的外部关系，包括同政府主管部门、行业协会和其他公司以及独立中小企业的关系，要求公司遵守国家法律和政策，在国家统一计划指导下，密切本行业的协调关系，适应外部环境的变化。由于社会主义生产仍然是一种商品生产，价值规律还起作用，因而公司的外部关系主要表现为同用户的关系，公司的内部关系主要表现为同工厂的关系。这样，公司经营归根到底乃是处理好工厂与用户的关系，使生产与销售之间的联系符合社会主义经济规律的客观要求。用户是公司经营管理活动的对象，工厂是公司经营活动的基地。公司对外为用户服务，对内为工厂服务，这是公司经营管理的两个基本指导思想。满足广大用户的需要，取得用户的信任，公司就有了发展前途；支持工厂的合理改革，把工厂搞活，公司就有了可靠源泉。

公司系统由两个以上的既有分工又有协作的工厂（即分系统或称系统的元素）所组成。公司系统的元素（即工厂）虽然有多有少，但是在公司中的地位和作用却是共同的。公司系统既存在着统一的经济利益，又表现出各个元素的相对独立性。所以，正确处理公司与其所属工厂以及这些工厂之间的相互关系，便成为能否实现公司经营目标的决定性因素。国外工业发达国家的公司内部集权与分权的关系在历史上有一个演变过程，现在也难以找到两个做法完全相同的公司，而是该集中的就集中，该分散的就分散。由于我国公司的具体形式多种多样，各类公司的内外条件和经营范围又有差异，这就必须从每个公司的实际情况出发，根据各自的具体状况来划分公司内部的职责和权限。前段时期有的公司一组建就向工厂收权，把所属工厂统得很死，这是受到传统的单纯行政管理旧框框的束缚，没有按照经济规律的内在要求来组建公司并处理公司内部关系。鉴于这些问题，应当克服某些公司片面强调公司的集中、单纯用发号施令的方式把工厂管死的做法，公司要尊重工厂的自主权，采用经济办法来处理内部关系。然而，也要防止某些工厂重蹈过去“小而全”“大而全”的羊肠小道，使建立在专业化协作基础上的真正公司形同虚设，因为那样做的结果必将违背现代社会化大生产的客观规律，损害整个社会的经济效益。

按照现代科学管理的要求，发挥公司和工厂（分公司）两者的积极性，是正确处理公司内部关系的基本原则。为此，公司内部可实行分级管理，公司和工厂各自承担一定的职责，并享有相应的权限和利益，做到责、权、利的明确和统一。

在公司内部，公司一级的职责主要是集中精力考虑生产发展方向和确定经营战略方针。公司级的这个职责是通过做好统筹、协调、服务、监督各方面的工作来实现的。这些工作包括统筹规划工厂之间的专业分工和生产协作，推动工厂的技术改造和产品的更新换代，发挥公司在技术进步中的作用，协调公司内外经济技术关系，健全公司的情报、科研、教育的组织机构与实施手段，及时为工厂提供各种信息和科研成果，培训和交流各类专门人才，监督执行生产经营计划、原材料供应和产品销售活动，其目标是不断提高公司各项经济技术指标的水平，增强公司在国内外市场上的竞争力，特别是质量、成本、品种、效率诸项的竞争力。无论什么时候，公司都必须重视提高劳动生产率，这是公司存在和发展的一个根本条件。

公司级的职责是由公司的决策层、执行层、监督层的各自权限分别承担并共同完成的。把公司的决策权、执行权和监督权分开，有利于明确责任，保证公司生产经营活动的顺利进行。我国有些公司正在试行把管理委员会或董事会作为公司的决策机构，把总经理（经理）作为公司的执行机构，并准备以公司的职工代表大会作为公司的监督机构或在公司设立专门的监督委员会。随着我国经济体制改革的发展，我国公司内部的领导体制必将日趋完善，更加符合经济规律的客观要求和我国实际情况，有效地促进社会生产力的发展。

公司对其所属工厂的统一领导和系统控制，应当通过履行公司本身的职责体现出来，并非由公司去包揽工厂的日常事务和全部活动。公司领导的才能在于充分调动工厂的主动性和积极性，想方设法把工厂搞活，千方百计解决工厂需要解决的问题，办好工厂无法办到或难以办到的事情。公司及其工厂的各级分工要明确，职责要清楚。有些公司正在改革传统的领导方式，改变领导越级指挥的习惯做法，实行一个下级只能接受一个上级指挥的原则，一级领导一级，一层只有一人负责，一个人的控制幅度（管理范围）应考虑到他足以管得起来的程度，这可以使各级领导有充分的时间研究和解决本职工作中的重要问题，摆脱琐碎事务，还有利于避免多头领导、互相扯皮的现象。公司领导者应当不断地“充电”，吸收新知识、新观念，防止电池用完、知识老化而被废弃，使自身的领导水平和管理能力适应多变的经营环境。公司经理和工厂厂长实行任期制，有利于正确处理公司内部关系和发挥各级领导的作用。有的公司对于所属工厂的厂长，在公司内外公开张榜招聘，按生产发展和经营目标的要求起用人才，把目标管理用于选拔人才，迅速提高了经营管理水平，扭转了亏损，打开了新局面。

在公司内部，工厂是基本的核算单位。无论实行公司集中核算还是实行公司与工厂分级核算，公司所属各个工厂都必须实行严格的经济核算，尤其是工厂的成本核算，它是整个公司经营管理的基础，是提高公司经营效果必不可少的内容。工厂一般的职责主要是专心致志地抓生产、抓质量、抓成本。工厂级的这个职责是通过生产调度、材料采购、工艺操作、成本核算等各项工作来实现的。工厂在保证完成公司统一安排的生产经营任务的前提下，应当按照公司确定的经营目标的要求，充分发挥在组织生产、提高产品质量、改革工艺过程、降低成本费用、提高经济效益各个方面的自主作用。凡按规定由工厂支配的财产和资金，公司不应单纯靠行政手段任意挪用，更不能无偿调拨。公司需要在工厂之间调剂财产和资金时，必须实行有偿制度。公司应依据经济效益和按劳分配原则来处理工厂之间的经济关系，切忌搞平均主义。公司要维护工厂的经济利益，尊重工厂应有的劳动人事、工资福利、生产基金以及其他方面的自主权限，不要对工厂机构和编制强求一律或上下对口。所有这些措施，都有利于搞活工厂，有利于发挥公司在经营管理中的作用。

（原载《经营管理理论与实践》(改革专辑)，
中国经营管理研究会，1984）

● 发挥工业公司在技术进步中的作用

工业公司作为工业生产经营活动的一种组织形式，从它出现的那一天起，就同工业技术革命紧密联系在一起。从发达国家的发展趋势看，在新的技术革命中，工业公司有一些新的特点：第一，在生产出具有先进水平的物质产品的过程中，加快对工业技术专业知识和管理技术的吸收与转让，通过知识来增长价值，使知识成为决定生产力、竞争力、经济成就的关键。第二，在发挥大工厂骨干作用的同时，迅速增加小工厂的数量。大工厂向小工厂购买零部件的比重越来越高，高度专业化的小工厂面向全社会，提供各种专业化的商品性生产服务。特别是当代新兴工业部门的工厂，正朝着小型化、多样化、专业化的方向发展。第三，在不增加工业公司职工总人数的情况下，按照技术革命要求改变人员结构，直接接触物质产品的人手减少了，而计算机程序编制员、教职员、技术员和各种信息工作人员猛增，急需招聘新型专业技术人才。第四，工业公司的组成方式，正在从过去那种纵向、大型、重型的托拉斯式的工业公司，朝着横向、网络系统式的工业公司的方向发展，名目繁多的小型、科研生产型的电子工业公司相继出现。第五，改组工业公司内部的组织层次和管理机构，甩掉臃肿的机构和限制生产发展的多余层次，以适应尖端技术日新月异的发展。第六，国内工业公司同国外工业公司的技术经济联系更为密切。发达国家工业公司在推动当代技术进步、促进新的技术革命中的这些动向，值得我们认真研究。

中华人民共和国成立 30 多年来，我国工业公司的建立和发展经历了一个曲折的历史过程。50 年代中期，上海、天津等地开始组织一批工业公司，这对于当时的社会主义改造和完成第一个五年计划任务有过积极作用，但未能得到巩固和发展。60 年代初期，北京、上海、天津和一些省（直辖市、自治区）试办全国性和地区性的工业公司，取得了一定成效，但后来又被迫停办。70 年代后期，特别是 1978 年冬季以后，在全国更大范围内逐步建立了多种形式的工业公司，成绩显著，但目前不少公司仍然存在许多困难和问题。我国工业公司建立和发展的这种反复过程，是由于“左”倾错误和“文化大革命”的干扰破坏，也同经济管理体制中存在的某些弊端有关，同对工业公司在技术进步中的作用认识不足有关。经过党的十一届三中全会拨乱反正，党的十二大确定了全面开创社会主义现代化建设新局面的路线、方针和政策，为我国工业公司的建设创造了空前有利的条件。

工业公司是在专业化与协作的基础上，把分散的工厂合理地联合起来的一种经济组织。新中国成立以来我国工业生产发展迅速，工厂数量大大增加，城市和工业区的大小工厂已有 30 多万个，加上农村的各种工厂，全国有 100 多万个。这些工厂之间的专业分工越来越细，协作关系越来越密切，生产社会化程度越来越高，而在科学技术不断进步的条件下，必然要求把成千上万的分散工厂按照经济活动的内在规律合理地组织起来，联合组成各种形式的工业公司，以适应现代工业技术发展的需要。近几年来我国工业公司的实践表明，凡是办得出色的工业公司，一条重要经验就是重视工业公司在技术进步中发挥积极作用，提高工厂的技术水平，促进生产发展，从而使公司本身得到巩固和发展。如果把工业公司的建立单纯看作是机构变动和组织调整，忽视工业公司在技术进步中的作用，其结果可能是组织形式上发生了某些变化，但工厂的技术水平没有什么变化，甚至妨碍工厂生产积极性，这种公司存在的价值也就值得怀疑。我国组建工业公司的这些经验教训告诉我们，充分发挥工业公司在技术进步中的作用，是今后工业公司建设过程中的一个带有普遍性、共性的问题。

在经济管理体制改革和按专业化协作原则改组工业的过程中，许多工业部门和地区采取措施，对原有工业公司的组成进行必要的整顿。从工业公司推动技术进步这个角度来看，在组建或调整工业公司时，应当反映工厂之间内在的技术经济联系，有利于提高生产专业化水平，有利于采用新技术、新工艺，有利于促进社会生产力的发展，防止把公司变成“大而全”的组织。有人以为公司规模越大，社会化程度越高，想把本地区全部工厂都并入公司，甚至把没有内在联系的单位也硬凑入公司，结果是把工业公司变成包罗万象的“全能公司”，重复过去“全能厂”的毛病，阻碍了技术进步，影响了经济效益的提高。现代工业公司的社会化程度是同专业化水平紧密联系的。工业公司的生产专业化水平越高，越能够推动技术进步，收到效率高、成本低、质量好的效果。一些工业公司不能在技术进步中发挥应有的作用，一个重要的原因就是这些公司的组成不合理、不科学，受到原来行政管理机构系统框框的束缚。

工业公司内部的机构设置，是直接关系到公司在技术进步中能否发挥作用的又一个现实问题。既然工业公司是一种经济组织，就要使公司的主要精力放在依靠技术进步、促进社会生产力发展上面。公司机构设置应当有利于实现公司的这个中心任务。应当依据技术进步和社会化大生产的要求，把现在公司大量的行政性公共事务交由专门的社会机构和服务性组织承担，精简公司内部的一些行政事务机构，加强公司的科研、信息机构，使公司机构设置适应现代科学技术飞跃发展的形势。公司同工厂比较起来，更有必要也有可能建立自己的科研机构，使公司成为科研、生产、经营的联合体。公司科研机构要以应用研究为主，使研究成果为提高工厂技术水平和发展生产服务。工业公司除了建立自己的专业科研机构外，还应当与大专院校、科研部门建立密切的合作关系，借助社会上的科研力量来提高公司自身的科研水平、技术水平和生产水平。

工业公司做好科技开发工作，是推动技术进步和促进生产发展的重要组成部分。科技开发工作的内容包括向工厂推广科研成果，联系科研机构会同生产单位开展技术攻关活动。它不同于工厂的工程技术工作，因为工程技术工作是具体解决生产过程中的技术、工艺等问题，而科技开发工作是要发现新技术、新工艺，并把它们推广到工厂生产中去。所以，科技开发工作也是一种研究性质的工作，有人把它称作开发研究。科技开发工作是针对某项技术、产品、工艺来进行研究工作的，因而比应用研究更明确、更具体。

国外工业公司由科研机构负责应用研究，科技开发工作一般由各分公司负责。从我国工业公司的实际情况出发，公司和工厂都应搞好科技开发工作。目前虽然有些公司的科研机构和工厂的工程技术人员也兼做一些科技成果的推广工作，但因未能把科技开发工作当成一项专门工作来抓，大量科研成果不能及时推广和应用于生产，工厂的许多技术关键问题无法组织力量攻破。可见，公司和工厂有必要共同组织一支科技开发工作的专业队伍，其任务是专门对本行业科研成果进行调查研究和分析鉴定，根据工厂生产需要，采用有效方法做好推广工作，并把生产中存在的技术问题反映给科研机构，组织好技术攻关，使科研与生产结合起来。

由于我国工业公司的各类技术存在较大差异，在推动技术进步的过程中，应当正确处理传统技术与先进技术的关系，这是做好科技开发工作的重要保证。我们的工业公司，要适应新的技术革命的潮流，尽可能吸收先进的科技成果，开发技术密集度较高的产品，加快技术进步的步伐；同时，要通过技术改造，选择适用于公司具体条件的技术，发挥公司的技术优势和生产潜力，增加品种，提高质量，降低成本，形成既有公司特点又有竞争力的拳头产品。无论是吸收先进技术还是改造传统技术，关键在于公司能否获得各种技术经济信息，了解国内外本行业产品的技术现状和发展趋势，了解社会需要和市场变化，使自己的技术和产品既符合国内需要，又能打入国际市场。工业公司获得了新的信息，就能使公司增添新的压力、动力和实力，从而推动技术进步，形成新的生产力。

加紧培养人才是工业公司推动技术进步和促进生产发展的决定性因素。许多公司采取各种措施，例如选送人员去大专院校、科研部门进修，聘请专家、学者来公司讲课，举办具有大专或中专水平的学习班以及有关的专业培训班，支持在职干部、工人业余学习和自学等，以培养自己的人才，并取得了一定效果。但是，人才缺乏状况在工业公司中还相当普遍。工业公司可以从教育部门得到一定数量的人才，但大专院校培养人才并不能完全代替工业公司的人才培养工作。从数量上看，大专院校每年分到公司的毕业生人数是有限的，远远不能满足公司发展的需要；从质量上看，这些大专院校毕业生在学校获得的基础知识还有待于在实践中具体运用和不断提高。特别是在现代科学技术知识日新月异的形势下，工业公司更要重视现有科技人员的知识更新。现代科学技术知识飞跃发展的速度，对工业公司从经理、厂长到学徒工的全部人员都提出了新的要求。我们应当抓紧时机，缩短知识更新的周期，赢得技术进步的主动权。工业公司的人才培养和知识更新，应当遵循“面向现代化，面向世界，面向未来”的指导思想，积极培养出自己的信息人才、技术人才、管理人才。不仅要对已具备大专以上文化技术水平的人员进行知识更新，培养高级人才，而且要提高现有工人队伍的文化技术水平，从中发现优秀人才，改变工人队伍的知识结构。

（原载《人民日报》，1984-04-23）

● 发挥股份公司在科技进步中的作用

我1984年4月23日在《人民日报》发表了题为“发挥工业公司在技术进步中的作用”的文章，时间已过去八年了。这次我受邀参加《中国软科学》杂志举办的“股份制笔会”，并发表这篇短文——《发挥股份公司在科技进步中的作用》，触发了我先后写这两篇文章的内心感受，深感我国八年来的经济发展和科技进步之巨大，在社会主义道路上的改革开放成就之显著。

长期以来，我国的生产单位与科研单位存在“两张皮”的现象，似乎生产是工厂企业的事，科技是科研单位的事。八年前我发表的文章，就是针对这个问题提出一种解决问题的办法，即从组织上解决“两张皮”问题，把生产与科技结合在一个企业组织之中，使生产与科技结合成为一个利益共同体。公司就是使生产与科技结合在一起的最有效的企业组织形式。公司是企业，是法人，是联合体。公司式企业是现代企业的典型组织形式，具有比早期的单厂式企业显著的优越性。公司既是现代产品的生产基地，又是现代技术的科研基地，特别是成为应用研究与开发研究的基本场所。因此，我主张，必须重视发挥公司在科技进步中的作用，以科技进步来开发新产品，并提高产品质量和增加产品数量。

应当肯定，八年来，我国越来越多的公司确实已经成为生产基地与科研基地相结合的现代企业，在国内外市场竞争中的地位越来越重要。但也应当看到，我国现存的许多公司既不是生产基地也不是科研基地，更无法实现生产与科技的结合，其根本原因在于挂着公司牌子而行使政府职能。这些政企不分的“公司”，既损害了公司形象，又削弱了政府权威。我认为，解决这个问题的根本办法就是还公司的本来面貌，即实行政企分开，使公司真正成为现代企业的组织形式。

我国现阶段正在进行的股份制试点工作，正是进一步解决公司中的政企不分这个问题的一项有效措施。只要采用“股份公司”的名称，就必须是企业，而不能成为一级政府机构。当然，我国目前的股份制企业，可以是股份有限公司（简称股份公司），也可以是有限责任公司（简称有限公司）；可以是股票上市公司，也可以是股票不上市公司。但是，股份公司是典型的资合公司，股票上市公司是最复杂、最规范的公司。只要把股份公司设立与运行中的各种问题予以解决，其他各类公司的问题就迎刃而解了。从一般公司到股份公司，反映了我国历史的进步。

股份公司资本的形成，不仅包括货币、厂房、设备及其他实物，而且包括专有技术、知识产权及其他无形资产。由于股份公司拥有巨额资本，进而能够拥有雄厚的科技力量，吸引高水平的科技人才并从事高投入的科研活动，使生产与科技处于相互依存、相互促进的良性循环状态之中。为了充分发挥股份公司在科技进步中的作用，必须加强公司立法工作。因此，我建议，《公司法》应尽早出台，为生产与科技的结合提供可靠的法律保证，使经济、科技、法律三者彼此协调，以确保我国股份制企业和各类公司的健康发展。

（原载《中国软科学》，1992（4））

企业制度

On
Companies

● 公司法和现代企业制度

同志们好：

今天我很高兴在这里和各位局长、经理，各个省局的领导同志见面。在座的有的同志我们已经见过面了，都是老朋友了。我到过几个省市，跟烟草行业打交道也有好几年了，我感觉我们烟草行业的领导和各个层次的培训还是很有成效的，各个省局的同志都很重视。“五一”节前我到云南省，在昆明参加了一个班，因此，我们可以研究得深入一点。我这里有本教材大家是否都拿到了？这本教材就是《现代企业制度概论》。这本教材，可能有的同志已经看了，我希望你们在北京期间的较短时间内，把这本教材看一遍。有什么问题，大家在今天提出来，我和大家共同来研讨。看一遍有个印象，至少了解有哪些内容，这些内容在哪一页，在什么地方。那么回去以后对你们的工作有帮助，各个省局回去以后可以搞培训，对提高你们省局干部的水平有帮助。我们一边听课，一边研讨，除了书里面的东西，你们听了这几天的课，还有什么问题，欢迎递条子，休息的时候给我也行，或者上课时递过来也行，咱们共同来办好这个班。因为有了教材，教材里面基本的原理我就省去了，不讲了，我想着重讲一讲当前的一些理论和实践相结合的难点、重点，遇到的问题，这些问题怎么来解决，结合实际情况讲一讲。

一、公司法是建立现代企业制度的基本依据

这个问题大家要理解和掌握的话，应把握住两点。

第一点，就是现代企业制度的含义。现代企业制度是以公司制度为主体的市场经济体制的基本成分。这句话是我1993年6月在国家经贸委现代企业制度课题组下的定义。这个定义，是根据我多年来对现代企业制度的研究得出来的。我的这个定义1993年9月在一个刊物《党校论坛》中刊登出来，这个党校刊物是公开的杂志，是中央党校主办的。另外，1993年10月中国企业报记者专访我，这个定义登在1993年10月4日《中国企业报》的第一版。那么，大家在学习和研究的时候，怎么来理解这个定义？可以从两个层次来理解。

第一个层次，现代企业制度是市场经济体制的基本成分。大家理解现代企业制度的时候，一定要把现代企业制度与市场经济体制联系在一起。也就是说，现代企业制度是市场经济体制下的一种企业制度，也就是说，是符合市场经济要求的一种企业制度。如果离开了市场经济体制，那就无法正确理解现代企业制度的含义。这里又有一个问题：市场经济体制的成分有哪些？关于市场经济体制的成分，根据我对国内外市场经济共同点的研究，我认为有三个基本成分。

第一，消费者。消费者是市场经济的首要成分。为什么说“消费者是市场经济的首要成分”，这里涉及一个最基本的概念，即市场的含义是什么。现在我们天天讲“市场”，但对市场含义的理解必须抓住“消费者”三个字。也就是说，市场是由消费者构成的。我们寻找市场，就是寻找消费者。面向市场，就是面向消费者。离开消费者，就无法讲清市场在哪里，市场是什么。我在这里着重指出，有些地方想建立市场，人为地找一些场所，好像有了场所，挂出牌子，就

建立起了市场，但结果是有场无市。虽然有这个场所，但并没有形成市场，因为没有消费者。市场经济是讲求实实在在效果的经济，计划经济是形式主义的经济。计划经济的一个突出特点就是搞很多形式主义的东西，现在有的地方就搞了一些形式主义，表面上向上汇报建立一些所谓的市场，实际上并没有形成真正的市场，有场无市，也就是没有消费者或者说不知道消费者在哪里。对消费者的地位和重要性必须给予高度重视，因为市场就是由消费者构成的。我这里讲的消费者，是广义的消费者。所谓广义的消费者，既包括生活资料的消费者，例如去商店里买东西的人，这是消费者；也包括生产资料的消费者，比如说，机床厂就是钢铁厂的消费者。因为机床企业要消耗钢材，所以，对钢铁公司来说，机床公司就是它的消费者。对烟草公司来说，我们烟草公司是生产者，因为我们生产卷烟或烟叶，同时也是消费者，因为要消耗原料。因此，对一个企业、一个公司来说，既是生产者，又是消费者。我们所讲的消费者是广义的消费者，过去所讲的是狭义的，把生产者和消费者隔离开来，其实生产者本身也是消费者。因此，消费者是可以变化的，消费者是发展的，不是固定不变的，不是凝固的，不是绝对的。另外，要构成一个企业的消费者，必须要有条件。第一，要有购买欲望。就是他想买你的产品，才能成为你的消费者，成为你的用户、你的顾客。第二，要有购买力。他有购买欲望，他想买东西，还要买得起，要有购买力，要有支付能力。因此，对一个企业来说，寻找市场，就是寻找消费者，特别是要寻找具有支付能力的消费者。这也是中国现阶段的一大问题。现在有些企业发了货，但收不回钱，他要你的货，却没有支付能力，中国企业之间的三角债比比皆是，当然现在的三角债形成原因很复杂，不是企业愿意的，还有体制原因。

市场经济体制的第二个成分，是企业。这是基本成分，因为市场经济条件下企业与消费者之间的供求关系是基本的经济关系。我们对企业的观念要发生变化。这里讲的企业，是市场经济条件下的企业，不是计划经济条件下的企业。这就是要建立现代企业制度。

第三个成分，就是政府。这是市场经济体制不可缺少的成分。这里讲的政府，是市场经济条件下的政府，不是计划经济条件下的政府。同样是政府，也有一个观念转变的问题，或者叫政府职能转变。市场经济不是自由放任的经济，不是不要政府。但照搬计划经济条件下的政府，显然不符合市场经济的要求。这就需要建立市场经济条件下政府的职能，但现在没有形成。原来以为政府职能会很快转变，但现在看来这个转变时间不会短。可能需要有一个过渡经济学。上面讲到的这三个成分中，企业面临与消费者和政府的关系，都是很重要的关系。但就市场经济来说，企业与消费者的关系更重要，因为企业生存和发展取决于消费者对企业的态度。在市场经济条件下，企业归根到底取决于消费者，消费者是最重要的，这是市场经济的一个基本规律，是供求关系规律。但在中国现阶段，企业与政府的关系也是很重要的。中国现在正处在由计划经济向市场经济转变的时期，企业与政府的关系在一定意义上不亚于企业与消费者的关系，这跟国外不同，国外企业只要交税以后一般不再同政府发生直接关系，而中国不同，在计划经济旧体制下企业听政府的，现在说企业自主经营、自负盈亏，是从市场经济体制的要求来说的，但现在还远远做不到。我们要建立现代企业制度，就是必须符合市场经济体制的目标要求。

下面讲对现代企业制度第二个层次的理解，即现代企业制度是以公司制度为主体。公司制度是现代企业制度的具体形式。按公司制度改造现有国有企业，是建立现代企业制度的基本途径。而公司制度的建立，应以公司法为依据。公司法就是建立现代企业制度的法律依据。这是第一个大问题的第一点。

第一个大问题的第二点，公司法的颁布和实施，表明了它对建立现代企业制度具有战略意义。中国的公司法是在80年代初期开始讨论、起草，直到1993年12月29日通过，1994年7月1日正式实施的。因此，从80年代初到1994年先后经历了十多年的时间，公司法的起草过程是曲折的长期的过程。我们先看看中国公司的发展历史，可以分为三个时期：

第一个时期，50年代中期，中国出现了一些公司。当时出现公司，有两个原因：第一个五年计划的完成，一些工厂的增加。第一个五年计划全国有156个重点项目，还有各省市的大小工厂，新建的和原来的工厂联合组成公司。这是第一个原因。50年代中期出现公司的第二个原因，是1956年社会主义工商业改造出了一批公司。50年代中期出现的公司对当时的中国经济发展起到了一定的历史作用，但是后来这些公司没有留存下来。除了一些经济上的运动和非经济因素的影响以外，还有重要的原因，就是这些公司本身不完善。50年代中期的公司，1983年、1984年我到上海调查的时候，还留下一些，现在几乎没有50年代中期留下来的公司。这是中国公司的第一个时期。

第二个时期，60年代初期，中国也出现了一些公司，当时叫托拉斯，有全国的，有地方的。全国的有十三个。当时我参加了托拉斯的调查，其中也包括我们烟草公司。这些公司的出现，主要原因就是经济调整的要求。60年代初实行“调整、巩固、充实、提高”八字方针。60年代初成立的托拉斯对经济的调整起到了积极作用和历史作用。但是，这些公司到了“文化大革命”时期都当作资本主义的尾巴割掉了，夭折了，没有存在下来。因此现在也找不到一个60年代初期的公司，这是第二个时期。这个时期可以看出存在姓“社”姓“资”的问题，现在不存在这个问题了。但是不能忘记历史，回顾历史是为了今后更好的发展。

第三个时期，70年代末和80年代初期，涌现了一些公司。这就是改革开放后出现的大批公司。应该说，这个时期公司数量之多、范围之广、规模之大，都超过前两个时期。因为 50 年代中期只是在北京、上海、天津和其他一些大城市出现过公司。60 年代也是在一些大城市，但是到了 1978 年以后，全国各地各行各业都兴起了一批公司。所以，这个时期的公司纷纷出现，在总结前两个时期经验教训的基础上，有必要对公司进行立法。当时对公司研究比较早的同志要求立法，因此，讨论、起草工作在 80 年代初期就开始了。但是由于人们的认识和看法不一样，再加上主要是体制改革的目标没有明确，在计划与市场关系上讨论了十几年，因此，公司法也进展缓慢。直到 1992 年搞了两个规范意见，但还不是公司法，后来又有反复。现代企业制度提出来以后，公司法就加快了进程。现代企业制度的正式提出是 1993 年 11 月党的十四届三中全会的决定。1993 年 11 月以前概念提出来了，但是有争议，有不同的看法。关于现代企业制度提出的背景，还可以追溯得早一点，1992 年 10 月党的十四大提出建立社会主义市场经济体制，明确了改革的目标就是要建立社会主义市场经济体制。党的十四大这个决定，应该说是十四年改革成果的表现。从此，我们整个企业改革就进入了新阶段。这时目标很明确，就是建立和市场相适应的企业制度，不是一般的经营承包、放权让利等，而是要进行企业制度的改革和创新，就是从传统的企业制度向现代企业制度转变。再明确一点，传统的企业制度适应计划经济体制的要求，由计划经济向市场经济转变，首先要转变企业制度，也就是从传统的企业制度向现代企业制度转变。现代企业制度，不能离开市场经济体制，离开市场经济规律，不能就企业来讲企业本身，必须把企业放在一种体制下来考察。因此，1992 年 10 月党的十四大决定了改革目标，就是建立社会主义市场经济体制，企业改革也就进入了新阶段，即进入了现代企业制度这个阶段。1993 年 11 月党的十四届三中全会提出现代企业制度就是 1992 年党的十四大提出的市场经济体制目标的必然要求、必然结果。既然1993年11月提出了建立现代企业制度，那么，怎样建立现代企业制度呢？要有法律依据。为什么要有法律依据？这里涉及一个最基本的问题，即市场经济是一种法治经济，计划经济是一种人治经济，因此，计划经济向市场经济的转变，实质上就是从人治经济向法治经济的转变。市场经济条件下的任何行为都是以法律为依据的。所以，在1993年11月正式提出现代企业制度以后，马上加快了公司法颁布的进程，1993年12月29日正式通过了《中华人民共和国公司法》(以下简称《公司法》)，这就是建立现代企业制度的要求。

二、公司制度的特征

第一个特征，公司是企业。公司制度是现代企业制度。关于公司是企业这个最基本特征，大家可把握几个要点：

1. 公司必须是企业，即公司具有企业的全部特征，包括公司直接为市场提供产品和服务；公司为市场提供产品和服务的直接动机是追求利润；公司实行独立核算，自主经营，自负盈亏；公司是课税对象；等等。

2. 公司只能是企业，即公司不是一级政府机构；公司不是一套机构两块牌子的政企不分的混合体；公司不是行业管理组织；公司不承担行业管理职能；公司不是社会团体组织。公司的组织性质只能是企业。公司从商（即广义的市场经济）与政府从政是完全不同的两种职能。在公司问题上的政企分开，既有利于办好公司，也有助于政府的廉政建设。从商与从政是两种不同职业，应采取两套法律来规范各自行为。

3. 公司是企业的一种组织形式，不是企业的唯一形式，更不是企业的全部形式。我们必须说公司是企业，但不能说企业是公司，因为还有非公司企业的存在。

第二个特征，公司是法人。公司制度是现代法人制度。大家可把握几个要点。

1. 公司必须是法人，即公司具有法人的全部特征，包括：

（1）公司必须依法设立。

（2）公司必须拥有独立支配的法人财产权。

（3）公司必须设置专门的组织机构，即按《公司法》的规定来设置组织机构。

（4）公司实行独立的财务会计制度。因为财务会计制度是公司法人的一种表现，所以，一个企业、一个公司要独立，首先财务会计制度要独立，所谓独立，就是法律要求的财务会计制度。对社会来说，公司是独立的财务会计核算单位。

（5）公司设立之后的行为是具有法人资格的行为，一旦发生公司的合并和分立、破产、清算，必须进行法人资格的重新登记，不是由哪个人或哪个单位说了算。

公司法人的上述特征表明公司组织体在法律上的人格化。公司生存和发展的一切行为，都是以法律为准绳来进行的，这就是公司必须是法人。

公司是法人，这是由公司的企业性质决定的。公司作为企业，在市场经济条件下要从事市场交易活动。市场交易活动的双方必须是交易行为的法律主体。市场交易是买卖交易，买卖交易本身实际上是一种利益的转移。这种转移在法律上的有效性，必须要求交易双方是法律的主体；具有独立的法人资格，这种交易在法律上才是有效的。因此，公司在市场交易中的行为要有效的话，必须是法人，合法行为受到法律的保护，违法行为受到惩罚。所以，公司必须是法人。中国公司必须是法人，也是公司的国际经济交往关系决定的。中国对外开放，中国公司与外国公司打交道，外国公司是法人，如果中国公司不是法人，那么和外国公司打交道就会受到损害。所以，中国的公司必须是法人，才符合国际惯例，才具有法律效力。

2. 公司是法人的一种形式。具体来说，公司是企业法人。公司既是企业，又是法人，所以，公司是企业法人，这是公司的基本定义。这也是《公司法》对公司下的定义。大家看《公司法》的第一章第一条，什么是公司？公司就是企业法人。公司作为企业法人，区别于社会上的其他法人。社会上除了企业法人还有其他的法人，比如，学校、医院、政府机构也是法人，社会福利团体组织、各种社会团体等都是法人，但所有这些法人都不同于公司这种企业法人，而是非企业法人。学校是法人，但学校不是企业。学校要精打细算，节约开支，但不搞独立核算、自负盈亏，要靠财政维持学校的存在，如果学校搞独立核算、自负盈亏就会影响教育质量。当然，学校也向学生收一些费用，但不是按企业那样搞。医院是法人，但不是企业，医院应救死扶伤，实行人道主义。医院也要收一些费用，但不搞独立核算、自负盈亏。政府机构也要精打细算，但不搞独立核算、自负盈亏，政府不能做买卖，等等。公司是企业法人，就把公司法人和社会上其他法人区别开来。在中国现阶段，这又是一个混乱的问题，有些挂上公司牌子但不是真正的企业，而非企业法人又去经商，处于无序状态。中国的改革，要从无序状态向有序状态转变，各个方面都要付出艰苦的努力。比如，部队是不能经商的，因为拿着枪杆子；政府也不能参与经商，因为手中有权力；学校、医院也不能经商，否则就会降低教育质量、医疗质量，误人子弟，危及健康。公司本该去经商，却偏要拥有政府职能，搞什么政企合一；而拥有政权的政府机关又都去办什么公司，以权换钱，权钱交易。如果市场经济这样搞法，就危险了。中国现在面临艰巨的任务，政企分开，不仅对公司法人，而且对社会上的各种法人都具有现实意义和深远的战略意义。必须把公司法人和社会上其他法人区别开来，这种区别的最重要之点就在于公司是营利性法人，其他法人是非营利法人。公司法人是从事经营活动、追求利润的法人。追求利润对于公司是天经地义的事，公司不追求利润，就失去了存在的价值。利润是社会财富的一种货币表现，创造利润就是创造新的社会财富。这里讲追求利润，必须是合法追求利润，不能损害消费者利益，这是前提。

3. 公司是法人企业。具体来说，公司是企业的一种形式，即公司既是法人，又是企业，所以，公司是法人企业。目前把企业分成几种形式：第一种是独资企业。独资企业就是一个人出资并由他本人经营的企业。第二种是合伙企业，就是两个或两个以上合伙人出资并由这些合伙人共同经营的企业。第三种企业就是公司。1673 年是公司制度确立的年代和世界上第一部公司法颁布的年代，标志着公司制度作为一种企业制度确立起来。具体来说，世界上第一部公司法在法国颁布。有人说美国是公司最发达的国家，但美国是 1776 年独立的，1673 年的时候美国还是英国的殖民地。当时公司法诞生在法国，是因为欧洲发生了产业革命，地中海沿岸是商业最发达的地区，大批公司产生在这里，有了公司就产生了公司法。1673 年以前已经有许多公司从事经营活动，公司法就应运而生。从世界上第一部公司法颁布到现在已有 322 年的历史。关于公司的产生，大家记住三点：第一，公司是商品经济发达的产物。商品经济发展到一定的程度，就产生了公司，具体说，人们经历了一两千年的商品经济活动，到了 1673 年产生了公司法。第二，公司是社会化大生产发展的要求。社会化大生产要求社会分工越来越细，效率越来越高。公司的特点是一部分人拥有财产、拥有资本，委托给另外一些人去经营，这是社会分工发展的表现。具体说，在地中海沿岸当时有部分人有资本，把资本交给另一部分人，这部分人是经营者，是经理，由这些经营者、经理把货物运到世界各地去卖。拥有资本的人专门化了，经营公司的人也专门化了，这是一种社会分工，这种分工提高了资本的效率，提高了经营的效率，具有生命力。公司的社会化程度远远超过了独资企业和合伙企业。第三，公司是科学技术进步的结果。产业革命发生在欧洲，出现蒸汽机、能源后，公司就可以到世界各地去开展贸易，公司就是这种科学技术进步的结果。公司最能容纳先进的科学技术。因此，产生公司是必然的，不是偶然的。

公司是商品经济发展的产物，这一点同样适合中国。中国从80年代开始，公司纷纷兴起。因为80年代以来中国的商品经济逐步得到充分的发展。50年代、60年代虽然也出现了一些公司，也想利用公司形式来促进经济发展，但当时毕竟是计划经济体制，计划经济体制束缚了公司作用的发挥。只有改革开放后，中国大力发展商品经济，才需要公司。因此，中国公司于80年代兴起，预计90年代必将进一步发展，下个世纪中国公司还将进一步发展，这是历史的必然。前段时间社会上有争议：中国公司是多了还是少了？是热了还是冷了？这种简单的争议是没有意义的，应当具体分析。从整体上说，中国的公司太少了，它不适应中国市场经济发展的要求。但在某些情况下，公司又多了，这是指那些政企不分的公司。应当看到，政企不分的公司只是改革开放过程中的暂时现象，终究要按《公司法》的要求予以解决。至于那些违法乱纪的公司，过去有，现在有，将来还会有，必须坚决取缔，发现一个，解决一个，但不能由此否定公司作用。关键在于按《公司法》和其他相关法律来规范公司以及非公司企业的市场竞争行为。现在中国市场经济活动中的不良社会现象，可概括为八个字，即假冒伪劣、坑蒙拐骗。这对中国危害很大。有人说，假冒伪劣、坑蒙拐骗都是公司搞的，当然，有违法乱纪的公司，但不全是公司搞的，而且，这种现象的解决要靠多方面努力。就像云南玉溪“红塔山”是名牌烟，但社会上假“红塔山”很多，去年真“红塔山”花了4 000万元打假，据说越打越多，今年打算花4亿元打假。为什么越打越多，就是地方保护严重。我认为，如果搞地方保护主义，有组织地生产假冒伪劣产品、坑蒙拐骗，这个要严惩。假药现在也很多，这个也不能归咎于公司和市场经济。恰恰相反，市场经济是讲信誉的。假烟、假药泛滥，主要是打击力度不够。1985 年我在武汉参加了当时国家经委召开的关于全国清理整顿公司的座谈会，当时清理整顿公司，是因为有违法乱纪的公司，我认为这是对的。对违法乱纪的公司应该打击，这种打击应该立法，按法律要求予以打击，不能搞运动。按法律规定是什么罪就定个什么罪，一搞运动就可能漏掉或出现偏差。对违法乱纪的公司，发现一个，解决一个，不是搞一阵子。对违法乱纪的公司不例外，对非公司企业违法乱纪的打击也不例外。过去对公司的看法各种各样，现在必须统一到《公司法》上来。中国公司不是简单说多了少了或冷了热了，而是要扎扎实实办好公司，重要的是实干。

公司是法人企业，独资企业和合伙企业是自然人企业。法人企业与自然人企业的区别表现在：

第一，公司作为法人企业，是集资组成的，在组成之后能以公司法人资格向社会集资，而自然人企业不能向社会集资。当然，自然人企业可向别人借钱，但借钱与集资是两个不同的概念。因为公司可以集资，所以，公司规模一般大于独资企业和合伙企业，公司可以获得更大的规模经济效益。这是公司的一个优越性。对企业来说，提高经济效益可以有多种办法。当然，企业追求效益，必须提高效率。通过提高劳动生产率可以提高效益。但从企业的发展规律来看，追求企业规模的扩大是提高效益的极其重要的途径，因为规模扩大可以带来规模效益。正因为公司可以通过集资来扩大，所以在公司制度于 1673 年确立以后，公司迅速发展，公司 300 多年创造的财富远远超过独资企业和合伙企业一两千年创造的财富。其中重要原因就是公司有规模效益。公司在国民经济中起着大型骨干企业的作用。规模效益本身也是社会化大生产的一个表现。这个优点尤为突出。公司的活力远远超过独资企业和合伙企业，这里说的是超过，并不能取代。像美国这么发达的国家，全国有 1 400 多万家企业，其中，独资企业、合伙企业 1 100 多万家，公司 200 多万家。可见，独资企业和合伙企业在美国占企业数量的 80% ～ 90%，公司占 10% ～ 20%。但是，公司在国民经济中创造的财富在美国占 80% ～ 90%，这就是公司规模效益的表现，公司在美国国民经济中起着骨干作用、主导作用、支柱作用。中国是社会主义国家，社会化程度应该高于资本主义国家，才能显示出社会主义的优越性。所以，我们必须通过建立现代企业制度，按公司制度改造传统国有企业制度，提高我国企业的社会化大生产程度，实现企业规模经济效益。目前我国大量存在“小而全”“大而全”的企业，专业化程度低，社会化水平不高，规模效益差，有些行业达不到世界平均水平。我们建立现代企业制度，就是要发挥公司的优越性。搞公司千万不要走形式，表面上轰轰烈烈、热热闹闹，实际上效果不理想。搞公司规模经营，就是要讲求实效。烟草行业公司怎么搞法，是我们建立现代企业制度过程中必须解决的问题。这是公司法人企业区别于自然人企业的第一点。

第二，公司作为法人企业实行所有者与经营者的分离，也可以叫作公司所有权与经营权的分离。这个提法在国外、在历史上早就有了，不是我们中国创造的。但中国的“两权”分离，是对计划经济旧体制的政企不分来讲的，旧体制下政府掌握着“两权”，那么，1978 年改革以后政府把经营权放给企业，这叫两权分离。这是中国改革历程中的一个提法，与公司制度中的一个企业本质特征即所有权与经营权分离的含义不同。公司制度作为法人企业制度，所有权和经营权都在公司当中，是指公司的两权分离，不是指政府和企业的权利分开。按社会主义市场经济体制的要求建立现代企业制度，是站在公司的角度来看待两权分离，不是从政府角度去讲两权分离，这是中国企业改革深化的表现。自然人企业的所有权和经营权合一，因为“两权”均在出资者。独资企业就是企业资产一个人出资，并由其本人经营。合伙企业是由合伙人合伙出资，并由合伙人共同经营，也是出资者和经营者合一的企业。公司则不同，实行所有权与经营权的分离，这种分离是一种社会分工的表现。所有者是股东，股东拥有资本，股东把资本交给了公司，便不再直接支配这部分资本，出资不管多少，都是公司法人的统一资产，这一点与合伙企业不同。合伙企业虽然是个人出资，但仍然是合伙人自己的资产，可以入伙，也可以退伙。但公司就不能退资，为什么不能？因为这是一种企业法律形态，法律上就是这样规定的。如果可以退资，与合伙企业就没有什么不同了。这是企业法律形态的内在区别，法律给予确认。所以，两权分离讲的是这个含义，所有者出资后的财产交给经营者去经营。公司经营者的代表就是经理。因此，经理这个概念是和公司联系在一起的。经理就是经营这个公司的管理专家，而不是政府官员。公司经理与政府官员是两种不同的职业。当经理就是经营公司，但这在中国现阶段是一个要花相当长时间才能理顺的问题。公司所有者与经营者的分离，在历史上又给公司带来一个优越性。最大的优点就是提高了效率，明确了责任。股东关心的就是资本的回报率，经理的责任就是把公司经营好。因此，历史上有个提法，叫作经理革命。在现代史上，产业革命、经理革命、股份制度是直接推动生产力发展的三大革命。公司带来了经理革命，公司带来了经理阶层。经理阶层是公司经营管理专门人才的集合体，是一种职业的表现。公司经理阶层从诞生的第一天起就是管理专家的代表。由此，管理才真正成为一门学问。独资企业和合伙企业也要管理，但与公司经理的专门化管理是不同的。经理把管理当作一门学问来对待。自从有了经理阶层，管理才真正成为一门科学。真正的现代企业管理就是公司管理，不是独资企业和合伙企业的管理，也不是传统国有企业的工厂管理。管理学的载体就是经理，经理以管理为特长、为职业。应当明确，这里讲的经理，是指公司管理者系统的代表，不是单指经理或总经理一个人，而是包括公司的整个管理者系统。经理的英文是“manager”，这个词也可译为“管理者”。公司的管理效率比独资企业和合伙企业不知要高多少倍，公司两权分离带来了效率。这是公司的第二个优越性。

第三，公司要设置专门的组织机构。这里是从法律的角度来讲的，是公司就要设置专门的组织机构。世界上各国公司法的一个重要内容，就是规定公司要设置组织机构。我国的《公司法》总计230条，其中有60多条都是关于公司组织机构的规定，占了整个《公司法》条款的四分之一以上，可见其重要程度。没有专门的组织机构，就没有公司。公司作为法人企业与自然人企业的区别也就在于此。自然人企业是个人说了算。因为公司是法人，是组织体在法律上的人格化。公司要生存与发展，必须有一个法定的组织机构。任何人当董事长、总经理都是暂时的，但是，公司组织机构是长期的法治关系，是永存的。公司的人事可以变更，但组织机构是不变的。从法律角度来说，必须对公司组织机构有一个规范的要求，从公司设立的第一天起，就明确公司的组织机构。比如说，要规范股东和董事的关系、董事和经理的关系。因为股东把钱交给了公司，公司又是一个法人，所以，相互之间的关系必须搞清楚，以法治来规范这种关系。这又给公司带来一个好处，就是公司制度可以永远地存在下去。公司的寿命是世界上所有企业中最长的，独资企业和合伙企业作为自然人企业的寿命是有限的，不说它们倒闭的风险，即使能经营下去，它们寿命最长也只是自然人的年龄。虽然个人财产可以继承，但必须重新登记才能成为企业，从法律上来说是新的企业，而原有企业就消亡了。公司则不同，在法律上可以永远延续下去，只要不倒闭，不违法，公司就可以永久存在下去。这就有一个好处，使公司具有战略观念。公司的经营可从长计议。国外办公司，都有一种战略头脑，股东、董事、经理都有战略，不能只有短期行为。

第四，公司是双重纳税，自然人企业是一重纳税。公司的双重纳税，是先缴纳公司所得税，税后利润的股东分红还需缴纳个人所得税。公司有两重税赋负担。从这点来说，是公司的一个缺点。对公司的这个缺点，可从两个方面来看：

一方面，公司的税赋重表明公司对社会的贡献大。在市场经济条件下，应该是谁交税多，谁对社会贡献大，谁就值得称赞，包括企业和个人。现在中国有种观念，似乎谁交税多谁就吃亏。这种观念是在长期计划经济条件下产生的。再加上国有企业长期以来税利不分，就把交税当作一种额外负担，现在要花很大气力来解决这个问题。比如在美国，不纳税或少纳税，一种情况表明你对社会无用或用处不大，另一种情况是你可能偷税漏税，这两种情况都是不允许存在的。另一方面，即使公司的税赋负担比独资企业和合伙企业更重，但因公司的整体经济效益高于独资企业和合伙企业，所以，公司在双重纳税的同时还能获得自己的发展，这表明公司是有活力的。公司虽然有这个缺点，但效益好，所以公司规模能越来越大。

公司与自然人企业有上述四个区别。四个区别中，公司有三个优点一个缺点，这个缺点由于公司效益好也可以补偿一部分。公司作为法人企业的优越性主要表现在这里。因为公司制度是法人企业制度，所以也可以说现代企业制度就是法人企业制度，这有一定的意义。这是一种法人企业地位，这个法人企业制度在历史上区别于自然人企业制度。就中国企业来说，除了表现出公司作为法人企业与独资企业和合伙企业作为自然人企业的上述区别之外，还必须讲清一个问题：1988年《中华人民共和国全民所有制工业企业法》（以下简称《企业法》）虽然规定了我们的国有企业也是法人，但那是名义法人，不是真正的法人。我们现在建立现代企业制度，按公司制度改造国有企业，从一定意义上可以这么说，是从原来的名义法人转变为真正的法人。这是建立现代企业制度非常重要的一个要求，因为国有工厂企业不具备法人的五个特征。尽管《企业法》规定国有工厂企业是法人，但不是真正的法人，实际上仍然是政府的附属物，没有摆脱计划经济体制下的政府直接控制，不具备独立的法人资格。现代企业制度试点工作的重要内容，就是从原来国有工厂企业的名义法人改组成为公司的真正法人。什么是真正的法人？就是符合《公司法》要求的这种公司法人。我们现在已经建立的公司也要进行法人化的改造，解决政企不分的问题。公司就是法人，现代企业制度就是公司法人制度，即法人企业制度。在这里我再讲一件事，1993 年 9 月，国家体改委起草了一份文件，叫作《国家独资有限责任公司试点方案》，在哈尔滨召开了一个全国体改委负责人会议征求意见，国家体改委邀请我参加会议并要我去谈谈国外的有关情况。据我了解，国家要搞独资公司，不是简单地把原有工厂改名为独资公司，而是要建立资本金制度，原来的国有独资工厂没有明确的资本金，而国家独资公司必须要有注册资本金，这是第一条。第二条就是要改变国家对国有工厂企业承担无限责任的做法，实行国家独资公司的有限责任制度。第三条就是要实行董事会制度，设置公司组织机构，把原来国有工厂企业改组为国家独资有限责任公司，也就是把名义法人变为真正法人。第四条是公司是法人，公司内部的单位不是法人。这又是一个极其重要的问题。因为法人在法律上是平等的，不存在大法人管小法人，不存在一级法人、二级法人。这又是中国现存公司的一个混乱问题，是在建立现代企业制度过程中必须澄清和解决的一个问题。具体来说，公司内部的工厂、商店等单位不是法人。公司内部的工厂只是一个生产单位。在国外不存在这个问题，在中国却存在。为什么？这就必须考察中国公司的复杂历史过程。国外的公司是企业，是企业就要从事经营活动，如市场需要一种产品，公司就可以办一个工厂，因此，公司为了生产一种产品才需要工厂作为公司内部的一个生产单位。如美国通用汽车公司，内部的几千人的工厂都不是法人，而是一个生产单位，那个厂长也不争法人地位。但中国不同，中国是先有工厂，几个工厂组成一个公司，而这些工厂在名义上是法人。现在按《公司法》规定，公司是法人，公司内部的工厂或分公司不是法人，这就出现矛盾，想不通。中国是先有工厂后有公司。现在可以这么说，先有公司后有工厂，比较顺当，就是先有老子后有儿子。但中国的一些公司是先有儿子后有老子，儿子本来名义上是独立的法人，凑起来抬出一个老子公司出来，而这个老子公司又不争气，摆出一副政府的架势，形成老子不争气、儿子不服气的局面，弄在一起就闹一级法人、二级法人。中国相当数量的公司都存在这个问题。今后按照《公司法》新成立的公司一般不会再出现这个问题，因为是先有公司后有工厂，走国外的路子，比较顺当。那些单纯靠行政手段把几个工厂捏合组成的公司，往往内部矛盾重重。中国现存公司有两大问题，一是公司本身政企不分，二是公司内部矛盾重重。这是公司的两大问题。如果这两个问题不解决，中国公司是很难办好的。因此，在建立现代企业制度过程中，这两个问题是必须解决的。当然，允许有个过程。这个问题，在烟草行业也是存在的。今年春节刚过，我到山东省去，它打算解决这个问题，但确实还有很多具体问题。县地分公司本来是法人，现在说不是法人，它到了县里、地区里有很多事就不好办了，中国还有个环境配套改革问题，是一个复杂的过程。再加上中国还有一个行政级别的官本位传统观念，像紧箍咒一样套在企业头上，不管状况怎样，横竖有个行政级别，但成为公司内部的工厂之后，只是公司内部的生产单位，没有法人地位，不能用什么级别去打交道，因此，办事阻力很大。建立现代企业制度，难就难在这些问题上，卡脖子就卡在这里。现在许多公司内部矛盾重重，同床异梦，貌合神离，利益冲突。我们的公司要花很大力量去协调内部的矛盾，没有精力去开拓市场。国外公司内部再大的工厂，也没有什么行政级别，必须服从公司的统一指挥。

1987 年，贵州成立了一个中国振华电子工业公司，有 13 个大的工厂，是原来总参、总后和电子部下放给贵州省的，贵州省管不了，在都匀、凯里就联合组成一个公司。因为当时我正在北京讲课，该公司负责人感到我讲课的内容对他们很有启发，把我请到贵州讲课。这个公司成立后的一个突出矛盾就是怎样处理好公司法人与内部之间的关系。后来，他们找到了解决这个矛盾的办法，现在公司很有成效，已壮大为企业集团。公司就要发挥公司的优越性，否则，公司就会内耗掉。中国公司的一个大问题就是内耗，缺少凝聚力。应当纠正和防止公司内部关系的两种偏向：要么把工厂管得死死的，内部单位没有积极性；要么就撒手不管，工厂有法人地位，内部单位各搞各的。公司内部关系能否处理好，在一定意义上是公司生存与发展的命根子。现在我们烟草公司的规模正面临这样的难题。我认为公司的规范应给内部工厂带来更大利益，有利于生产更大的发展，而这本身又是通过增强公司整体实力来实现的，不要拘泥于行政级别，主要看经济效益，看能否为公司和工厂带来更大的经济效益。这是最重要的。企业的行政级别是在中国的一定历史条件下形成的，现在已经成为建立现代企业制度的障碍。社会主义市场经济体制要求必须按公司制度改造现有国有企业，必须取消企业的行政级别。不打破行政级别，就无法建立现代企业制度，因为公司没有行政级别。当然，政府有行政级别，但政府的行政级别不能套用在公司和企业上，公司和企业的级别是产品质量的级别，是在市场竞争中的实力、地位，不是靠行政来规定的。《公司法》已经明确了公司内部的单位，包括分公司，不是法人，只是内部业务单位，不存在一级法人、二级法人的概念，不存在大法人、小法人的概念。总的来说，解决这个问题，应该能使各方面的利益都有增长，但又必须按照《公司法》的要求来规范，这是现在要解决的一个难题。在解决这些难题的过程中，可以有某种过渡措施，但是，我们头脑要清醒，改革思路要对头，要明确，要坚定。举个例子，山东有个东阿阿胶股份有限公司，在北京召开了一个山东阿胶战略研讨会，请我参加。它也碰到了这个问题。该公司的总经理叫刘维志，他兼了一个聊城地委的副书记，表面上是政企不分开，但实际上他这个地委副书记就是要抵制摊派。这一着棋很管用，摊派少了。如果硬顶，他顶不住，而是以毒攻毒。当然，这只是个过渡，是没有办法的办法，等到大环境好了，也就消失了。刘维志总经理头脑很清晰，哪些是暂时的，哪些是迫不得已的临时做法，不能永久，他非常清楚。总经理应是管理专家，不是官员。中国最近在讨论企业家职业化问题。河北省石家庄市由省委省政府出面，要建立一支职业化的企业家队伍，省委书记、省长出面组织这件事，今年 5 月份，他们整整听了两天企业家队伍发展战略研讨会，很不简单。我参加了这次研讨会。要办好企业，就必须有一支企业家队伍。1994 年 11 月我在北京参加了一个企业家职业化研讨会，我在会上有个发言，这个发言发表在今年 4 月 6 日的《中国企业报》上。

三、公司制度的形式

介绍公司制度的特征，主要明确我们建立现代企业制度必须办真正的公司，即符合《公司法》要求的公司。我们建立现代企业制度，办公司，但办个什么样的公司，既有经验，也有教训。《公司法》颁布以后，要按公司制度来改造传统的国有企业制度，不能再重复过去公司出现的毛病。改掉这些毛病主要有两点：一是公司本身要政企分开；二是公司内部不能搞多级法人，避免矛盾重重。这是第二个大问题，回答办什么样的公司。第三个大问题，讲公司制度的形式，就是要选择办哪一种公司。因为公司有多种形式。关于公司制度的形式，归纳起来，从法律上来说有五种：第一种，无限责任公司；第二种，有限责任公司；第三种，两合公司，就是无限责任股东和有限责任股东两部分股东合起来的公司；第四种，股份有限公司；第五种，股份两合公司，这与第三种两合公司的不同之点在于，股份两合公司中的有限责任股东是按股份来承担责任。归纳起来，就有这五种公司。关于这五种公司本身的特点和法律的要求，在这里因时间关系不能对每一种进行详细的讲解，好在书上都有，大家可以看书。

为了使大家更好地理解，便于我们选择公司的具体形式，归纳起来讲几个要点：第一点，五种公司在公司的历史上是逐步演变和发展的过程，不是一开始就有这五种公司，而是在 300 多年公司历史过程中逐渐形成的。第二点，各国公司法的内容就是对这五种公司的设立和运行作出规定。因此，公司法从一定意义上来说是一种组织法，对这五种公司的组成作出规定。世界各国的公司法分别对这五种公司作出了规定。世界各国公司法大体上有两类。一类是一般的公司法，另一类是专门的个例的公司法。一般的公司法对公司的设立和一般的运行行为作出法律规定。个例的公司法是对某一种特殊的公司作出规定，有的国家甚至给一个公司作出规定。基本是这两类公司法，大量的是一般公司法。一般公司法世界各国都有；个例公司法不是每个国家都有，那是特殊情况。各国公司法对这五种公司的规定基本是相同的，但也有不同。不同之点，我举两个例子：一是，无限责任公司的规定有所不同，法国承认无限责任公司是一种公司，但美国把无限责任公司看作是合伙，这是有区别的；二是，对有限责任公司的股东人数，有的国家规定最多不超过 30 人，有的为 40 人，有的为 50 人，我国公司法规定一般不超过 30 人，但特殊情况不得超过 50 人。可以说，各国公司法对这五种公司的规定是大同小异。第三点，在这五种公司当中，目前世界上普遍流行的是两种公司，即有限责任公司和股份有限公司，而其他三种公司形式虽然存在但是少数。第四点，股份有限公司和有限责任公司的比较。这两种形式比较流行，目前我国的公司法对这两种形式做了规定，因此，应对这两种公司进行比较。

首先，关于这两种公司的共同点，把握下面几点：

第一个共同点，二者都是企业。公司是企业，这两种公司都是企业，对我国有现实意义。因为对现存的公司特别是政企不分的公司来说，进行企业化改造，就是把现存的公司改造成为股份有限公司或有限责任公司，这种转变就是政企分开的过程。在我国，《公司法》颁布以前成立的公司，没有说是哪一种公司，而是笼统说是公司。1992 年我国制定了两个规范意见，一个是股份有限公司规范意见，一个是有限责任公司规范意见。按照这两个规范意见成立的公司，《公司法》予以承认，其中有些公司条件不具备，现在还要按照颁布的《公司法》进行改造和补充。对不按两个规范意见成立的公司，按照全国人民代表大会常务委员会的决定，应予以改造。今后成立的公司，必须按照《公司法》的要求成立，不按《公司法》要求不得成立公司。这是对今后成立公司的要求。《公司法》的第二个任务就是按照《公司法》的要求来规范现存的公司，对现存公司实行政企分开，这是非常重要的。全国人民代表大会预计花两三年时间来进行这项工作。对现存的公司进行企业化改造，实行政企分开，就是把现存的公司改造成为股份有限公司或有限责任公司，这样做本身就是企业化过程。为什么？因为只要用上有限责任公司或股份有限公司名称，就只能是企业，不会是一级政府机构或政企不分的挂牌公司。

第二个共同点，二者都是法人。公司是法人，这两种公司都是法人，对我国也有现实意义。因为现存一些公司特别是政企不分的公司，不是真正的法人，必须进行法人化改造，其办法就是把现存公司改造成有限责任公司或股份有限公司。还有些公司内部搞什么一级法人、二级法人，甚至三级法人、四级法人，这种多级法人的提法是不科学的，在实践上是有害的，不利于公司的生存和发展。因此，必须纠正这些糊涂提法和混乱做法。现在按《公司法》的要求，建立现代企业制度，必须取消二级法人的提法，不再存在二级法人的提法。那么，怎么解决这个问题呢？同样的办法，把现在的公司分别改造为有限责任公司或者股份有限公司。这本身就是法人化的过程。现在我们有些公司，实际上内部的所谓法人反而更重要，而公司本身的法人是架空的。因此，既然你是公司，就必须是法人，这是第二个共同点。

第三个共同点，二者都是多元投资主体。有限责任公司和股份有限公司都是多元投资主体。所谓多元投资主体，就是多个投资者。按照《公司法》的要求，有限责任公司必须有两个以上的股东；股份有限公司必须有三个以上的发起人，因此，必须是多元投资主体。多元投资主体的好处是什么呢？可以实行投资主体之间的互相竞争、相互监督，避免单一投资主体带来的缺陷，这是非常重要的。我上个星期到上海去，上海的同志告诉我，根据他们的体会，他们正在进行现代企业制度试点，在试点中有十个难点，其中一个难点就是解决多元投资主体的问题。因为多元投资主体还有一个重要的任务，就是有利于政企分开，对国有企业更是如此。国有企业过去是单一投资主体，单一投资主体是政府说了算。多元投资主体是多个投资者，那么它就排除了政府的直接干预。这是上海同志的体会。多元投资主体在现阶段中国的做法，比如说吸收外资，外商是投资主体；还有吸收法人入股，法人也是投资主体；还有职工入股，职工也是投资主体；还有社会公众入股，社会公众也是投资主体。当然，其中国有资产也有一个构造投资主体的问题。国有资产本身也可以有多个投资主体。现代企业制度试点，重要任务是构造国有资产的投资主体。多个投资主体有利于明确各个投资主体的责任感。每个投资主体对其所投资的资产都要承担责任，然后相互竞争、彼此监督。这就可以避免和克服国有企业单一投资主体的种种弊端，有利于国有资产在整体上的保值和增值。因此，有限责任公司和股份有限公司都是多元投资主体这个共同点，对我国建立现代企业制度有着十分重要的理论意义和现实意义。

第四个共同点，都具有资合因素。所谓都具有资合因素，是指只有出资才能成为股东。因此，出资是成为股东的基础。这个共同点也有现实意义。出资就是建立资本金制度，要有注册资本，才能成立公司，没有达到起码的资本金的要求，不能成立公司。这对国有企业的改造有重要的意义。有相当多的国有企业说不清有多少资本金，没有资本金制度，企业的经营运转就是无底洞，到底是盈还是亏了？我们讲资产保值增值，是建立在资本金制度的基础上的。因此，初始的资本是多少？出资是多少？这是企业设立和运行的一个前提。那么，有限责任公司和股份有限公司的建立，必须有出资作为基础，所以都具有资合因素。

第五个共同点，都承担有限责任。大家看，有限责任公司名称本身就有“有限”两个字，股份有限公司名称也有“有限”两个字。那么有限责任制度的含义是什么？有限责任制度有两重含义：

第一重含义是股东对公司承担有限责任。是指股东以他的出资额为限对公司承担责任。这具有极其重要的法律意义。它的法律意义就在于，把股东的出资财产，即投资在这个公司的财产，跟股东其他的财产分离开来。股东是拿出资到这个公司的财产对公司承担全部责任，而不涉及股东其他的财产。因此，这就起到了保护股东其他财产的作用，避免把股东出资到这个公司的财产跟股东其他的财产混淆起来。在这里的重要作用就是股东在出资的同时，还可以去从事其他的投资，不影响他在这个公司的投资，或投资的收益。这样，作为社会上的任何一个人来说，假如手中有一笔钱，要投资的话，可以有两种办法，一种是自办企业，另一种是把钱投资到公司里边去，共同跟别的股东一起办一个企业。这两种办法各有优缺点，但是目前世界上，对多数人来说，投资的方式是公司。例如，美国自己办企业的人是1 100万，自己办企业的好处是按自己的设想来经营企业，但是也有缺点，最大的缺点是承担无限责任，这是法律规定。但美国购买股票的人是多少呢？是6 000万人，社会上有6 000万人做股票投资，实际上也等于投资办企业，但6 000万人承担的是有限责任。那么这6 000万人都有自己的职业，有其他的收入，而那1 100万人办企业就成了职业，把自己的全部精力投入到企业当中。但买股票的人却不一定，而是以股票的投资为限，承担有限责任。因此，就对股东的其他财产起到了保护作用，这是第一个好处。这种好处在我国同样存在。在我国，国有资产也应该对企业承担有限责任，改变过去国家对企业承担无限责任的做法。怎么改变？就是建立有限责任制度。把国家投在这个企业的这部分资产，与其他的资产分开。这是关于股东的有限责任。

第二重含义是公司对债权人承担有限责任。这就是以公司的资产总额为限对债权人承担责任。这种有限责任，更具有重要的法律意义。这就在于它是破产制度的前提。破产制度是建立在有限制度的基础上的，只有真正实现有限责任制度，才能实行破产制度。例如，某个公司的资产总额是300万元，在经营的过程中由于亏损或其他原因，债务是600万元，资不抵债。这个公司把300万元的资产全偿还债务还不够，就要申请破产。如果没有有限制度，破产就无从谈起。破产的条件有这么几个：第一，资不抵债。第二，在资不抵债的情况下这个公司不能借新债还旧债。如果能借来新债，说明它还有信用能力，否则，在资不抵债的前提下，又失去了信用能力。第三，要欠两个债权人以上的债。如果只有一个债权人，那就按一般的债权债务关系予以处理。但在两个债权人以上的情况下，就要走破产的程序。因为此时不仅涉及债权人跟债务人的关系，而且涉及债权之间的矛盾。例如，某公司欠了600万元的债，是6个人的债，那么6个债权人就会争先恐后地来要债，很可能出现第一个来了拿走100万元，第二个来了拿走100万元，第三个拿走100万元，都拿光了，后面的三个债权人一点也没拿到。为避免债权人之间的不公平、不合理的现象，社会就要干预这件事，制定破产法，按破产法的要求，使这6个债权人得到公平合理的偿还。例如每个人还50万元，还完为止。每个债权人自己损失50万元，债权人也要自认倒霉。因为这是有限责任制度，而且公司的资产总额就是300万元，你还同它发生经营关系，把钱借给它，这是买卖双方的责任关系。所以，破产法可以使债权人之间得到公平合理的偿还，避免引起债权人之间的矛盾，引起社会的不公，甚至社会的动荡。破产的条件要有这三个。整个破产制度的基础就是有限责任制度。如果不建立和完善有限责任制度，破产制度很难实行。我们国家近年来强调破产制度，但真正实行的很少，为什么？因为我们企业的有限责任制度不明确。实际上我们现在是破银行的产，破国家的产，而企业无所谓。

有限责任制度的这两重重要含义，是现代公司的最基本法律制度。如果这些制度不建立，不实施，现代企业制度就是一句空话，建立不起来。这是两种公司的五个共同点。

现在我讲一下两种公司的不同点。有限责任公司和股份有限公司的不同点有：

第一个不同点，股东人数不同。这又表现为两个方面：一方面，有限责任公司的股东人数，既有下限，又有上限；而股份有限公司的人数只有下限，没有上限。股份有限公司的人数不受限制，可以几十人，几百人，成千上万，乃至更多。另一方面，股东的下限，有限责任公司的股东最少2人；而股份有限公司的股东不得少于3人。国外有的规定不得少于3～7人，股份有限公司还要有发起人。发起人这个概念很重要，发起人是要有条件的，而且必须承担特别的责任。从这个区别可以看到，股份有限公司有一个优点，即股东不受限制，带来一个好处，集资更广泛，可以把社会上的许多钱集中到一个股份公司当中来，成为这个公司的巨额资本。因此，可以得出一个结论，股份有限公司的规模一般大于有限责任公司。可以说，世界上的大公司一般都是股份有限公司。有限责任公司一般是中小型的公司。而跨国公司是以股份有限公司为核心，利用股份公司的原理形成的。因此，股份有限公司在当今世界经济发展中有举足轻重的作用，其重要原因就在这里。

第二个不同点，股份有限公司的资本总额分为股份；有限责任公司的资本总额不分为股份。这是两种公司的实质性区别。这就回到“股份”两个字上来。什么是股份？股份是公司拥有权益的计量单位。股份的简明扼要的定义，就是上面这句话。这个定义包含的内容有几点：第一点，股份是公司资本的成分。股份两个字的理解，首先是其性质，是公司的资本。第二点，每股金额必须相等。比如，这个公司资产 300 万元，分成 3 万股，每股就是 100 元。成立股份有限公司，法律要求必须分成等额的股份，但每股值多少钱由公司自己确定。现在我国上市的公司，228 家大体上每股 1 元钱，个别的也有每股 10 元的。第三点，股份是股东权利和义务的全部表现。股东的权利主要有两个：一是投票权，是投票选举董事的权利。股东有多少投票权取决于他有多少股份。二是分红权，股东从公司利润中分红多少，也取决于他拥有的股份。股东的义务是指股东对公司承担责任的大小，全部表现在他拥有的股份上，拥有的股份多，责任大，义务就大；拥有的股份少，责任小，义务就小，都是以认购的股份为限来承担有限责任。第四点，股份是股票的价值基础，股票是股份的证券表现形式。这两句话就把股份跟股票的关系讲清楚了。先有股份后有股票，股份是股票的价值基础。股份是将公司的资本总额分成多少份，比如说 300 万元的资产，分成 300 万股，那么每一股就占资本总额的 300 万分之一。那么这个股份怎么来表示呢？用股票表现出来，所以股票是股份的证券表现形式。股票是有价证券。这个股票写着 1 元钱，就是资产总额的300万分之一。这是它的价值基础。股票是股份的证券形式，没有股份就没有股票。但是有了股份还必须要有股票，因此，股票是有价证券。这样，股份用股票这种证券形式表现出来之后，就出来一个概念，叫股票价格。股票价格取决于两个因素。第一个因素，股票的价值基础。这个股票值多少钱，与它在资本总额当中占有的份额是多少有关。你占300万分之一，还是占3万分之一，这是不同的。因此，股票价格的第一个因素，就是股票的价值基础。这就可以看出，股票价格的高低，取决于公司资产的经营状况。如果公司资产经营得好，股票价格就会上扬，反之股票价格就会下跌。比如刚才的例子，如果公司资产是300万元，分成300万股，每股1元钱，因此，股票的价格是1元钱。这个公司经营一段时间以后，资产变成600万元，但股份仍是300万股，那么这时每股值多少呢？每股是2元钱。虽然股票的面额是1元钱，但它值2元钱，为什么？因为公司资产增值了。这是第一个因素。影响股票价格的第二个因素，就是资本市场的资金供求状况。具体来说，股票的发行是供大于求，还是供不应求。如果供大于求，股票价格下跌；如果供不应求，股票价格上涨，这就是资本市场状况对股票价格的影响。因此，股票价格有可能脱离股票的价值上下波动。如同商品的价格围绕商品的价值上下波动一样。如这个商品卖多少钱，价格是多少，第一是看成本，这是基础，价值是多少，另外还要看商品的供求状况，原理是一样的。当然至于股票价格的具体波动，像我们现在的深圳证券市场、上海证券市场所显示的，那有很多相当错综复杂的影响因素。因此，股份有限公司跟有限责任公司的第二个区别在这里，就是说股份有限公司的资本总额分为股份，而股份的含义就这四点。这就是说，股份有限公司有股份的四个内容；有限责任公司不具有股份的这四个内容。因此，我想澄清一个概念，不能把有限责任公司纳入股份制的含义里，这又是中国需要解决的一个过渡问题。这个过渡问题也要历史地来看待。这涉及股份制企业的概念，怎么理解股份制企业，相当复杂。但是，我把它归纳起来，可从三个层次来理解。第一个层次，广义的股份制企业。第一种是股份合作制企业，像乡镇企业、集体企业，按股份合作制来改造。第二种是企业内部职工入股，也叫股份制企业。第三种是企业之间的相互参股、持股。第四种是有限责任公司。第五种是股份有限公司。在中国讲“股份制企业”这五个字的时候，从广义来说包括五种形式：第一股份合作制；第二企业内部职工入股；第三企业之间的相互参股、持股；第四有限责任公司；第五股份责任公司。对股份制企业的第二个层次的理解，规范的股份制企业。规范的股份制企业就是两种：一种叫有限责任公司；一种叫股份有限公司。为什么叫它是规范的股份制企业呢？主要有两个原因：一是由法律作为规范的依据，比如像《公司法》就对这两种公司进行了规范；二是国际上普遍流行这两种公司。因此，这两种公司是规范的。第三个层次的理解，标准的股份制企业。标准的股份制企业，就是指股份有限公司。为什么说是标准的股份制企业呢？因为它有“股份”两个字。股份制企业顾名思义，要有股份，没有股份的就不应该叫股份制企业。所以把股份制企业翻译成英语，讲给外国人听，他们听不懂。他们不知道讲的是什么，中国人自己明白，因为中国人就是这么走过来的。但是我们现在要建立现代企业制度，而且已经有了《公司法》，必须按《公司法》的标准来统一提法，再不能像前几年那样了。当然，这样说，不等于不要搞股份合作制，不搞内部职工持股，不是这个意思。股份合作制企业也要搞；职工内部持股，符合条件的也要搞；企业之间相互参股、持股也要搞；而且有限责任公司还要大量地搞。股份有限公司是少数。我想这些都是应该明确的，不能动摇。但是，我们今天是从法律的角度来研究公司，所以必须讲明白，股份有限公司，就是股份有限公司；有限责任公司，就是有限责任公司。不能再把这两种公司合起来叫什么股份制，这个概念是不科学的。尽管现在社会上还这么叫，但它不科学。因为有限责任公司没有“股份”两个字，这个一定要讲清楚。但是这样讲不等于说，建立现代企业制度，按公司制改造国有企业制度，必须都建立股份有限公司。不是这个意思。那么，怎么提才是正确的呢？规范的提法就是公司制度。我主张以后用公司制代替股份制的提法。即公司制就包括有限责任公司和股份有限公司，当然还包括其他公司形式。至于不搞公司制度的那些股份合作制，企业内部职工持股，企业间相互参股、持股，用另外的形式表达，不要统统说成是公司制，更不要统统说成是股份制。我刚才讲的股份制企业的三个层次，几年来在中国就是这样走过来的，肯定起到了一定历史作用。但是到了今天，必须逐步予以澄清。因为中国企业改革在发展，现代企业制度需要规范化、标准化，再不能糊里糊涂的，那是搞不成现代企业制度的。所以讲到“股份”两个字的时候，我想把中国的一些情况明确一下，澄清一下，这是第二个区别。

第三个不同点，股份有限公司可以公开发行股票；有限责任公司不能公开发行股票。这个区别也是十分重要的。当然现在中国的股份有限公司不是都公开发行股票。但我这里提的是“可以”公开发行股票，不是“必须”。因为现在我们的股份有限公司也分两种，一种是上市的公司，另一种是不上市的公司。而其中以上市的股份公司为代表，就是以发行股票的公司为代表，尽管这在全国是少数，但它代表了公司制度的方向。可以这么说，公司制度的成败，现代企业制度的成败，在一定意义上取决于上市公司的成败。因为上市公司把公司制度、现代企业制度的机制最充分、最典型地表现出来了。股份有限公司可以公开发行股票，这又给股份有限公司带来好处。什么好处呢？就是股份有限公司可以把其资本总额分成等额的股份，而每股金额又很小，每股1元钱，这就给股份有限公司带来一个优点，就是接触面比较广，钱有富余的人可以投资，钱不很富余的人也可以投资，无非是多买几股少买几股的问题。可是对一个公司来说，它把社会的资金积少成多，有这个好处。公司发行股票还有一个好处，就是提高了公司的知名度。在市场经济条件下，一个企业的知名度非常重要。知名度是一个无形的资产。当然，提高企业知名度的办法可以多种多样，比如做广告，通过公共关系也可以提高。但是发行股票是最好的提高知名度的手段。因为人们要买你的股票，就会研究这个公司，生产什么产品，效益如何，钱是不是值得投到这个公司。因此，公开发行股票，优点很多。现阶段的中国来说，公开发行股票还可以带来溢价的效益。说溢价，比如我刚才讲，1 元钱的股票，卖了 3.8 元，所以 300 万元的资产，分成 300 万股，每股卖 3.8 元，能收入 1 000 多万元。公司资产就溢价了。这也是我国公司公开发行股票的一个现实好处。因此，不仅是效益需要提高的公司可以发行股票，即使是效益好的公司也可以通过发行股票来获得溢价的效益。当然，这种溢价效益要想持久下来，根本上还要取决于公司的经营状况，但毕竟可以获得这个溢价效益。这是第三个区别，给股份有限公司带来的好处。

第四个不同点，股份有限公司股票的转移是自由的。有限责任公司的股单不叫股票，单据的“单”，股单的转让受到限制。股份有限公司的股票转移是自由的。这里讲的自由，是指不需要征得其他股东的同意。股份有限公司的股东，转让他的股票不需要经过其他股东的同意。它是自由的，是指这个含义。但不是说不受法律的限制，他也要按照法律的规定到证券市场去转移。有限责任公司的股权证书，或者叫股单，它的转让需经过其他股东的同意，受到限制。这个区别又给股份有限公司带来一个好处。什么好处呢？就是股份有限公司的经营状况跟资本市场的联系更紧密。也就是说，股份有限公司的市场机制表现得更充分。因为股东可以在证券市场上、股票市场上自由买卖他的股票，而这种买卖对股份有限公司来说就是一种行情。什么叫行情呢？一个是资本的行情；一个是企业经营状况的行情。一般来说，股票的转移就意味着社会资金流向经营效益好的公司。这就是说，人们抢着买你这个公司的股票，表明你的经营效益好，或者是公司有前途。因此，股份有限公司跟市场机制的联系是最紧密的。它的股票可以自由地转移，这就使股份有限公司既可以获得产品经营的利润，也能获得资本经营的利润。这一点，对国有企业来说特别重要。按照现代企业制度来说，一个企业的利润可以有多种渠道的来源，主要是其经营产品获得利润，或者提供服务即提供劳务获得利润，这是第一种渠道，这是主要的来源。第二种渠道是可以通过资本经营获得利润，我最近在上海期间发现，上海企业对资本经营带来的利润越来越重视。当然，这还必须依靠加快金融体制改革，特别是打破银行一统天下的局面，银行体制改革目前也在进行。这是第二个渠道。对一个企业来说，获得利润的第三个渠道是对技术的转让。现在我们国家的企业，很大的一个缺点是自主开发能力很弱，新产品的开发能力很差。对国外现代企业来说，不仅要开发自己的产品，而且拥有的技术还可以转让，这个效益对我们企业来说简直难以想象。我们一些经营好的企业重视研究与开发工作，不仅促进了本企业技术进步，也获得了技术转让的效益。第四个渠道是汇率变化带来的收益或损失。只要有进出口业务，或者有外资业务，或者涉及外汇的企业，都有一个外汇风险的问题。我们过去对这个问题不太重视，这几年我们就有教训了。举一个例子，大庆 1985 年引进了日本的 30 万吨乙烯工程，折合人民币 50 亿元。到后来开工了，它要逐年偿还，但到现在为止大庆已经还了 90 亿元，还欠 60 亿元。这怎么回事呢？这就是汇率风险造成的大庆的损失。为什么呢？当时引进日本设备的时候，日元比如折合美元是 200，现在跌到 100 以下了，这是一个原因。当时 1 美元折合人民币 2.8 元，现在 1 美元折合人民币 8.5 元。一比一算，大庆还了 90 亿元还欠 60 亿元，这就是汇率带来的影响。所以，现在回顾一下，凡是引进日本设备的在汇率上都吃了亏。这也与我们国家的外汇结构有关系。我们基本上是单一美元的外汇结构，日元很少，用美元去换日元，然后再来还款。我们进口烟草原料、设备都涉及这个问题。汇率变化影响企业利润，重视研究汇率风险，可以获利；反之，把产品利润全部搭进去，可能还不够。因此，一个企业的利润，要按市场经济的观念来看待，它是由多种因素组成的概念，不是单一产品的利润，至少还有资产经营的利润，还有技术转让、引进技术的利润，或者外汇风险，至少有这几个因素。那么，股份有限公司有个好处，逼着企业经常考虑资本市场，这跟没有发行股票的有限责任公司是不一样的。这是第四个区别，股份有限公司带来的第四个好处。

第五个不同点，股份有限公司是典型的资合公司，没有人合因素。有限责任公司既有资合因素，也有人合因素。具体来说，股份有限公司是典型的资合公司，就是说它是认资不认人，只要出资就是股份有限公司的股东，不管这个股东的身份如何、地位如何，也不管股东之间的关系如何，都不考虑。你只要出资，只要认购股票，就成为股份有限公司的股东。而有限责任公司不同，有限责任公司的股东要出资，既有资合因素，也有人合因素。所谓人合因素，就是有限责任公司的股东之间要相互了解，不仅相互认识，还应相互信任。如果股东之间不是相互信任，而是存在矛盾，那么，这个有限责任公司就可能难以存在下去。但是，股份有限公司的股东之间存在矛盾，不影响企业的发展。因此，股份有限公司是认资不认人。而且，股份有限公司的股东持有股票是暂时的现象。所谓暂时的现象，是因为他可以随时转移股票。即使不转移股票，等这个股东死了，还是要转移出去。但这种转移，对股份有限公司来说不影响它的存在，因为它得到了这笔资金，就可以永远地使用这笔资金。因此，从这个意义上来说，股份有限公司的寿命是最长的。在各种公司形式中，以股份有限公司的寿命最长。所以，大家要记住这样两句话：一是前面讲的购买股票是自愿的，转移股票是自由的。二是股东是暂时的，公司是永存的。因此，股份有限公司的寿命最长，股份有限公司最具有战略观念。国外一些大的股份有限公司，现在正在研究的是下个世纪初的产品是什么，下个世纪初的技术是什么，下个世纪初的市场是什么，下个世纪初的人才是什么。它绝少关注眼前利益，采取短期行为，这是股份有限公司的本质特征决定的。我们现在建立现代企业制度，就要发挥股份有限公司的这些优点。尽管不可能都改成股份有限公司，但我们的企业要有战略观念，这一条要吸收过来，这是机制，是一种先进的企业制度。这是第五个区别。

第六个不同点，股份有限公司的设立比较严格，有限责任公司的设立比较容易。有限责任公司的设立，现在通过注册登记就行了，在工商局登记就行了。而股份有限公司的设立比较严格，这就是对股份有限公司设立的特别要求。如果不严格的话，谁都可以去成立股份有限公司，谁都可以把别人的钱拿过来自己用，这就乱了套了。不严格要出事的。从这种意义上说，这是股份有限公司的一个缺点。但这又是法律所必需的要求，如果没有严格的要求，股份有限公司的优点也就不能发挥出来，社会反而会受其害。

第七个不同点，股份有限公司的运行比较复杂，有限责任公司的运行比较简单。例如，股份有限公司要公开财务报表，公开资产状况，还有负债的状况、经营利润的状况，都要公开。有限责任公司不用公开。国外股份有限公司要接受政府的各种监督，要向政府提供各种各样的报告。当然，政府是监督而不是直接管理，这要区别开。政府依法监督其经营，不是行政直接干预。因此，股份有限公司的运行比较复杂。这又是股份有限公司的一个缺点，明显表现为股份有限公司不能保密。资产、负债、经营、投资的项目、投资的回报率、利润率全部公开。在市场竞争很激烈的情况下，不保密，竞争对手就会了解本公司经营状况，就会采取手段、策略来对付你。当然，这对股份有限公司的要求更高了，竞争的激烈程度也更大了。这个缺点本身也是好事，所以股份有限公司发展到今天仍具有旺盛的生命力，还能支配世界的经济，都与这些有关。

以上这些就是股份有限公司和有限责任公司的比较，其共同点和不同点。比较的目的是便于我们在建立现代企业制度过程中作出选择。选择哪一种公司，要根据条件、情况来定。但是无论哪种公司，都要发挥它的优点，避开它的缺点。没有十全十美的企业，也没有绝对不好的企业。从企业形态来看，独资企业有它的优点，当然，也有缺点；合伙企业有它的优点，也有它的缺点，关键是办企业的时候选择哪种形态对业主更有利。

下面讲中国公司的特殊形式。中国公司的特殊形式叫作国家独资有限责任公司。这里必须明确，公司制度的基本形式是多元投资主体，多元投资的具体形式主要有两种：（1）有限责任公司；（2）股份有限公司。大量的企业是先搞有限责任公司，具备条件后再搞股份有限公司。因此，从烟草行业来说，应当选择哪一种公司，这就需要我们大家来考虑了。我们过去对这个问题没有很好地研究、重视，随着形势的发展，这个问题必然摆在烟草公司的面前。

我需要讲一个问题，国家独资有限责任公司是一种特殊的形式，不能把它变成普遍的形式。因此，我们要防止在建立现代企业制度过程中，在公司制改造过程中，把原来的工厂换一个名称，变成国家独资有限责任公司，要避免“换汤不换药，新瓶装旧酒”。如果只是把原来的工厂换个名称，叫国家独资有限责任公司，可以说十之八九是走形式，当然不能说个别的没有一点效果。关于国家独资有限责任公司，前年在哈尔滨开会的时候，据我所知，各省市的体改委负责人一直认为，我们国家可以成立某些国家独资有限责任公司，好处就是可以利用公司机制、公司制度来改造国有企业制度，特别是改造工厂制度，由工厂的名义法人转成公司的真正法人，可起到这个作用。但是，他们又提出：（1）是否能起到这个作用，不看名称，不看形式，要看内容。因此，不等于说把工厂改为国家独资公司，就变成了现代企业制度，更要看它的内容，这个内容就包含了上面讲的公司特征。（2）国家独资公司按《公司法》的规定，是在特殊行业、特殊产品里面可以建立（第六十四条）。问题在于特殊产品、特殊行业是指什么，国务院正在拟一个有关方面的规定，以明确哪些属于特殊产品、特殊行业。我的看法，即使有了这个规定，对一个企业、一个产品来说还有一个怎样选择的问题。据我所知，除在特殊情况下，国家一般不会要你一定要搞国家独资公司，还是由企业、部门自己来选择。比如，黄金行业，面临困境，应该扭转亏损的局面，也应该转变原来黄金企业的机制。同样要建立现代企业制度，按公司制度改造黄金企业。我去过山东招远金矿。现在国务院让黄金局拿个意见，黄金系统要搞公司，要搞哪一种。我的看法是，就黄金局来说，不要局限在国家独资公司这个狭窄的范围内，应该走多元投资主体的路子。如果黄金局自己提搞国家独资公司，国务院一批，等于自己套住了自己，那你就没法集资了，国家不给你投资呢？那你就没法发展。再说，即使国务院要黄金局搞国家独资公司的话，黄金系统是不是搞多种经营呢？实际上，黄金系统也不能只搞金矿，因为矿本身也是综合的矿，也可以搞多种经营，多种经营里面，就要有多种资金的来源、多元投资主体，不可能用黄金的利润开发别的服务业、第三产业，这是很难的。总之一句话，黄金系统应该想办法筹集资金，走集资的路，不能像过去困死在单一的投资主体上。因此，很难说黄金系统都一定全部搞国家独资公司。即使黄金局本身是国家独资公司，整个黄金系统也可以存在多种形式的公司。对烟草系统来说，同样也面临烟草公司究竟是什么样的公司的问题。据我所知，烟草行业资金也是短缺的，烟草行业也要发展多种经营，这就涉及选择哪种公司，有待烟草行业上上下下、前前后后、左右协调解决这个问题。

四、公司制度的内容

这个问题主要是围绕怎样建立现代企业制度，从哪些方面入手来建立现代企业制度。第二个大问题主要是建立现代企业制度过程中，必须办真正的公司。第三个大问题主要是办哪一种公司。第四个大问题是从哪里入手来办公司。

关于公司制度的内容，我在 1993 年 6 月就提出了三个组成部分，即公司产权制度、公司组织制度和公司管理制度。下面着重讲前两个部分。

第一个组成部分是公司产权制度。我们要建立现代企业制度，首先要建立现代企业产权制度。现代企业产权制度的具体表现，就是公司产权制度。我们要按公司产权制度的内容，来解决传统国有企业产权不清的问题。关于这个内容最主要的是要明确下面几点：第一点，要有明确的股东。所谓明确的股东，是指股东的人格化，股东责任制的建立。第二点，在股东出资之后，股东不得直接干预公司的资产，而是把资产交给公司这个法人，由公司法人独立地统一地支配公司的资产。这就是说，公司作为法人拥有法人财产权，或者说，公司拥有法人产权。第一点叫股东的所有权；第二点叫公司的法人产权。两者既有联系又有区别。联系是股东的所有权是出发点，因为没有股东出资就没有公司的资产。区别在于股东出资以后不得直接支配公司的资产。公司产权制度的第三点内容，公司财产实行有限责任制度。第四点，公司资产实行价值化管理、市场化管理、活动化管理，改变过去国有资产实物化管理、行政化管理、固定化管理的做法。公司产权制度的内容，归纳起来最主要的就是这四点。建立现代企业制度，就是要按公司产权制度的这四点内容来解决国有企业产权不清的问题。

这四点都是现在试点工作中的难点。这里着重讲一下第一点，即要有明确的股东。当前最大的问题，就是国有资产的股东是谁，怎样明确，为此，要解决一系列的问题。这些问题归纳起来就是国有资产管理体制改革的问题。这又涉及哪些问题呢？最主要是解决这么几个问题：一是要设置专门的国有资产管理机构。二是国有资产管理的专门机构怎样设置。对此有不同的看法：（1）在全国人民代表大会下面设置全国国有资产委员会；（2）在国务院下面设立国有资产管理机构。三是国有资产经营机构要单设。国有资产的经营机构和国有资产的行政管理机构要分开，给它一种说法，叫“政资分开”，这是政企分开的前提；政企不分的根本原因是政资不分。四是国有资产经营机制怎样设置。目前有这么几种形式：（1）国家控股公司。国务院明确，中国石化工业总公司、中国有色金属工业总公司、中国航空工业总公司改为控股公司。（2）国家投资公司。比如深圳市的国有资产投资管理公司。（3）国有资产的经营公司。比如上海仪表局取消，改成上海仪表国有资产经营公司；北京机械局取消，改成北京国有资产经营公司；等等。（4）有条件的企业集团母公司，改为国有资产经营公司。总的来说，目前正在试点的有这四种国有资产经营公司形式。五是国有资产经营机构怎样向企业、向公司派出国有资产的股东。最后落脚到国有资产的投资主体派出股东的问题。国有资产的投资主体就是国有资产的经营公司。由国有资产的投资主体向公司派出国有资产的股东。比如深圳有一个石化集团，深圳市国有资产投资管理公司委托它派出股东，那么石化集团可以向它底下拥有国有资产的公司派出股东，这个股东要人格化，要承担责任。国有资产的投资主体可以多个，虽然都是国有资产，但投资主体不同，有责任，有竞争，也有监督。分析产权可以从这个角度来进行。现有国有企业的国有资产怎样解决，这需要按不同行业区别对待。有些行业需要加强；有些行业可以退出；有些中小企业可以卖掉，国家收回资金投到国家最需要的基础设施上。具体到一个国有资产的企业公司，怎样派出国有资产的股东，这个问题是当前改革的难点，正在解决。这个问题也涉及烟草行业的改革，我们烟草行业的投资主体怎样来解决，也是摆在我们面前的难题。在解决过程中可以采取多种形式来加快企业的发展，扩大国有资产的作用。现在国有企业的相当一部分是非常困难的亏损企业，怎样解决？比如，上海的经验是，在上海中国纺织机械股份有限公司的基础上，成立了太平洋机电集团。这个集团兼并 33 个亏损企业，兼并会带来负担，但是也带来好处。什么好处呢？上海叫“圈地”运动，因为有的亏损企业所处的是黄金地段，经过改造兼并以后，转换机制，会带来效益。

建立现代企业制度本身是国有资产保值增值的过程。国有资产的保值增值不是就实物来看实物，而是要用价值观念来看待，另外国有资产的保值增值应该用净产值来衡量。现在都在讲保值增值，但往往理解不同。我认为应从资产负债表的角度来考虑，建立净资产的概念。既要考察企业的负债率，更要分析企业的偿债能力。还有，国有资产的合理流动不等于流失，规范的流动不仅不会造成流失，而且可以优化结构，提高效益。应当提倡产权流动，产权重组，产权交易。通过兼并、收购企业来更好地发挥优势企业的作用。

第二个组成部分是公司组织制度。我们要建立现代企业制度，就要建立现代企业组织制度。现代企业组织制度的具体表现，就是公司组织制度。公司组织制度有两个方面：第一是分工制度。公司内部必须有明确的分工，分工制度是权责明确的基础，分工就是明确责任，划分权力。第二是协调制度。这就是在分工基础上的联系。一个企业内部有分工，必须要有协调。协调的目的是形成公司的整体力量，形成公司的组织力量，说通俗一点，就是形成拳头打入市场。如果只有分工没有协调，这个公司仍是一盘散沙。因此，分工制度和协调制度就是公司组织制度两个方面的基本内容，缺一不可。分工制度与协调制度的依据是什么？第一个依据是要有明确的目标。分工制度、协调制度，都要服从公司经营的统一目标。因此要确定公司的经营目标，包括战略目标在内。以公司的目标为依据，进行分工，进行协调。否则无法分工，也无法协调。第二个依据是要按照组织原则来进行分工和协调。组织原则可概括为十六个字：因事设职；因职设人；人事相符；权责相当。保持每个岗位都有相应的权限和职责。因此，上述十六个字是组织原则。这就可以避免和改变现有国有企业人浮于事的状态和有职无权或有权无责的权责脱节现象，避免权责不明的混乱现象。组织制度就是要解决权责分明的问题、权责明确的问题。第三个依据是要追求组织整体的高效率。分工与协调都要追求组织整体的高效率。分工是各个人各个单位的高效率，但是分工的高效率最后必须形成组织整体的高效率。如果单个的效率很高，但中间有薄弱环节，会影响整体效率。因此，要以组织整体高效率为依据。

根据公司组织制度的内容和依据，我讲一下中国企业现实中的两个问题：

第一个问题，就是要建立合理的公司组织结构。公司组织结构要解决什么问题呢？要明确公司内部设置哪些单位、部门以及单位部门间的关系。这就是公司组织结构需要解决的问题。当前，最重要的问题是公司总部与内部各单位部门的关系。公司总部与内部各单位之间的关系，也包括公司内部各单位之间的关系。如公司内部工厂、商店、内部其他单位间的关系，这种关系群既是一种分工的关系，又是一种协调的关系。这个问题突出表现为集权与分权的关系。上海凤凰自行车公司近几年来的体会就是公司内部集权与分权的关系决定公司的命运。公司总部要发挥内部各个单位的积极性、主动性。公司总部不能把内部各单位捆得很死，没有积极性不行。当然，公司总部也不能对内部各单位撒手不管，搞什么二级法人，都独立出去了，那还有什么公司整体的存在！因此，这是当前最重要的问题。在这个问题上，中国的现实问题我想讲一下，即什么情况下设立分公司，什么情况下设立子公司，这是两种不同的组织结构。设立分公司的时候，分公司没有法人地位，这个分公司服从公司总部的统一指挥、统一领导。当然，也存在集权与分权的关系。但是，这个分权是有限度的，不能分到这个分公司是独立的法人，那就超出了分公司的范围。按《公司法》规定，分公司没有法人地位。上面讲的公司内部的单位就是指分公司，或是某个工厂。再一种情况，设立子公司，子公司有独立的法人地位，但这个公司总部就成为母公司了。母公司和子公司的关系，不能叫一级法人、二级法人。母公司跟子公司的关系是典型的跨国公司内部的关系。跨国公司的组织结构就是母子公司结构，中国叫企业集团。母公司，中国叫集团公司。集团公司跟子公司的关系，不能叫一级法人、二级法人，这是不科学的。总公司跟分公司的关系、母公司跟子公司的关系，是两种不同性质的关系，要区分开来。总公司跟分公司的关系是一个公司的内部组织结构，按集权与分权的原则来解决。母公司跟子公司的关系，属于跨国公司的组织结构，按照《公司法》的要求解决，子公司可按《公司法》的要求对母公司提出控诉。但是分公司不能，因为是一个法人。因此，一个公司在规模扩大以后，在什么情况下设立分公司，什么情况下设立子公司，就是必须解决的组织结构问题。一般来说，如果你这个单位为了整体的利益，必须服从公司总部，就要设立分公司。如果打算让这个单位独立自主地经营，就设立子公司，子公司独立核算，自主经营，自负盈亏。还要回答一个问题：设立子公司后，子公司与母公司的关系怎样解决？母子公司之间的关系跟一般的公司与公司之间的关系不同。最大的不同是母公司跟子公司构成一个企业集团。在企业集团中母公司跟子公司有两种关系。第一种是投资关系，即母公司在子公司里有投资，一定意义上母公司是股东。子公司有三种情况：一是全资的子公司，百分之百的资产是母公司投资的；二是控股的子公司，投资占50%以上；三是参股的子公司。由于母公司对子公司资产的投资程度不同，它们的关系就不同。因此，母子公司关系取决于这个投资关系，这是第一种关系，即投资关系，或者叫产权关系，这是以产权为纽带来组成企业集团的含义。第二种是业务关系。比如说，母公司是个主机厂，子公司是个零部件厂。它们之间有生产上的关系，子公司生产出零部件，用内部价格卖给母公司。它们之间还有销售的关系，母公司的产品通过子公司去卖。此外，还有技术转让的关系，还有其他各种业务关系。这些业务关系，可用企业集体内部价格、内部的技术转让、内部的融资等来解决，这就构成了企业集团。企业集团跟其他一般公司的不同之处在于，这个企业集团作为母公司来说设有子公司，一般的公司没有子公司。

第二个问题，就是要设置公司的组织机构。公司的组织机构跟公司的组织结构有联系，都属于组织制度的范畴，都是一种分工制度和协调制度的表现，这是联系。但是又有区别。公司组织机构是解决公司法人治理结构问题，是《公司法》统一规定和要求的内容，解决股东、董事、经理、监督人员之间的分工与协调问题。凡是公司，都必须设置公司组织机构。而公司组织结构，是由各个公司自己确定的，没有绝对的共同要求。所以，公司的组织结构是个经济概念，这完全是从本公司的实际出发，从公司的经济出发来确定的。但公司的组织机构既是一个经济概念，更是一个法律概念。按《公司法》要求设置组织机构，应把握以下几个要点：

第一，公司决策机构。公司决策机构有两个层次，第一个层次是股东会和股东大会。按照《公司法》的规定，有限责任公司召开股东会，股份有限公司召开股东大会。股东会和股东大会的性质是相同的，是公司的最高决策机构，也叫公司的最高权力机构，是属于公司的内部机构。作为国有资产的股东，也是在公司的内部，不是在公司的外部。一旦委派成为公司的股东，就同过去政府决策一个企业是完全不同的。这里讲的股东会和股东大会是公司内部的决策机构，公司的决策权是在公司的内部，不是公司的外部。即使对国有企业委派股东，也是公司的经济行为，不是政府的行政行为。第二个层次的决策机构是董事会。这是公司的常设决策机构。因为股东会和股东大会每年才开一次，特别情况下可以再开一次。但在闭会期间，公司的经常性决策交给董事会。董事会决策主要有两个方面。第一个方面是支配公司的法人财产权。具体说，股东会选举董事会，委托董事会行使财产权。第二个方面表现在重大经营决策权。在这里，强调董事会的素质是非常重要的。关于董事，最主要要有企业家精神。企业家精神的核心内容可以概括为八个字：创新意识，开拓精神。一个企业要经营就要创新、开拓，计划经济体制下国有企业的一切行为属于政府，市场经济条件下企业的一切行为服从于市场，这就要求企业按市场需求不断创新，开拓新市场，开发新产品，开发新技术，利用新人才。

第二，公司执行机构。应把握下面几点：（1）公司的决策机构和执行机构要分开。这点很重要。其中一个好处就是保持决策的独立性，如果决策机构和执行机构混在一起，就难以作出独立的决策。同时，可以保证决策机构的决策坚决落实。执行机构的职能就是坚决执行决策机构的决策。如果混在一起，不好执行就可以修改决策。但执行机构不能修改决策机构的决策。厂长负责制的一个缺陷，就是《企业法》没有规定它是决策机构还是执行机构，两者混在一起。有的厂长找几个人商量决策，是变相的董事会的决策，但《企业法》并没有规定，厂长也可以不找，也可以今天找这个，明天找那个，不像董事会那样是制度性的决策机构。厂长负责制到底是决策机构还是执行机构，含义不清，因此做法五花八门，使厂长很为难，这不能怪厂长，而是制度不健全造成的。现在建立现代企业制度，就是要解决这个问题，分别建立决策机构和执行机构，两者分开。（2）执行机构实行经理负责制，或者叫总经理负责制。因此，经理、总经理负责制就是实行个人负责制。这和决策机构不同。决策机构必须是集体决策。集体决策有个缺点，就是人人负责，人人都不负责。这个缺点在决策机构中允许存在，但在执行机构中就不允许，必须实行个人负责制。个人负责制就是经理负责制，因此，经理和副经理的关系是领导与被领导的关系，没有商量余地。而作为决策机构的董事会成员，每一个人都是一票的关系。国有企业不清楚这个道理。以经理为首的是管理者系统，应该是一元化领导系统，不能多头领导。权力机构必须实行一元化领导。在决策机构中可以商量，吵起来都可以，一旦决策了，就必须坚定地执行，没有商量余地。（3）实行董事会对经理的聘任制度。经理、厂长是不能选举的，选举上来的厂长无法搞好企业，肯定有很多的关系难以处理。按《公司法》要求，应改变对经理的政府行政任命做法，实行董事会聘任经理。聘任制的一个好处就是按经理的条件选拔经理，聘任经理首先要公布经理条件。再一个好处，有利于人才竞争，使有能力的人担任经理。因此，建立现代企业制度，要建立经理人才市场，这是势在必行的。（4）经理拥有日常经营权。经理的日常经营权是董事会授权的，在董事会授权的范围内经理可以自主地经营。董事会和经理的关系是委托－代理的关系，不是领导与被领导的关系，不是董事会领导下的经理负责制。这是经理对董事会负责的关系。（5）实行经理无任期制度。国有企业厂长负责制任期四年的弊端很大，短期行为很严重。经理不能实行任期制。董事会是任期制，我国规定是三年，每年可以换一部分董事，这样可以使董事会保持决策的活力。而经理不同，董事会可以根据情况及时作出续聘或解聘的决定，不受任期的限制，以利于公司长期的稳定和发展。经理能否兼任董事、总经理能否兼任董事长，按《公司法》规定一般不兼任。这个规定有依据，是根据国外几十年的经验。为什么？就是决策机构和执行机构要分开。这在中国又是一个现实问题。在这里，不必追究董事长大还是经理大，应当改变谁大谁小的观念。《公司法》中不存在一把手二把手的提法，谈不上谁大谁小，谁重要谁不重要。是总经理对董事会负责的关系。董事一般不兼任也不影响总经理的作用。我在上海期间，了解到上海的经验，即使有的总经理兼任董事长，他的主要精力放在董事长上，实际上还要一个常务副总经理来行使总经理职务。据此人的亲身体会，一个人的精力是有限的，从长远看，还是分开为好，以利于公司的发展，兼任是一种暂时的做法。(6)经理报酬实行年薪制。经理报酬问题是一个重要问题。我们不能把经理的报酬简单地跟工人进行对比。工资和薪金是两个不同的衡量标准。工人拿的是工资，主要是计件工资或计时工资。而经理的衡量标准是看他的才能，能否把公司整体搞好。经理的衡量标准是一年的公司经营状况，包括资产负债和损益状况。实行年薪制，招聘经理时要公开。经理的薪金是工人的多少倍的提法，难以明确界定，无法比较，因为衡量标准不同。中国主张一部分人先富起来，应当包括经理在内。

第三，公司监督机构。公司监督机构的要点，一是要单设。监督机构不能跟执行机构、决策机构混在一起，目的是保证监督的公正性。二是实行集体监督，以保证监督的正确性。三是监督机构由股东大会产生。因此，它对股东大会负责。决策机构、执行机构、监督机构之间的关系是谁对谁负责的关系。包括董事会与股东会的关系，也是董事会对股东会负责的关系。不能简单地用“领导”两个字去套，不能说股东会领导董事会，董事会领导经理。三个机构的关系不是领导关系。所以，《公司法》用的是组织机构这个概念，比较科学，用领导制度的提法不确切。建立现代企业制度，公司组织机构的设置不能套用“领导”两个字全部概括。有领导关系，但存在于经理对副经理之间的领导关系，包括以经理为首的管理系统所形成的指挥关系。

所以，用组织机构这个概念很科学，它们之间是相互统一、相互制约的关系。各类机构都有相应的权限和职责，并构成相应的制约关系。没有约束的权力很可能是腐败的权力。权力都应该有约束。公司组织机构必须有约束，是相互约束，同时每个人在他的权限范围内又可以放手工作。

应处理好企业的“老三会”跟现代企业制度的“新三会”之间的关系。关于这个关系，总的原则有几条。(1)要建立现代企业制度，必须按《公司法》的要求成立公司组织机构。(2)原有的国有企业“老三会”无法简单地全部取消。(3)当前的问题是国有企业在向公司制转变的过程当中，原有“老三会”怎样在“新三会”中发挥各自的作用。这个问题需要探索。

五、烟草企业的公司制改组

要着重考虑烟草行业的特点。烟草行业有什么特点呢？归纳起来如下：(1)原料特点。烟草行业的原料基于农业，即烟叶是卷烟的原料。因此，烟草行业的公司应走工农结合的道路。只搞卷烟生产、不搞原料，这样的公司没有出路。当前卷烟生产现代化与烟叶小农式生产的矛盾较突出。在公司制改组当中怎样使烟叶生产现代化，以满足卷烟现代化的要求，这是卷烟企业的公司制改造中必须解决的问题。如果工农分割，这个公司将受到很大影响。因为烟叶原料的质量对卷烟质量的影响极大。在一定意义上，原料的质量决定了卷烟的质量。因此，我们的卷烟企业，应当是烟草公司，不再是过去那种单纯的卷烟工厂。实际上，据我了解，许多卷烟厂厂长都在直接抓烟叶，这本身就表明两者是结合的。既要保证卷烟、烟叶的数量，更要保证卷烟生产需要的烟叶的质量。过去那种计划经济调拨烟叶的方式，已经不适应卷烟生产发展的要求。国外烟草公司都有自己的烟叶生产基地，卷烟工厂跟烟叶基地是合为一体的，不是分割的。当然，我国也有搞得比较好的，在座的可能都有体会。我到的几个地方，印象比较深的是玉溪卷烟厂比较好一点。我在玉溪卷烟厂考察了一个月。当然，玉溪烟叶质量好，有其自然条件好的原因，海拔高，光照时间长，光合作用比较好。但很大一部分原因是玉溪卷烟厂拿出一大部分钱来改造烟田，效果明显。（2）技术特点。相对来说，烟草企业的工艺较简单，但配方是秘诀，技术水平主要表现为知识，而其中设备现代化的要求高，制丝、卷、接、包工序衔接紧密。卷烟质量一方面取决于原料，另一方面取决于技术。因此，配方的秘诀极为重要。要提高卷烟技术水平，制丝的工艺，卷、接、包这一系列的现代化过程还要不断改进。要研究卷烟设备的现代化、自动化与卷烟的技术配方如何协调起来。所以，烟草的科技发展主要在于拥有独特的技术，既要满足消费者的需求，还要适合烟草的这种特点。怎样加强烟草行业的科技力量？科技力量要靠烟草公司本身的力量，实现生产与科技的结合。一个是科技投入，一个是科技机构，再一个是科技人才，主要是这几个方面。烟草企业应当形成一个良性循环。（3）产品特点。烟草行业产品的特点表现为产品的区分性强，要求将本公司的产品与其他公司的产品区别开来。因此，烟草公司要实行产品差异化战略，要处理好新老产品的关系，要对产品的生命周期进行分析，由此制定产品战略。烟草行业的市场竞争能力主要表现在能够把本企业的产品同其他企业的产品区分开来，这种区分性越强，竞争力就越强。因此，烟草公司实行产品差异化战略，这是突出的一个特点。卷烟既具有同类性，即都是吸的，但更有差别性。卷烟企业怎么了解消费者对产品差异性的反应，这是亟须研究的一个问题。因此，烟草公司是产销结合，生产卷烟与销售卷烟可以结合起来。这是企业竞争战略。烟草公司的生产和销售都要了解消费者需求的变化。（4）经济特点。烟草产品的税利部分大于产品成本费用。在税利当中，税又大于利。成本费用中，有包装费用、原料费用和管理费用。因此，烟草公司要走工商结合的路子。改变商业喜工业忧的状况。现在全国180家烟草企业两极分化，有的好，有的坏。亏损问题必须得到解决，不断提高经济效益。（5）市场特点。主要是烟草产品消费者的价格需求弹性大。因此，要瞄准目标市场。烟草公司要瞄准目标市场，稳住已有消费者，争夺新的消费者；利用名牌效应；市场是多层次的，实行高档、中档、低档的多层次市场策略。（6）规模特点。从总体上看，烟草企业尚未获得应有的规模经济效益。因此，在可能的条件下，进行公司制改造，兼并企业，扩大规模，是必经之路。规模经营的扩大会形成垄断，垄断后又会形成新的竞争。因此，应当不断分析竞争与垄断的关系，处理规模扩大中的问题。兼并企业通过经济方式解决，也要辅之以行政指导。（7）政府干预。怎样突破地区的保护主义，这是要考虑的问题。专卖制度下仍有竞争。在中国，对烟草企业来说，应当处理好专卖与垄断的关系、专卖跟竞争的关系。冲破政府干预当中不利于烟草发展的藩篱，利用政府专卖对企业有利的方面。在专卖制度下，仍然存在烟草企业之间的竞争，优胜劣汰。经过竞争，扩大规模，形成一定的经济垄断。但垄断跟专卖是两个概念，不是等同的。垄断要符合国家的法律规定。现在我国烟草公司总的来说没有形成规模效益。因此，总的趋势是扩大规模，形成规模效益。但规模效益不能搞成行政垄断。行政垄断是不允许的。用行政手段来垄断卷烟，不利于卷烟的发展，不利于卷烟技术的提高。必须要有竞争作为前提。特别是在中国实行专卖的情况下，这是烟草公司面临的进一步要解决的问题，即竞争与垄断的关系问题。在国际上烟草公司中有竞争能力的美国两大烟草公司控制了美国70%～80%的卷烟生产和销售。美国不实行专卖制度，但是，美国烟草企业的规模效益很好。专卖不等于规模效益，这是两回事。专卖，有财政收入。专卖本身多种多样，盐也是一种专卖。烟不一定要专卖，看你怎么搞。并非卷烟一定要专卖，我们国家是规定专卖，但专卖不能代替垄断。在专卖条件下，还要提倡烟草公司的竞争。没有竞争就没有烟草行业的进步。（8）多种经营。烟草公司的主要产品是卷烟和烟叶。但是，单打一是没有出路的。凡是世界上成功的烟草公司，都是多种经营。而且多种经营战略既可以跟卷烟有关，也可以跟卷烟无关。因此，我们烟草公司可以跨行业经营，不要把自己局限在单一产品上，吊死在一棵树上。美国的菲利普·莫里斯烟草公司就是多种经营，这个公司最近兼并了几个食品企业，经营食品。因为美国的卷烟销售量下降了1/4，这对美国烟草公司是一个威胁。公司要生存，要发展，就得搞多种经营。因此，多种经营对烟草公司来说是势在必行的一步。在这里，就可以采用集资的方式。现在涉及一个问题，烟草公司到底要办成一个什么样的公司？是有限责任公司，或是股份有限公司，还是国家独资有限公司？每一个烟草公司可以根据自身具体的情况来定。如果作为卷烟这种产品搞独资公司，那么，多种经营就可以搞有限责任公司或股份有限公司。因为烟草行业的多种经营碰到资金短缺问题，可以通过集资方式来解决，跨行业开展多种经营，壮大烟草公司的经济实力，反过来还可以更好地促进卷烟本身的发展。（9）烟草行业发展的制约因素。最大的制约因素是烟草发展与人类健康的关系。世界展开禁烟运动，烟草行业发展的总趋势受到制约。国外瞄准中国市场。政府多从财政来考虑。因此，烟草行业发展的命运还是要由烟草企业来决定。（10）烟草行业公司制改组的体制特点。烟草企业的公司制改组不能就企业谈企业，必须对全国烟草体制进行改革。因此，包括国家局、省局的体制改革，卷烟厂向现代公司改制过程中伴随着体制改革，怎样处理好烟草行业的体制问题，这是一个重要问题。

（原载山东省烟草专卖局、中国烟草总公司山东省公司：
《现代企业制度资料选编》，1995）

● 现代企业制度与公司制度

现代企业制度是以公司制度为主体的市场经济体制的最基本的成分。这个定义包含两个层次：第一个层次，现代企业制度是市场经济体制的一个最基本成分；再一个层次，现代企业制度以公司制度为主体，现代企业制度就是现代公司制度，或者说现代公司制度就是现代企业制度最典型的组织形式。因此，《中共中央关于建立社会主义市场经济体制若干问题的决定》中提出要按公司制度改造现有国有企业制度，这是建立现代企业制度的基本途径。在这里我想着重讲现代公司制度与传统国有企业制度的区别。

现有国有企业本质上是一种所有者财产与企业财产不分，所有者直接经营企业财产的“自然人”企业；公司是所有者财产与企业法人财产相分离、所有权与经营权相分离的法人企业。这种区别具体表现在：公司制度产权主体明确，产权责任清楚，这就改变了现有国有企业制度下政府部门以所有者身份从企业外部对企业行使所有权职能，形成企业产权责任不明确、国有企业实际上无人负责的局面；公司制度是使企业有独立的法人财产，因为公司是企业，公司是法人，公司享有完整的法人产权，这就改变了现有国有企业没有独立的法人财产的状况；公司制度下企业具有独立的法人资格，具有独立的民事行为能力和责任能力，这就改变了现有国有企业无权独立地以其全部财产承担民事责任，只是名义上的法人的状况；公司制度能够真正实现政企分开，公司法人的权利、责任、义务都在有关法律和公司章程上明确规定，使得政企分开有了保证，这就改变了现有国有企业制度下政府实际上以企业主身份管理企业，政府职能与企业职能难以真正分开的做法；公司制度下企业承担有限责任，国家对企业债务既不是承担无限责任，也不是没有任何责任，这就改变了现有国有企业发生亏损，一般是国家通过挂账、财政补贴办法进行扶持和保护，而国家实际上对企业承担无限责任的做法；公司制度下实行企业决策机构、执行机构、监督机构之间相互独立、权责分明、相互制衡的机制，这就从根本上改变了国有企业领导管理体制的责权利不明确的状况，使国有企业经营机制的转换有了根本保证；公司制度下企业经营人员专业化，没有行政级别，形成企业专业经理人员队伍，这就改变了现有国有企业厂长、经理由政府部门直接任命，有行政级别，把企业经理人员列入政府行政干部队伍系列的做法。

以上区别表明，公司制度是适应社会化大生产的要求和科技进步的要求，是我国社会主义市场经济中最重要、最先进的现代企业组织形式，有利于消除旧的计划经济体制下形成的单一工厂型、单纯生产型、国家承担无限责任的弊端。

应当指出，这里讲的公司是既是企业又是法人的真正公司，是规范的公司。因此，建立现代企业制度既要用公司制度来改造传统的单厂的国有企业制度，又要按照公司机制来改变现有的一些政企不分的挂牌公司。按公司制度改造现有国有企业，不只是把名称由工厂改为公司，而是要明晰国有企业的产权关系，转换国有企业的经营机制，建立适应社会主义市场经济体制要求的现代企业制度。

现代企业制度有三个基本组成部分：

第一，现代企业组织制度，也就是公司组织制度。按公司制度改造现有国有企业就是要充分发挥公司组织制度的优越性。公司作为现代企业的组织形式与现有的单厂式国有企业相比具有明显的优越性。这些优越性表现在：极大地提高了专业化协作水平，形成了新的社会生产力；有利于实现工商结合、工贸结合、农工商结合；实现生产与科研的结合；能够做到产业资本与金融资本的结合；能够实现社会资源的综合利用；能够带来规模经济效益。

国有企业制度改造成现代企业制度，即通过不同方式将原企业改造成公司。必须明确，这是作为现代企业的真正公司，不是那种政企不分的挂牌公司。当然，公司的形式也有多种，包括有限责任公司、股份有限公司、国家独资有限责任公司等。

第二，现代企业产权制度，也就是公司法人产权制度。出资者是股东，拥有所有权。过去，企业资产属于全民，但全民只是一种虚设，实际上是所有者代表“缺位”。而公司对产权划分十分明确。公司产权制度分两个层次：一是股权，指出资者的权利，认资不认人，股东权利与出资额联系在一起。股东的权利主要有选举权和收益权。二是董事会，拥有公司资产的实际控制权，也就是法人产权。由董事会聘任的总经理，依据董事会授权所享有的则是经营权。经营权与所有权分离，构成公司制度内部的机制。

再有，公司法人产权制度对公司资产采用价值化管理，改变了旧体制下的实物化管理、固定化管理、行政化管理，保证了国有资产的增值。

第三，现代企业管理制度，也就是公司管理制度。传统的国有企业管理不是真正的现代企业管理，只是单独从事生产活动。而现代企业管理制度最主要的是具有公司经营管理的特征，它是生产与流通的结合，是公司内部能力与外部环境的结合，是经营战略与具体管理方法的结合。它非常重视公司的战略计划，在市场经济下，企业计划不仅不能削弱，反而更要加强。同时，企业还要做好各方面的管理工作，包括生产管理、销售管理、人力资源管理、研究与开发管理及财务管理等。现代企业管理制度就是现代公司经营管理制度，而不是单纯的工厂生产管理。

（原载鲍相生等主编：《最新中华人民共和国公司法实务大全》，北京，法律出版社，1994）

● 关于现代企业制度的问题

1993年6月份国务院经贸委成立了一个现代企业制度调研组，这个调研组的任务就是起草十四届三中全会《决定》中关于现代企业制度这一部分的内容。这个调研组要我根据多年来对国内外现代企业制度的研究，给他们做一个关于现代企业制度的专题报告。

这个调研组在全国各地经过半年的调查，征求各方面的意见后产生的报告内容，最后真实地写入了十四届三中全会的文件。现代企业制度在我国已经进行了多年的研究，正式写入我们党的文件还是第一次。自十四届三中全会决定公布之后，现代企业制度就成为我们国家改革的一个主要内容。在这个时候讲有关这方面的内容，我很高兴。晋城市委、市政府、市政协企业联合会还聘请我做顾问，今天我这个讲课也就是履行我顾问职责的一个具体行动。今天我要讲的内容，总的题目就是关于现代企业制度的问题。

一、现代企业制度的提出

为什么要提出现代企业制度？根据我的了解，现代企业制度的提出主要有三方面的原因。

1. 是建立社会主义市场经济体制的客观要求

首先，要明确社会主义市场经济体制是我们改革的目标。社会主义市场经济体制这个概念是在1992年10月党的十四大正式确定的，十四大提出我们国家体制改革的目标就是建立社会主义市场经济体制，这个目标的提出是来之不易的，可以说是在总结1978年以来改革十几年的反反复复的经验教训后提出来的，它的提出标志着我们改革进入了一个新阶段。但是，有了这个目标后，怎样来实现这个目标，怎样来建立社会主义市场经济体制？其中有一个重要的问题，就是我们传统的国有企业制度不适应社会主义市场经济体制的要求。建立社会主义市场经济体制，就要改变传统的国有企业制度，不改变传统的国有企业制度，就无法建立社会主义市场经济体制。因此，建立现代企业制度，改变传统国有企业制度，就成了建立社会主义市场经济体制的重要组成部分，这是一个基本的原因。

2. 是国有企业改革十五年的状况决定的

国有企业改革已经经历了十五年的时间，对国有企业的改革怎么看呢？在1993年国家体改委、国务院经贸委、人民日报理论部召开的一次会议上，我讲过几个基本的有关国有企业改革的状况。

（1）应该肯定十五年来我国国有企业改革取得了一定的成效。这些成效有大量的数字和实际来表明，而且，有些国有企业搞得还是比较好的，个别的国有企业经验还是比较丰富的。

（2）必须看到我国国有企业改革没有达到理想的要求，总的状况还是不适应生产力的发展，不适应经济发展的要求。为什么这样说呢？我认为有三个区别：一是少数与多数的区别。搞得好的国有企业是少数，多数的国有企业状况是不理想的。所以，我们看问题必须看到多数。二是个别与一般的区别。个别的国有企业可以说效益很好，但是一般来说，我们的国有企业目前的形势很严峻，相当多的国有企业到现在为止，工资发不出去，设备不能更新改造，产品没有市场。

三是现象与本质的区别。从现象来看，我们现在的国有企业似乎还活着，还活得下去，但从本质上来说，它的问题没有解决。而且，时间是非常紧迫的，不能再拖下去，表面上看它还能过得下去，但它是一种病态的运转，这种病态的运转，如果不扭转的话，总有一天问题要爆发。我们不能等到爆发的那一天才来解决，那就太晚了。所以，我们必须从本质上认识国有企业的问题，及早采取措施。那么，基于对少数与多数、个别与一般、现象与本质的分析，我们可以看到，国有企业的问题是相当严重的，形势是严峻的。

（3）国有企业的问题究竟出在什么地方？主要表现在两个方面：一个方面，国有企业同乡镇企业、合资企业、独资企业、私人企业比较来说，相形见绌。所谓相形见绌，就是说，国有企业看起来也在发展，但它不如非国有企业发展得快，而且国有企业在全国经济中的地位比重还在下降，也就是说，把国有企业放在同非国有企业的比较当中来看，就相形见绌。这点，我想大家是有目共睹的，包括我们晋城市在内。另一个方面，国有企业本身的问题没有得到有效的解决。国有企业本身的问题是什么？主要就是低效率、低效益。在计划经济旧体制下，还能混得下去，但是在市场经济体制面前，在市场竞争的面前，我们的国有企业这样低效率、低效益就很难活下去。国有企业的问题更为严重的是，它的老问题没解决，又出现了许多新问题。其中一个问题是国有企业的债务负担沉重。在传统的计划经济旧体制下，国有企业基本上没有债权债务的观念，因为它一切是国家包揽，亏损由国家去报销，自从拨改贷之后，相当多的国有企业利息负担沉重，难以支付，本金更难以归还，到了资不抵债的境地，有些国有企业甚至成了个空壳企业。所谓空壳企业，就是它表面上有资产，实际上还不够还债，产品又没人要。

再一个问题是我们的设备老化，没有更新。我们许多国有企业的设备在 50 年代、60 年代是立过大功的，甚至在 80 年代初期都作出过贡献，这是应该肯定的。但是，现在随着技术的进步，设备逐渐老化，设备老化本来是正常的，问题是我们的国有企业无力去更新。我在北京跟一些企业管理人员座谈，他们说，我们的国有企业相当一部分现在处于等死的状况，因为它那个设备在那拖着，无力去更新，要更新又得去贷款，贷款又还不起，所以处于不更新等死、更新找死的不良循环状态，设备更新、技术改造的任务很重。

还有一个问题，就是国有企业离退休人员的比重很大，相应的社会保障制度没有建立起来，所以现在国有企业的包袱沉重。在前一阶段进行的股份制试点中已经暴露出来，股份制试点当中，很多国有企业把这些非经营性的资产看作沉重的负担，它们请香港的专家和国外的专家来提供帮助，专家们都要把这些剔除掉，因为国外现代企业制度不包含这些。这些东西怎么办？出路只能是社会化，建立社会保障制度。总之，我们国有企业传统的那种国有企业制度，确实是无法维持下去了。

（4）我们通过十五年来的改革采取了一些措施，试图解决国有企业的问题，结果有些是有成效的，有些不仅没有成效，反而使一些问题越来越突出。

我们回顾一下对国有企业改革的措施毛病在什么地方。1978 年以来对国有企业改革的措施主要有两大类。一类叫政策性调整。所谓政策性调整，就是说国有企业一有困难，我们就实行优惠政策、倾斜政策。实行优惠政策、倾斜政策，在一定的历史时期起了一定的作用，但是，在市场经济面前却显得无能为力，因为市场经济讲究竞争、有序的市场秩序，有序的市场竞争秩序主要强调“公平、公正、公开”。“公平、公正、公开”就是说国有企业同非国有企业应该在公平、公正、公开的条件下进行市场竞争，如果国有企业一味要求国家保护，给予特殊的优惠政策才能过日子，不给优惠政策就过不下去，这显然与市场经济体制的目标是背道而驰的。我们可以看到，如果说优惠倾斜对国有企业不平等，乡镇企业也有很多意见，合资企业、三资企业也要优惠政策，独资企业、私人企业也说对它们不平等，对国家来说就很难办了。现在看来，优惠政策、特殊政策还是需要的，但是只在少数的特区，实际上现在特区的一些优惠政策也不特了，除了关税区和保税区外。比如深圳一些政策现在浦东也实行了，浦东政策远比深圳政策更优惠，如果优惠政策在多数地区实行，也就无所谓什么优惠了。

另一类叫行政性放权。在传统体制下，企业没有自主权。所以，当时要求扩权，下放权力。实际上政府也逐步地下放了一些权力，也扩大了企业的经营自主权，并起了一定的作用。但是，随着市场经济体制的建立，自主经营、自负盈亏已经成了企业的一个本质特征。就是说企业必须拥有自主经营的权力，政府不再拥有企业的经营自主权。在这种情况下放权、扩权的概念已经落后了，应该提还权给企业。所谓还权给企业，就是把企业应该具有的权力都交给企业。放权这个概念不太科学，就在于权可以放也可以收，主动权还在政府手中。还权给企业是说自主权在企业手中，要还权给企业，不是单纯的放权。扩权这个概念在早期还有一定作用，现在扩权也不够了，因为扩权这个概念可以多扩，还可以少扩。所以，这十几年来总是在放权、扩权这个圈子里转来转去，转到 1992 年为止，1992 年 7 月《全民所有制工业企业转换经营机制条例》当中明确了企业有十四项经营自主权，十四项自主权明确之后，问题并没有解决，企业说我没有拿到，政府说我都放了，在这个上面兜来兜去，陷入了困境，机制无法转变。所以单纯的行政性放权的做法意义不大。我们可以看到，前几年我们的厂长、经理还呼吁要松绑、要放权，这几年他们的声音不大了，因为他们感觉到喊来喊去作用不大，这就说明我们的国有企业改革必须另找出路。

十五年来这两类措施，一类叫作政策性调整，一类叫作行政性放权，我们先后采取过几百项措施，这些措施在一定时期都起过一定的作用，但是都无法解决国有企业的根本问题。所以就提出来一个新的出路，叫作制度性创新，制度性创新就是要建立现代企业制度。建立现代企业制度，就是在这种情况下提出来的，实际上它就是国有企业改革深化的表现，是我们整个体制改革发展的一个历史性阶段，是国有企业改革十五年的状况所决定的。

3. 是恢复我国关贸总协定缔约国地位的迫切需要

“复关”势在必行，我国必须加入关贸总协定，恢复在关贸总协定中的地位。关于这方面的意义我就不说了，我只是说在“复关”之后，我们中国的企业包括国有企业在内，必须跟国际的企业接轨。而当代的国际企业都实行现代企业制度，如果我们的国有企业还停留在传统的企业制度，就无法同国际的企业制度接轨，也就是说无法在国际市场竞争中取得我们应有的地位。所以，为了使我国的企业能够在国际市场上打开局面，为了在“复关”之后同国际的企业制度接轨，我们也必须建立现代企业制度，改变传统的国有企业制度。

由此可知，现代企业制度的提出不是偶然的，而是必然的，是我国社会生产力发展的客观要求，是我国社会主义现代化的客观要求，是我国经济体制改革的必然趋势，也是我国对外开放的迫切要求，具有非常大的现实意义和战略意义。

二、现代企业制度的含义

什么是现代企业制度？我在 1993 年 6 月份国务院经贸委现代企业制度调研组的时候曾下了个定义，这个定义经过半年多的实践，现在越来越被普遍地接受。现代企业制度是以公司制度为主体的、市场经济体制的最基本成分。这个定义有两个层次的含义。

1. 现代企业制度是市场经济体制的最基本成分

讲到市场经济体制的最基本成分的时候，首先要讲一下市场经济体制的成分包含哪些。要讲清市场经济体制包含哪些成分，又必须了解市场经济的基本关系，而要了解市场经济的基本关系，又必须了解市场的基本含义。

市场这两个字现在天天讲，那么到底市场的最基本含义是什么？我认为，市场的最基本含义就是指消费者、顾客、用户。消费者、用户、顾客就是市场的核心内容。我们说企业面向市场，就是说企业要面向消费者，面向用户，面向顾客，没有消费者就没有市场，离开了消费者就离开了市场，这是个非常简明的道理。当然，如果说从学术上、从理论上来探讨市场这个概念，可以讲很多很多，但对我们在座的各位来说，牢牢把握市场就是消费者，消费者就是市场这个观念就足够了。如果要讲系统一些，那就是市场供求双方形成的一种交易行为的综合表现，这就是市场。

市场经济是一个很大的题目。在这里市场经济的关系最主要是两方面，一是消费者，二是企业。市场经济同计划经济的本质区别就在于，市场经济条件下，企业是面向消费者，围绕消费者来转。计划经济条件下，是消费者围绕企业来转，企业坐等顾客上门，企业生产什么消费者就买什么，企业生产多少消费者就买多少，一直发展到了计划凭证供应，到处是票证。而在市场经济体制下，是消费者需要什么企业就生产什么，消费者需要多少企业就生产多少。这样的关系，才是正确的关系，是把计划经济体制下颠倒了的关系再颠倒过来。所以，在市场经济条件下，消费者是中心，消费者是核心，企业要围绕消费者来转，围绕着用户来转，围绕着顾客来转，也就是我们天天讲的，顾客是上帝。如果我们不转变体制，就难以做到消费者是第一位的，顾客是上帝。

市场经济体制实际上就是处理三大利益集团的关系。市场经济体制这三大利益集团，首先是消费者利益集团，其次是企业利益集团，最后是政府利益集团。市场经济体制的建立，就是要正确处理这三大利益集团的关系。

首先看看企业同消费者的集团利益。企业要在维护消费者利益的前提下获得企业的正当利益，而不能在损害消费者利益的情况下来获取企业的利益，这是现在我们要解决的问题。在计划经济旧体制下，不太强调企业的利益，因为它一切都由国家包揽了。在市场经济体制下，企业有了独立的利益之后，怎样来获得企业的利益？有两种办法：一种办法就是在维护消费者利益的情况下，来获得企业的合法利益；另一种办法就是在损害消费者利益的情况下，甚至通过非法的手段来获得企业的利益，如大家通常讲的假冒伪劣、坑蒙拐骗。我们市场经济正处于初级阶段，处于无序的状态，现在要从初级向着更高级的市场经济阶段来发展，就是要治这八个字，哪一天解决了这八个字，我们市场经济就有序了。当然，不是说那时企业就没有一点个别的违法行为，就是在国外也还有企业违法行为，但那时不是像我们现在这么一种状态。

再来看看政府集团的利益。在市场经济体制下，政府第一位的工作就是保护消费者的利益。有人说，市场经济体制就不要政府。这不行，市场经济体制还是要政府的，不能取消政府，而且政府的作用还是很重要的。但是，政府的角色跟计划经济体制下的政府角色是完全不同的。最大的不同就是在市场经济体制下，政府不对企业直接发号施令，不直接去管企业。政府的首要职能是保护消费者的利益，使其免受那些非法企业的损害。第二个职能是维护企业的正当合法利益，政府的行为要有利于企业的生存和发展。这个有利于企业生存，是在企业自主经营、自负盈亏的前提下。我们现在所做的工作仅仅是为市场经济创造条件，并没有真正进入市场经济做本身应该做的事，因为计划经济旧体制的残余和习惯势力到现在还是有影响的，消除要有一个过程。政府今后不直接去管企业，不是说政府就没事可做了，而是政府的责任更重大，甚至说对政府的领导艺术水平要求更高了。第三个职能是政府要协调企业和消费者之间的关系。企业跟消费者的矛盾是客观存在的，政府就是要协调这种关系，政府协调关系的思路应该是站在消费者的角度来处理这个关系。第四个职能是处理好企业与企业之间的竞争关系。企业之间的竞争是难免的，政府的职能就在于建立企业之间公平、公正、公开的市场竞争秩序。

这里我顺便提一下无主管企业这个概念。无主管企业这个概念，在我们这里是改革试点，按照市场经济体制要求来说，这个概念不再是一个什么新鲜的概念。在市场经济体制条件下，基本上企业都无主管。现在为什么成了突出问题呢？因为我们正处于从计划经济体制向市场经济体制转变的改革时期，市场经济体制不能一下子全部到位，在这样的情况下，多数企业仍然维持原状，少数企业搞无主管，确实会碰到很多困难。怎么办？我想，随着体制改革的不断深入，这个问题会逐步得到解决，将来也就不会成为一个特殊的问题。我这里指的是一般企业，个别的要有主管，这在美国也还有。一般来说，今后的企业都无主管，按照公司法登记注册的企业就是无主管企业，这是无疑的。至于原来的企业还有主管那是延续下来的问题，一下子取消会遇到种种困难，还有很多不习惯的地方，还有很多外部环境和体制配套的改革，这不是一件很容易的事。沈阳的无主管企业改革，试验来试验去麻烦很多。你说它无主管，可就是填个表，上面还有一栏主管部门签字盖章。主管部门说，你不是无主管吗？我不管了。企业反而办不成事，最后它还得去找个婆婆来管一下。结果是有婆婆恨婆婆，没婆婆想婆婆，这是新旧体制转变造成的矛盾。政府职能没有转变，机构没有精简，市场经济体制没有建立，企业找市场找不到，问题的难点在这儿。沈阳的无主管试点有的搞得好，有的也不行。试点能解决一些问题，但不能解决一切问题，因为试点的环境跟市场经济体制环境的要求不是一回事，市场经济体制的建立基本上要靠法制。现在讲到市场经济体制三大利益集团，说的比较多的是政企关系，随着市场经济体制的建立，企业和消费者的矛盾会越来越突出。那时候政府的主要精力应该转向处理企业和消费者的关系，不再是直接干预企业的具体事宜。

市场经济的成分最主要是两大部分：第一大部分是微观的企业制度；第二大部分是宏观的调控体系。这两大部分都是必不可少的。

宏观调控体系最主要的是指财政、税收、金融体制。我们现在说的投资体制、价格体制，目前来说是重要的，将来不会成为最重要的。宏观调控体系是引导企业朝哪个方向来发展，怎么来发展的。必须明确一点，宏观调控体系与计划经济体制下的那种体系是根本不同的，市场经济体制下的宏观调控，应该有利于促进企业的发展，引导企业健康发展，而不是一讲到调控，就又要直接去干预企业。在有些人的心目中，宏观调控和直接干预企业是等同的概念。我们讲宏观调控，恰恰是间接管理，不是直接管理。怎样来间接管理呢？就是通过财政、税收、金融这些宏观调控手段来间接管理，引导企业健康发展，这就理顺了政府的职能。比如维护企业之间的竞争，现在制定的《中华人民共和国反不正当竞争法》，就是限制各种不正当的竞争。我们讲政府对企业的宏观调控是指这个含义，就是说宏观的调控体系应该有利于现代企业制度的建立，而不是相反的，更不是要恢复旧的计划经济体制那一套行政干预，这恰恰是现在中国亟须解决的问题。

微观企业制度又是最基础的部分，也就是说现代企业制度是市场经济体制最基本的成分，这是由企业的地位和作用决定的。企业是社会生产力的载体，是创造社会财富的最基本单位，企业搞不好，地区的经济发展、生产力发展就会受影响，政府的财政收入就会减少。比如我们晋城市把企业搞好了，晋城的财政收入就会增加，晋城经济就会发展。晋城市政府、晋城市各个方面的调控手段要有利于企业的发展，而不是阻碍企业的发展、束缚企业的发展。当然，这个企业又必须是现代企业制度下的企业，不是传统的那种企业，因为传统的企业也搞不好。为什么？因为它不是现代企业制度下的企业，它实行的是传统的计划经济体制下的国有企业制度。我们现在讲的是要建立现代企业制度，这种企业制度适合现代生产力的发展，这是最基本的关系，也就决定了现代企业制度市场经济体制的最基本成分。

2. 现代企业制度以公司制度为主体

公司制度是最典型、最重要的现代企业制度，建立现代企业制度，就是要建立公司制度。对公司制度，我们必须从它的内涵来理解，而不是单从公司这个名称来理解。我们改革要讲求实效，不能搞形式，国外很少形式主义，没有实效的事从来不做。说到实效，说得明确一些，就是要有利于生产力的发展，有利于人民生活水平的提高。说得具体些，就是能给企业带来利润，能使人民增加收入，只要有利益就做，没利益就不做。中国有个很不好的毛病，就是形式主义盛行，表面上轰轰烈烈，实际上大家心里都有底，到最后还是自己吃亏，反正你骗不了外国人，人家是要挣你的钱，中国人怎么不想法去挣外国人的钱？要讲求实效，不要自己骗自己，浪费时间，浪费精力，劳民伤财。为什么我要讲这些，就又回到公司制这个问题上来了。公司我们不是没搞，改革开放搞了十几年，我在大学还专门开了公司这门课，我这门课是从社会化大生产、从现代经济的角度来研究的。我发现我们国家的公司有问题，就是我刚才说的，不重视公司制度的实效，而比较偏重于公司这个名称。现在中央有个精神，防止在建立现代企业制度时一哄而起，将传统的企业都改成公司。根据我的观察，最近情况好像稍微好了一些，没有一哄而起的现象。建立现代企业制度，是要有利于生产力的发展，有利于经济发展，有利于人民生活水平的提高。不是光改个名称，而是内容的变化。当然，内容要有一定的形式，形式也是重要的，要代表一定的内容。建立现代企业制度就是要按公司制度来改造传统的国有企业制度，党的十四届三中全会也有这句话，这是改革中具有很大意义的突破性变化。

再一条，现代企业制度也不等于所有的企业都要搞公司，还可以有一些非公司的企业，所以我就提出了以公司制度为主体。过去有一个概念叫公司化，社会上也流行过，当然，那个公司化也不是说把所有现在中国的企业、工厂都改成公司，但公司这个“化”很容易走形式。后来，中央规定不用公司化这个概念，改成公司制，用公司制来改造传统国有企业，避免一化以后就一哄而散，都化开了。实际上公司化的含义，科学地理解，是指按公司制的要求改造国有企业的过程，是逐步公司化。现在比较一致的提法是通过公司制来改造传统国有企业，也并非把所有的国有企业都改名为公司，这点要明确。同时必须强调以公司制为主体不等于都是原封不动，那就无法建立现代企业制度。

建立现代企业制度还包括对现有的公司进行企业化的改造。现在挂牌出来的公司，全国大概有100万个。这100万家公司，现在中央已经明确，除了按规范意见登记注册的公司可以延续以外（如果条件不够还要补充条件），其他的公司都应该按照公司法的内容来进行审核。建立现代企业制度也包含对这些挂名公司进行企业化的改造，这是一个很复杂的过程。因为我们现存公司很多，往往政企不分，打着公司的旗号，实际上行使政府的职能，既削弱了政府的工作本身，又不利于企业的健康发展。这类公司的问题现在要加以解决。

三、企业制度的分类

为什么要讲企业制度的分类呢？根据现代企业制度的含义，我们提出了有公司的企业，也有非公司的企业，企业到底应该怎样进行分类？企业的分类，可以按不同的角度来进行。

1. 按企业资产所有者形式的不同对企业进行分类

这是世界通用的分类方法，按照这种方法可把企业分为以下几类：

独资企业。所谓独资企业，是指一个人出资，并由他本人经营的企业。我国，现在的个体企业和私营企业都属于这一范畴，这是出现最早的企业形式，是古典的企业形态。

合伙企业。所谓合伙企业，就是两个或两个人以上合伙投资，并由这些合伙人共同经营的企业。合伙企业是在独资企业的基础上发展起来的，独资企业由一个人出资，资本总是有限的，要扩大规模，就要受到资本的限制，解决这个问题，必须和别人合伙办一个更大一些的企业，由此就出现了合伙企业。合伙企业制度在法律上同独资企业制度是不同的，从它的建立到内外关系都不同。它也是一种古典的企业制度。

公司。这种性质的企业与独资企业、合资企业最重要的不同点在于，公司是法人企业制度，独资企业、合资企业都属于自然人企业制度。所谓法人，就是一个组织体在法律上的人格化，法人首先有一个条件，即它是个组织，一个组织是由许多人组成的。这个组织在法律上人格化，把它当成一个人来看待，这就叫法人。公司是个组织，这个组织是个法人，所以它是法人企业。自然人是人在法律上的称呼，是指有生命的、符合法律条件的个人。这些条件有哪些呢？主要有：国籍、居住地点、有一定的财产、十八岁以上、精神正常、有公民权，基本上是这几个条件，这样的人才能办企业。我前面讲有一个人出资，这个人必须是自然人，不是随便一个人。合伙人也是自然人，合伙企业属于自然人企业。公司制法人企业出现在1673年，即世界上第一部公司法颁布的年代，也就是公司制度正式建立的年代。公司制度到现在已经有300多年的历史，它出现后，极大地推动了社会生产力的发展。当然，公司制度本身也有个演变的过程，到今天，它已成为现代企业制度的代表，在国外，现代企业制度就是指公司制度。国外建立现代企业制度，大家可以看到也并非都是公司，还有独资企业、合伙企业、非公司的企业，我们建立现代企业制度也并非要取消非公司制企业，也取消不了。

2. 按企业组成方式的不同对企业制度进行分类

按照这种方法可将企业分成两大类：一是单厂企业，就是指一个工厂组成一个企业；二是多厂企业，就是多个工厂组成一个企业，这些企业共同组成一个公司。这里要注意，不是说公司必须要有多个工厂，这种分类对我国的现实意义特别大。我国的企业在计划经济旧体制下几乎都是单厂企业，在中国人的观念里，企业就是工厂，工厂就是企业，这是传统的计划经济体制下的旧观念，是分散的小农式的生产方式对现代大工业束缚的表现。在国外，讲到企业，特别是现代企业，首先想到的是公司，并非指哪个工厂，这是观念上的不同，也是企业制度的不同。我们的企业过去叫作工厂制企业、单厂制企业，在计划经济体制下，即使有企业这个概念，也仅仅是把它看成一个生产单位。国外有的学者说中国并没有真正的企业，是有一定道理的，因为那个企业实际上就是个工厂，就是个生产单位，并非现代意义上的市场经济条件下的自主经营、自负盈亏的企业。要做到自主经营、自负盈亏，单个工厂的力量是单薄的、不够的，只有公司这种现代企业才能够同现代化大生产相适应，才能同现代市场经济体制相适应。从这个意义上来说，我们用公司制改造传统的国有企业制度，如果从组织形态来看，就是按公司制来改造工厂制，也有人说现在就是从工厂制向公司制的转变。

这种转变不仅仅涉及国有企业，也包括乡镇企业和其他的各种企业在内。去年我到大连，大连甘井子区这几年乡镇企业发展很快，它最早的形态都是单个工厂、作坊式的小工厂，当它发展到一定的程度，必须组成一个公司才能打入国际市场，才能形成现代的经济力量、经济实力。它们几十家、上百家乡镇企业想搞一个公司，请我去的目的是让我帮它们搞一个组建公司的方案，这件事说明搞公司制不仅是国有企业的任务，乡镇企业也面临这个问题。这并不是说现在咱们一下子把乡镇企业都哄上去，不行！要按生产力发展规律的要求，在能带来经济利益的条件下自愿组合。这里只是讲改革的思路，必须走这条路，不能再是旧体制下分散的单厂制。工厂跟企业是两个概念，一个工厂可以是一个企业，但并非一个工厂必须是一个企业。这个问题比较突出，国外大工厂并不争它的法人地位，只是公司里面一个生产单位。企业制度的分类对我们国家也具有重要的现实意义。这里我再举一个例子，1992 年我到上海郊区的嘉定县，嘉定县有四个灯泡厂，这四个工厂重复生产，问题很多，后来它们就联合起来组成一个公司，这个公司叫上海嘉宝照明电器公司。组成公司之后它就分工，这个工厂生产这种灯泡，那个工厂生产灯头，那个工厂生产那种灯泡，仅一年多的时间产量就翻了几十倍，现在它每年生产灯泡 2 亿多只，我们全国一年消费 20 多亿只灯泡，它占了 1/10，它生产的灯头占全国的 1/3。为什么呢？因为它集中资金，引进了英国一条最先进的灯泡生产线，改造了生产过程，使质量大有提高，不仅超过了上海老牌的亚美灯泡厂，还超过了国家定点的沈阳灯泡厂。如果它不走公司制这条路，就达不到这个生产力水平，生产仍然是分散的、重复的。各工厂不争法人地位，建立公司之后，四个工厂的法人地位就取消了，公司是法人，公司内部的单位不是法人。现在我们中国有一级法人、二级法人的概念，这是不科学的。

四、公司制度的分类

公司制度可以从不同的角度来分类，我想着重从三个角度来分类。

1. 按公司经营业务内容的不同进行分类

怎样来建立公司呢？我认为要注意两点。第一点，注意经营业务的灵活性。所谓灵活性就是说每一项经营业务都可以成为一个公司的经营内容。比如说工业公司、商业公司、贸易公司等，都可以成为不同的公司。再比如服务性行业的公司更多，像最近北京出现的搬家公司，可免掉很多麻烦，过去你请人来搬家，那边炉灶还没有架起来，这边炉灶又灭了，请人吃饭也不方便，另外也耽误了很多时间。现在专业化了，你的东西也不损坏，损坏了还照样赔偿。搬家公司在市场规律的作用下应运而生。又比如现在我们企业的债权债务关系、三角债老是解决不了，国外有一种公司叫作财务代理公司，一个公司、一个企业可以把应收账款卖给财务代理公司，然后由财务代理公司去向那个欠钱的企业收回这笔款项。第二点，注意多种经营。在办公司的时候要多种经营，增强自己的实力。一个企业在市场经济当中实力很重要，所以要多种经营。

2. 按公司所属单位分布的地区范围不同进行分类

这里要注意，是按公司内部所属单位分布的地区范围不同来分类，可以分为地区性公司，比如晋城市一个公司，这个公司有几个单位都在晋城范围内，就叫地区性公司；跨地区公司，比如晋城市的公司到郑州设立一个分公司，这就是跨地区公司；全国性公司；跨国公司。特别需要强调的一点是，有实力的公司一定要瞄准跨国公司的方向来建立自己的公司。

中国现在有个词叫企业集团，企业集团这个概念跟公司既有联系又有区别。1992 年在北京香山饭店开了一次关于企业集团的组织与管理的国际研讨会，有美国、日本的学者，还有中国的学者。我在这个会上着重讲了一下公司与集团的关系。因为中国这个问题没有解决，前一段办公司一阵热，后来搞企业集团一阵热，似乎公司没办好，咱们换个花样来搞搞企业集团，也有人是为了在公司基础上搞个企业集团升半格，从局级升到副部级。中国官本位观念很强，搞什么东西总是从行政级别上来看待。企业没有级别，将来市场经济当中，公司也没有级别，以后公司不再分什么级别，不再分什么县团级公司、省军级公司，公司在法律面前都是平等的。大家看看公司法，我反复强调公司法，公司法就是现代企业制度最重要的一个法律，直接跟现代企业制度有关，你们要搞现代企业制度，就应把公司法好好地搞透、搞清楚，这样才能有保证、有法律保障，否则，建立公司以后弄不好还得搞清理整顿。

公司与企业集团是既有联系又有区别的两个概念，所谓联系就是公司制是基础，企业集团是在公司的基础上发展起来的，没有公司就没有企业集团。可以这么说，要办好企业集团首先要办好公司，特别是核心公司，这个核心公司在国外叫母公司，中国给它个名称叫集团公司，或者控股公司。另外，现在我们马上要搞国家独资公司，这种公司将来可能成为一种集团公司。从历史来看，也是先有公司后有企业集团。企业集团这个概念，在日本用得比较多，在美国、欧洲就是跨国公司，中国企业集团分内向型企业集团、外向型企业集团，这种分法是很不科学的，不利于企业集团发展。我认为企业集团必须是外向型的，你不是外向型你能称得上是一个企业集团吗？只能是自己关起门来自吹自擂，经不起市场的检验，企业集团、跨国公司不是自封的，是要经过市场，特别是国际市场的较量的，不同国际市场接轨，不跟国际市场较量，自己成立个企业集团，充其量就是自己说说而已，在市场上是经不起考验的。所以，我们办企业集团一定要瞄准跨国公司来办，这种企业集团办好了就是真正地实行现代企业制度，国外现代企业制度的最典型代表就是跨国公司制度，达不到这种水平，一个企业还是低水平的。区别在于，公司是一个企业，企业集团是多个企业联合组成的；公司是一个法人，企业集团是多个法人联合组成的；公司内部的单位不是法人，企业集团内部的单位是法人。具体来说，企业集团最典型的结构形式，就是母公司和子公司的结构形式，要注意，母公司就是核心，子公司也是公司，独立自主、自负盈亏，是一个法人。这个要注意，跟总公司、分公司不同，分公司不是独立的法人，公司法已经明确了。

顺便讲一下，公司不是随便设的，也要一定的手续，没有分公司的公司不能自称为总公司。这也是中国现在混乱的地方，将来要统一，不能自己随便挂个牌子就叫总公司，你必须有分公司才能成为总公司。有分公司的不一定都要叫总公司，中国人老是追求形式，甚至现在有的地方集团公司还不过瘾，叫集团总公司，它不讲求内容，只追求形式。这种叫法是不科学的，这叫制造混乱。我们立法都不规范，这种现象也是难免的。但是，我们现在有了公司法，建立现代企业制度，要力求规范化、法制化，不这么搞最后就要走弯路，还要自己来整顿自己。晋城市如果能涌现出一两个真正有实力的企业集团、跨国公司，能够在全国有影响，能够在国际上有影响，晋城市整个经济就可以带动起来了。这不能用强迫命令，只能通过建立现代企业制度逐步来实现，必须讲求实效，不图形式，不空谈。

3. 按公司承担债务责任形式的不同进行分类

这种分类是世界通用的规范的分类方法，过去我们不太重视，大家习惯于按所有制来分类，分为全民、集体、个体；按行业来分类，分为机械工业部、电子部、煤炭部、纺织部等；按行政区来分类。将来公司都是按市场经济的需要来分类，打破上述分类方法。按公司对外承担债务责任形式的不同来分类，具体分为以下几种。

第一种叫无限责任公司。所谓无限责任公司，就是股东对公司承担无限责任，公司对债权人承担无限责任，而且承担连带责任。所谓连带责任就是这个股东还不起债，另外的股东代它还。

第二种叫有限责任公司。有限责任公司就是指股东对公司承担有限责任，公司对债权人承担有限责任。这个有限的含义就是股东以他的出资额为限对公司承担债务责任，公司以它的资产总额为限对债权人承担责任。有限、无限是一种法律的责任，看上去没什么，但是，一旦一个企业经营亏损、破产，是有限责任还是无限责任，这时候就管用了。比方说有个有限责任公司资产 300 万元，欠债 600 万元，经营不善倒闭了，这时它用300万元来偿还责任，还有300万元债务，债权人要自认倒霉一部分，谁叫你跟它打交道呀！它已经挂了有限责任公司牌子，法律上就明确它是承担有限责任，而且经营状况也不好，当然收不回钱，你把钱借给它，说明你也有责任。所以这个债权债务关系通过破产就清理完了，不会像我们这样连环债，将来这个问题就是要这样解决，那个时候破产法就起作用了。

第三种叫两合公司。所谓两合公司，就是这个公司当中的一部分股东承担有限责任，另外一部分股东承担无限责任。这种两合公司实际上是无限责任股东起决定作用，他的风险大，责任也大。对外来说，当然还是承担无限责任，对内来说是两合公司。

第四种叫股份有限公司。股份有限公司最主要的是公司资本分成等额的股份。股份是公司权益的计量单位，有这么几点含义：股份是资本的成分，作为股份有限公司的股东，你必须按股来认购，这个跟有限责任公司不同；每股金额相等，中国现在是每股1元钱，个别深圳公司有的每股10元钱，一般都是每股1元；股份是股东权利和义务的全部表现，股东主要有两个权利，一是投票权即投票选举董事的权，二是分红权，你有多少投票权就有多少分红的权，主要看你拥有多少股份，还有承担义务，义务就是承担债务责任；股份是股票的价值基础，股票是股份的证券表现形式，这一句话就把股份与股票的关系讲清楚了。股份是股票的价值基础，先有股份，股份怎么来表示？通过一种证券，这就叫股票，所以说股票是股份的证券表现形式。一旦有了股票之后，股票的价值基础是股份，但是，它可以脱离股份这个价值。比如每股1元钱，你的股份是每股1元，股票它可以卖3元、卖5元，这就有了股票价格这个概念。就像我们的产品一样，产品成本是5元，你可以卖10元、卖20元。这得看市场的供求关系，股票的价格得看资本市场、资金的供求关系。股份有限公司最主要的就是股份这两个字，区别于有限责任公司。

第五种叫股份两合公司。股份两合公司就是指两合公司当中的有限责任股东按股份来承担责任，区别就在这里。

公司从1673年出现到现在已有320年的历史，一共经历了这五种类型。目前世界上最基本的有两种，第一种是有限责任公司，第二种是股份有限公司，两种公司当中现代大型企业都是股份有限公司。大家必须注意，公司是整个国民经济的骨干，在公司当中股份有限公司是最起骨干作用的，它数量不多。为什么？因为有限责任公司的股东有限，比如我们国家现在公司法规定，最多不得超过50人。而股份有限公司呢？它的股东可以成千上万，像美国通用汽车公司的股东有260多万，像我们深圳、上海很多股份有限公司都有好几十万股东，这样它的资本额很大。一个企业的资本额是很重要的，可以给它带来规模。所以，股份有限公司就成了现代大型企业的典型企业形态。我们一讲到大企业，就是指的股份有限公司，而非中国人的大企业概念。中国的大企业通常是指大工厂，其实工厂规模不一定越来越大，特别是新型技术行业的工厂，规模可能很小，但是成千上万的工厂都在一个股份公司当中，这个股份公司就是一个大企业，股份公司内部的工厂不是法人，不是企业，只是个生产单位。所以，中国要建立现代企业还必须克服小农式的生产观念。否则，你就没法搞现代企业制度。股份制企业这个概念在中国是广义的，包含这么几种类型：

第一种是股份合作制企业。股份合作制企业现在也列入股份制企业的范畴，股份合作制主要是在乡镇企业、农村或城乡集体企业当中，股份合作制企业应该说这些年来对国家生产力发展起了很大的作用，对乡镇企业来说未来的生命力还是很强的。当然对这种股份合作制在理论上目前还有不同的看法，有人认为它不是真正的股份制企业，而是一种合作制企业。合作制企业我们50年代就有了，跟现代意识上的股份还是两回事。我认为理论上可以讨论，现实中不要把它排除在股份制企业之外，因为只要有利于社会生产力的发展，我们都应该支持，都应该促进。而且，我相信股份合作制本身也会不断完善、不断发展，所以，不要限于一般的争论、讨论，如小平同志所讲，“搞市场经济不要争论，要实干”。实干的标准是什么？就是小平同志提出来的三个有利于，我想这个是最好的办法，其他没有什么办法。中国在争论上花的时间太多，我们回过头来看，50 年代、60 年代，那个时候报纸整版整版地争论，有什么用呀？结果耽误了时间，现在时间是很紧迫的。股份合作制我们还应该促进，应该扶持，应该指导，使其健康地发展。

第二种是企业内部职工持股的股份制企业。企业内部职工持股的股份制企业本来的目的是要把职工利益跟企业发展紧紧联系在一起。现在在做法上走偏了，所以出了很多问题。最近国家出台一系列的政策准备清理整顿这类企业。像前一段一“包”就灵，一“股”就灵，现在一“现”就灵，也不见得，看你怎么搞，你搞形式走歪了，到时间回过头还得来清理整顿。我是说，内部职工持股可以搞，但是怎么搞，现在确实要好好总结。

第三种就是企业法人之间的相互参股、持股。我们最近也搞了，就是这个企业拿出一部分，那个企业拿出一部分，共同开发一个项目。这起到了一定的作用，也牵涉到很多问题，主要是产权关系。

第四种是有限责任公司。

第五种是股份有限公司。

这五种股份制企业都在试点，其中最基本、最规范的是后面两种，这两种又同国际的公司分类，就是按承担债务责任形式不同来分类，跟建立现代企业制度总的发展方向是一致的。建立现代企业制度，实际上是对股份制企业试点的进一步发展，进一步法制化、规范化。

中国现在有个概念叫作国家独资有限责任公司，简称国家独资公司。搞国家独资有限责任公司的目的是要改变传统的国有企业制度。最主要有两点意义：第一点，就是建立明确的产权关系，要使国家由过去对传统国有企业承担无限责任转变为承担有限责任。传统的国有企业制度的一大缺点就是国家承担无限责任，国有企业亏损了，国家总是给予财政补贴，想法子让它们维持下去。转成国家独资有限责任公司之后，牌子就挂着有限责任，这是第一个意义。第二点，就是改变传统的国有企业的领导制度，建立符合现代公司制度的领导制度。主要是建立董事会，国家试点意见中明确提出了国有企业改变为国家独资公司之后要建立董事会，由董事会来聘任经理。这样就改变了过去政府行政部门直接任命厂长经理的做法，这是一个重大的改变。

国家独资公司这一次已经写入了《公司法》，国外的公司法没有国家独资公司这一说，但是国外也有少数国家独资公司，是按照特例对待的。大家把《公司法》要好好看看，要打算搞现代企业制度，《公司法》是依据，说一千道一万，哪个部门包括政府部门不按《公司法》办事将来都行不通。《公司法》里面很重要的一点是公司的登记注册制度要完善，要取消过去行政审批公司的做法。1986 年我的两个研究生到江西南昌去调查，原来有个领导批条子成立了五个公司，结果这个领导调走了，新上任的领导不承认他这五个公司，又批个条子成立了五个公司。大家听了认为是笑话，可事实就是如此。国家独资公司到底怎么看？现在有不同看法，但它已经写入《公司法》，我们还是要依法做。对公司来说将来主要的大量的是有限责任公司和股份有限公司，也就是说，是多元投资主体，那种单一化的投资主体的现象会越来越少。这是关于公司制度的分类。

五、公司制度的优越性

公司制度的优越性就是现代企业制度的优越性，也可以说现代企业制度的作用。这个优越性可以从两个方面来考察。

1. 从公司资产所有者不同的角度来考察

公司作为法人企业的最大的优越性在于可以向社会集资。我们传统的国有企业有个缺陷，过去都是等待国家的拨款，拨改贷之后，那就是贷款，现在贷款又严格起来了，将来政策性贷款就很少了。建立现代企业制度后，企业的资金可以通过集资筹集。

这里讲的集资两个字的含义是：第一，集资是一种投资行为。第二，集资是自愿的，不是强迫的、命令的。第三，要讲究投资报酬率。所以，集资不同于摊派，不同于募捐，不同于资助，等等，不要混淆也不能混淆。集资是企业资金筹集的一种方式。当然，企业资金筹集也可以借款，不一定集资，贷款也是筹集资金，筹集资金这个概念范围很大，对现代企业来说筹集资金最重要的是应该利用集资这种方式，公司作为法人企业，它的优越性恰恰就在这一点，可以以公司的名义向社会集资。正因如此，现在很多企业争着要搞上市公司，通过上市公司可以把别人的钱、把社会的钱拿过来，变成公司的资本，由公司永远来使用，不必归还。独资企业、合伙企业不能向社会集资，它只能向别人借钱，借钱要归还，且很难借到更多的钱，因为你规模很小，人家不能把那么多钱借给你，还有个信誉问题。

另一个优越性，就是公司作为法人企业，它实行所有权和经营权的分离，所有权归股东，经营权归经理。经理属于专门的经营专家、职业家、企业家这个范畴。中国的经理等同于官员，政府叫干部，企业也叫干部，将来干部这个词要取消，经理不叫干部，也不是干部，经理是个职业，他要靠他的专业知识、专门技能来取得报酬，他的报酬完全取决于这个企业的规模大小、经营状况、个人的才能、承担的风险大小等。

公司制度带来两场革命，一场叫股份革命，一场叫经理革命。股份革命扩大了企业的规模，把社会上的资金通过股份的形式集中到一个企业来。马克思说，因为有了股份公司，所以世界上的铁路才建成了。19世纪第一条铁路，任何一个资本家都建不成，他再大的资本也不够建一条铁路，那怎么办？后来搞了个铁路公司，把别人的钱拿过来建铁路，所以马克思说股份公司带来了世界上第一条铁路，股份公司是生产力的一场革命。经理革命造就了一个经理阶层，使管理真正成为一门科学。过去，独资企业、合伙企业是所有权、经营权合一，独资企业的老板既是所有者，也是管理者，他的脑子里更重视他的资产有多少，不太重视管理，当然管理他也要搞好，因为不搞好他的资产就会减少，但是，跟后来公司里的经理不一样。经理跟股东是分开的，公司的管理效率极高，而管理效率高必须要有专门管理人才。世界上有一个规律，就是生产分工越细，效率就越高。管理上也是这样，形成了一个经理制，专门分工来搞管理，那么效率就高。我认为，中国经理效率要高，必须跟官员分开，这样他才能效率高，要不经理整天按照那个官、那个职位来看待他这个工作，那是当不好这个经理的。所以，我们的厂长，将来级别都要取消，当然这需要有个过程。前一段有的厂长提出看文件要什么待遇，我认为信息要逐步市场化、公开化、商品化，以后就没有更多的内部文件了，厂长经理也不必担心这一条，好像还有什么内部精神，以后都会市场化。当然现在还有，有时还吃点偏饭，以后就没有这个，就靠你的本事，靠你的才能，靠你在市场上的位置，没有别的。

我想，从公司作为法人企业跟独资企业、合伙企业比较来说，主要是这两大优越性。

2. 从公司作为多厂企业同单厂企业的比较来考察

第一个优越性就是极大地提高了专业化协作水平。前面讲到的上海嘉宝照明电器公司就是个例子，如果那四个灯泡厂不联合起来，现在仍然是重复生产。我们的工厂，大家知道都是重复生产，过去叫什么“全能厂”，从铸造、锻造、机加工、装配，一直到修理、工具、模具，万事不求人，一个小小的工厂，包罗万象，专业化水平很低。而且，质量必然也很低。比如中国铸件50%都是废品，为什么？就是浇铸出来质量不高。这样既浪费能源，又浪费原料，还浪费精力等。总之，公司能带来“1+1>2”的社会生产力的效益，如果“1+1<2”就不要成立公司，现在有些企业搞公司就是硬捏，本来两个工厂不愿意，硬捏在一起，结果还抵消了力量，与其这样先不要搞，让它们两个各自去发展，它们自己慢慢就会走这条路。正如前面说的大连甘井子区乡镇企业的合并，就是生产力发展要求这个乡镇企业组成公司。我认为，作为市里领导可以号召，可以讲解，但是不要硬去捏合，我们过去叫什么？叫作“梳辫子”“装口袋”“拉郎配”，这只能起相反的作用。

第二个优越性就是能够实现工商结合、工贸结合、农工商结合。中国的国有企业长期以来是只搞生产，不搞流通；只搞工业，不搞农业；只搞内部贸易，不搞国际贸易。这种分割当然不能怪工厂本身，整个体制就是分割的，而在生产中，工业生产又是单打一。我举个火柴厂的例子，现在火柴厂日子都不好过。过去实行计划分配，火柴都是下指标的，国家计委按每年出生多少人，一个人需要几包火柴来分配下任务，卖得掉卖不掉那是另外一回事，指标就这么下了。这几年一是打火机多了，有了替代火柴的产品。二是乡镇企业火柴厂也上来了，国有企业火柴厂的日子现在都不好过。1993年我到营口火柴厂，该厂好几千人发不出工资，产品单一，吊死在一棵树上。即使一个企业的产品再好，产品单一也很危险，因为市场随时在变化。所以，现代企业制度必须走工商结合、工贸结合、农工商结合这条路。这条路怎么走？必须走公司制这条道路，公司既可以搞工厂，也可以搞农场，还可以搞商店。我着重讲一下以农副产品为原料的工业，应该走农工商结合的道路，这种农工商结合的道路的优越性很多，既节约成本，城市里又可以吃到新鲜东西。我在1986年到汕头大学讲课时有件事对我触动很大。汕头特区当时有两个饲料厂，一个饲料厂是我们内地有名的工厂办的，按照内地的计划经济思路去办。另外一个饲料厂是汕头跟新加坡合资的，这个厂一边盖厂房，一边就去找销售渠道，所以它的饲料一生产出来就卖出去了。而我们内地这个厂单搞生产，等生产出来以后，它的产品尽管质量比另一个厂好，成本也比那个厂低，但是卖不出去，卖出去也卖不到好价钱，这就是吃亏的地方。所以我们实行现代企业制度，必须走工商结合、工贸结合这一条路。

第三个优越性就是能够实现产业资本与金融资本的结合。我们过去的国有企业的资产就是当作资本来孤立对待的，不参与融资活动。当然这不能单纯怪企业，涉及金融体制的改革。但是，现代企业制度要求企业参与融资活动。

第四个优越性就是有利于资源的综合利用。现在人类面临三大问题：第一，人口控制。人如果照这样生下去，最后人类要给自己找很大的麻烦。第二，资源短缺，特别是自然资源。当然我们山西煤炭多、铁多，可煤炭再多总有一天会用完，它不是可以再生出来的，有些资源到了尽头的时候，还必须寻找替代品，想办法来综合利用。过去我们的国有企业是靠国家来安排，现在要自己去找原料、找资源，所以必须要走资源综合利用之路，这就要求企业有雄厚的人力、物力、财力，公司能带来实力，所以它有利于综合利用资源。第三，环境污染。环境问题越来越严峻，特别是山西作为全国能源重化工基地，环境污染是很严重的。人类这三大问题当中，两个问题直接跟企业有关，那么，现代企业制度就是要在解决这两个问题当中发挥它的优越性。从目前来看，公司作为多厂企业，比单厂企业能解决得好一些。

第五个优越性是能带来规模经济效益。规模经济效益是很重要的，我们现在办企业规模效益是很差的，和国外简直无法比。比如我们现在的煤炭，不能长期这样搞下去，必须有规模效益，一是保护资源，二是提高资源利用率。

我们建立现代企业制度的直接目的就是要发挥这五个优越性，如果发挥不了这五个优越性，我想这就走了形式。

六、现代企业制度的建立

现代企业制度的建立主要有三方面的内容。

1. 建立现代企业产权制度

现代企业产权制度怎么建立？对国有企业来说，最主要的就是要明确国有资产的代表，就是股东这个概念，股东就是公司资产的所有者。那么谁是股东？问题在这里，我想，对个人出资的好办，是很明确的，谁出资谁就是股东。对于国有企业来说，因为它是国有资产，那么谁来出资呢？在这里不仅要政企分开，而且要政资分开，这又是一个分开，政企要能够分开必须要能政资分开，政资分开就是政府的行政职能跟国有资产的管理职能要分开，国有资产的管理职能将来要由国有资产专门管理部门来履行，国有资产的中介机构是谁，这是现在正在试点要解决的一个问题。从目前情况来看，集团公司可以作为一种国有资产的中介机构，国有资产由国家委托这个集团公司来经营，这样集团公司就成了国有资产经营的中介机构，还有控股公司和我们现在正要改建的国家独资公司。在哈尔滨的会上，也曾经设想有些国家独资公司可以成为控股公司，也就是独资公司专门来经营国有资产，而不直接经营产品，不直接经营服务。我前面讲的那些公司不外乎是提供物质产品，提供服务。中介机构则不然，将来的国有企业的股东，就是由它们派出，区别于由政府行政机构直接派股东的做法，也是建立现代企业制度正要解决的问题，这就是政资分开。关于国有资产的直接投资，它有权把资产用在这个企业，或者用在那个国有企业，可以是独资的企业，也可以是合资的企业，都由它来安排，它投资在哪个企业就由它来派股东。

然后解决董事的问题。董事跟股东的关系，是一种委托信任关系，就是说股东出于信任，委托这个董事来管理或者实际控制这个资产，不仅国有资产的股东，个人资产的股东、法人资产的股东同样都是这种关系。由股东会或者股东大会选举产生董事，董事实行董事会集体决策制，不实行董事的个人决策制，董事会拥有产权，股东拥有所有权。所以这里引出产权跟所有权这两个概念的关系，其共同点是都是财产权利的表现，所有权是一种财产权利，产权也是一种财产权利，这是共同的表现，都是财产权利，但产权是从所有权当中分离出来的。所有权是指公司资产归属意义上的权利，就是公司资产属于股东所有。产权就是指公司资产的实际控制权、支配权，所以是支配意义上的权利。两者既有区别又有联系，不是说有区别分离出来了就各干各的。所有权可以说是原始的产权，从所有权分离出来的一种派生的所有权命名为“产权”。要注意，有了产权之后，董事会就很重要，因为股东会不能老开，它开完会就闭会了，股东出资以后要关心拥有的资产的好坏，怎么办呢？他出于信任委托董事会来实际支配、控制这个公司资产，这就是产权的实质的含义。但是，它们两者之间又是相互约束的关系，最主要的表现就是股东大会要制定章程来约束董事会的行为，董事会尽管权限很大，可以支配财产，但是它也不能随意地来用公司资产，还有公司章程约束它。公司章程对现代企业制度很重要。过去国有企业没有章程这一说，上级行政首长一句话，就可以改变整个企业的方向。我在北京开会时，有的企业说：“局长叫你企业活，你就活，叫你死，你就死。”这句话不是没有道理的。我们现在就是要改变这种状态，真正从市场出发，按照公司资产实际状况来运用资产，董事会有这个权，但它又不能有无限的权利，还要受到公司资产所有者即股东的约束。产权不明晰的问题不仅国有企业存在，乡镇企业、集体企业同样存在。产权问题要界定，要明确谁的产权，然后进行资产评估。这个问题在国外的企业中是不存在的，现代企业产权明晰是国外建立企业的一个前提条件，在国外如果产权不明晰，是不能建立企业的。我们现在是倒过来了，想通过建立现代企业制度，通过股份制企业的试点来明晰产权关系，这个工作必须做，等于弥补一下前提，我们现在只是为建立现代企业制度创造一个前提条件。

讲到这里我再补充一下现代企业这个概念。现代企业最实质的内容有两个：第一是现代技术；第二是现代管理。我把它们叫作现代企业的两个支柱。产权问题解决之后，看你是不是现代企业，就是看你是否拥有现代技术，是否拥有现代管理，这是最重要的。我们搞现代企业制度，企业要下硬功夫，不是单纯等着政府来给我列入试点，如不列入试点就等于没事了。我看也可以朝着现代企业制度这个方向来发展，尽管你产权还不清晰，但可以在现代企业技术上下点功夫，也可以在现代管理上下点功夫，这本身可以说是更过硬的。即使是明晰产权了，技术水平很低，管理搞不好也不行。我认为，企业在市场经济的面前就是看它的产品是否有市场，是否有消费者。产品竞争的背后是什么？我认为是技术竞争。现在很多企业拿不出很好的产品，质量不高，产品不能换代，老是老产品、老面孔。技术竞争的背后又是人才的竞争。人才竞争的背后是什么呢？包含两方面，一个是教育，一个是管理。人才，我认为最重要的人才是企业家，现在中国有很多政治家、军事家、理论家，就缺少企业家，所以我们的企业办不好。要搞现代企业制度，我认为必须涌现出一大批企业家，企业家能够驾驭现代技术、现代管理，这是硬功夫。所以我想，产权制度虽然现在是中国的一个焦点，很热闹，但是，在这个问题解决的过程中，也不能忽略了这两个方面。

2. 建立现代企业组织制度

我这里想着重讲一下组织机构。组织机构这个概念大家要确立起来，过去企业这个概念很淡薄。组织机构也就是我们讲的领导制度，国外不叫领导制度，法律上也不叫领导制度，公司法叫组织机构。我在八年前写的《工业公司概念》里面就写的组织机构，我就不用领导制度这个词。因为中国一提领导制度就很容易把它拔高，另外，一提领导制度就很敏感，实际上是个组织机构问题。现代企业的组织机构，就是公司组织机构。公司组织机构中最重要的有三个机构：第一，决策机构；第二，执行机构；第三，监督机构。我认为，现代企业制度必须建立和完善这三个机构，实际上就是领导体制，就是领导制度。

第一个机构是决策机构。决策机构最主要有两层：一是所有者的最高决策机构即股东会、股东大会，在有限责任公司叫股东会，股份有限公司叫股东大会，股东会、股东大会就是现代企业的最高决策机构。二是常设决策机构即董事会。这个决策机构有什么特点呢？跟国有企业的决策机构比较，其最大的特点就是现代企业制度当中的决策机构是在企业内部，不是在企业外部。传统的国有企业的决策机构是在政府，政府决定了企业的命运，现代企业制度是企业自己决策自己，这就是企业自主经营的最重要的表现。如果讲了半天自主经营，它不能自己决策自己，就谈不上自主经营，就是空话一句，自己决策首先要有决策机构。第二个特点是集体决策。股东会是集体决策，董事会也是集体决策，董事会不实行个人决策。第三个特点是董事实行任期制。股东拥有所有权，他就有决策权，不拥有所有权，也就没有决策权，所以不拥有所有权的人不能是企业的决策人。董事实行任期制，不实行终身制，按《公司法》规定，董事会每届任期不得超过三年，任期届满连选可连任，保持它的连续性和进步性，使企业稳定、健康地发展。第四个特点是董事的条件必须是具有企业家精神。董事不是官员，也没有行政级别，董事必须具有经营的才能，要有一定的威望，能够打开局面。企业家精神的核心是创新精神，所谓创新精神就是能为企业开拓新局面。开拓新局面包括什么呢？包括开发新产品，开发新技术，开辟新市场，利用新人才。我想这个“四新”应是董事的职能，要善于观察产品的更新换代，善于观察技术变化趋势，善于观察市场变化趋势，善于利用人才，这是担任董事的资格和条件。

第二个机构是执行机构。执行机构是指经理或者是总经理，现在中国好用总经理，经理还不够，还要总一下，国外一般没有这个，经理就是经理，这个经理或者总经理就是执行机构。执行机构有什么特点呢？最重要的特点有四个。

第一个特点，执行机构要跟决策机构分开，这非常重要。为什么要分开？以保证决策的正确性、公正性。另外，分开还有利于执行，执行机构的职能就是执行决策机构的决策，所以是执行机构。

讲到这我顺便讲一下，我们现在的厂长负责制这个提法含义不清，所以毛病很多。中国的厂长大多都是好人，都是有能力的，也想把企业干好，但是这一套机制不行，这个制度不行，这个制度就是厂长负责制。当然应该说对于传统的国有企业而言厂长负责制是个改进。我们这些年厂长负责制的做法五花八门，有的厂长找几个人来商量商量，实际上就是决策一件事，而有的厂长他不找，还有的厂长今天找这个，明天找那个，随意性很大。厂长负责制是决策机构还是执行机构？企业法本身就没有明确，因此企业法要改进。现在有了公司法，实际上就是对企业法的一个改进，也不是说企业法就不搞厂，还要搞，但有了公司法，挂上公司名称的必须按公司法来经营。中国现在是厂长（经理）负责制，实际上将来厂长、经理是两个概念，公司内部也有厂长，这个厂长和我们现在国有企业的厂长完全不是一回事，这个厂长就是专门组织生产的，我们单厂制厂长是法人代表。据我观察，中国的厂长是世界上最难当的厂长，上面要配合政府，底下还得应付职工，夹在中间很辛苦，能力再大也会受到局限。所以体制很重要，正如邓小平同志1978年所说的，一个好的体制，任何人在这里都可以发挥才能，不好的体制，好的人也不能发挥他的才能。我看这话很有道理，所以要改革体制。

现在我们都讲转换经营机制，转了半天经营机制都转不过来。为什么？主要是组织机制没有转换，所以，经营机制的背后由组织机制决定着。从这个意义上来说，我认为组织机制决定了经营机制，组织机制不顺，经营机制是转不过来的。那么组织机制由什么来决定呢？我认为是组织机构，组织机构是极其重要的，有什么机构它就有什么机制，它就办什么事，所以政府职能转变在一定意义上是机构决定的。因为你要设这个机构，它就要办这个事，你说叫它不要办，它不可能整天坐到那里没事干，因此机构是非常重要的。中国过去机构设立的随意性很大，没有法制化，特别是企业机构，所以，我们国有企业搞不好。那么，再回到执行机构上来，执行机构要跟别的机构分开，我们现在的厂长负责制含义不清就分不开，所以很可能它的决策效果不好，执行也受到影响。

第二个特点，执行机构就是经理实行个人负责制，这一条也很重要。决策机构是集体决策，执行要个人负责。这里我强调的是经营、指挥要一元化领导，这又回到领导两个字上来，企业内部的领导要一元化领导，不能多头领导。现在我们国有企业存在什么弊端呢？就是又有中心，又有核心，现在又冒出了重心，这三个心到底是哪个心说了算，国有企业没有解决，结果就相互推诿、相互扯皮。将来建立现代企业制度后，经理就必须实行个人负责制，经理对副经理是领导和被领导关系，这是一元化的指挥系统，经理是管理者、系统者的代表，他要追求管理效率，要对董事会负责。

第三个特点，经理是由董事会聘任的。这里重要的是“聘任”两个字，聘任制区别于选举制，选举制不能用于厂长，而用于政权机构、人民代表，厂长从来不是选举的，经理也不是选举产生的，更不是任命制。传统的国有企业是行政机构直接任命经理、厂长，按照现代企业制度就要改变这个做法，当然，这涉及人事制度的改革，相当复杂，但公司法已经颁布了，经理是由董事会聘任的。聘任制的好处是什么呢？聘任制的最大好处就是要把握经理的条件，而且要竞争。我 1993 年 9 月在中共中央党校主办的《党校论坛》上发了篇文章，提出中国要建立经理人才市场，我们现在有劳务市场、技术市场、产品市场，就是没有经理人才市场。你有才能，你符合经理的条件，你就可以到经理人才市场应聘，公司、企业需要经理就去市场招聘，这样公司就可聘到真正的经理，有才能的经理也能得到充分利用。将来董事会聘任经理要公布条件，包括公布经理的待遇。这样才有利于人才发挥作用，有利于搞好企业。

第四个特点，经理不实行任期制。经理干得好你可以连续干下去，干不好，对不起请你走人，公司不能因为经理干不好而把公司（企业）耽误了，董事会再聘任别人。实践已证明这样做是有好处的，所以经理不实行任期制，也不受年龄的绝对限制。我们现在中国是采取一刀切，不一刀切也没办法，因为相互攀比，为什么我下他不下，他不下要我下，等等。将来就好说了，董事会聘他不聘你，你有才能你可以到另外一个公司应聘，这就解释通了。我们现在的厂长，四年一换，弊端很大，大家都看得出来，短期行为很严重，你再高的觉悟，置身于这个制度当中总会受到限制。

第三个机构是监督机构。建立监事会，主要强调依靠国家法律来监督，依靠公司章程来监督，监督决策机构，监督执行机构。

组织机构是互相补充、互相制约的，也就是说求得企业的自我发展、自我约束。

3. 建立现代企业管理制度

现代企业管理制度是现代企业制度的第三个最重要的内容。现代企业管理制度，要转向市场经济，要改变计划经济下企业的那种管理制度。管理制度，最重要的包括五个方面：生产管理、营销管理、人力资源开发管理、科研与开发管理和财务管理。企业所有的管理工作归纳起来，这五大管理工作是最重要的，我们现在的国有企业中像科研及开发管理几乎没有，人力资源管理十分薄弱，传统的国有企业管理是以生产为中心，实际上现代企业管理中科技的开发越来越重要。

七、现代企业制度的配套改革

现代企业制度的配套改革，就是我们在建立现代企业制度时必须进行的配套改革。当前的配套改革最主要是这几个方面：

1. 法制建设

要立法，当然全国有全国的法律，各个地区也应该有法规。比方说晋城市，我认为我们要通过一些法规形式来规范企业的行为，所以要进行法制建设。

2. 市场体系的完善

资金市场、技术市场、人才市场等各种各样的市场要完善。否则，我前面讲了，无主管企业就搞不了，因为它找不到市场，回过头来它还得去找主管部门，所以，市场体系的完善十分重要。

3. 配套改革

财政、税收、金融这些经济手段的调控的改革要配套，这些调控手段需要，但是要改革。

4. 社会保障制度的建立

我们现在人浮于事，效率不高，要提高效率裁人，裁下来的这些人怎么办？人人都要给出路，总得有碗饭吃，也不能饿着肚子，另外还有社会稳定问题，都没事干也不行。所以，建立社会保障制度越来越重要，社会保障制度的建立，可以避免一些社会犯罪现象，如果说市场经济秩序搞不好，社会保障体系不健全，现代企业制度也搞不了。

5. 政府职能的转变

政府职能的转变包括怎么来加强宏观调控体系和间接管理，这里面包括政府机构的调整和精简。现在看来是势在必行。政府机构有很多有才能的人，但因为这种机构、这种职能不对，他们的才能发挥也受到影响。所以，将来建立现代企业制度要充分发挥各方面的才能。

（原载《关于现代企业制度专题报告》，
政协晋城市二届四次会议材料，1994）

● 我国建立现代企业制度的三个原因

党的十四届三中全会提出要建立现代企业制度，应该说是带有突破性的。那么，怎样建立现代企业制度呢？这是一个大课题。我想就这个问题谈一点意见，取得大家的共识。

建立现代企业制度，是国有企业改革和发展的方向。这是个总题目，我想分几个方面来讲。首先谈谈为什么中国要提出建立现代企业制度。我认为主要有三个原因。

一、建立现代企业制度是由国有企业改革的状况决定的

从 1978 年以来到现在已 15 年了，15 年的改革当中采取的一些措施，应当说在不同的地区、部门取得了一定的成效，这一点是应该肯定的。而且，现在也有一部分国有企业搞得很好，这也是应该肯定的。但是，我们看问题，应当有三个区别，即少数与多数、个别与一般、现象与本质，有些时候我们在如何看待国有企业的改革上不是用少数与多数来区别，而是用少数来概括多数。社会现象很复杂，过去一直没有搞得好的企业吗？不能那么说，还是有的。但是，仅抓少数，给它拔高，这样甚至可以超过美国、日本。但是，多数状况怎么样？不好。亏损面现在是越来越大。另外，一般来说国有企业的基

本要害问题没有解决。所以，我们在观察国有企业的问题时，只有这样，才有可能取得共识。那么国有企业的问题主要表现在什么地方呢？我看主要表现在两个方面。一方面，国有与非国有比较，虽然有发展有前进，但是，是相形见绌的，我认为用这个词比较好一点，确实比不上人家。市场竞争是无情的，这一点说明国有企业的改革没有达到理想的目的。另一方面，国有企业本身存在的问题没有解决。比如低效益、低效率问题依然存在。随着“两则”的贯彻，问题越发暴露出来。所以，国有企业这两方面的问题是不容忽视的。为什么国有企业与非国有企业比相形见绌呢？国有企业的低效益、低效率为什么不能解决呢？我认为，我们在对国有企业改革的措施上有问题。前一段对国有企业改革的措施，主要放在政策的调整和行政的放权这两个方面。政策调整，主要是对国有企业的特殊政策，为了救国有企业而考虑国有企业。再有就是行政放权。这两种措施都是谁在搞呢？主体还是政府。这就没有摆脱计划经济体制的核心问题。政府在搞企业，政府在推动企业。所有这些措施，都没有融入国有企业本身的内部活力机制。这个后果是什么呢？搞而不活，推而不动。现在，改革的重点到了从原来的政策调整、放权，转向制度建设的时候了。就是说，国有企业现在这些制度不行。如果不改革国有企业传统的制度，政府还是用老一套，不行啦。比方说，“拨改贷”，原来想可以收到好的效果，但事与愿违。那么，“贷改投”呢？能否解决这个问题？也解决不了。这是因为思路没有理顺。这里，本质的问题是国有企业本身的积极性调动不起来。既没有压力，也没有动力，更没有活力。所以，我们要对国有企业进行制度上的改革，就是要建立现代企业制度。

二、建立现代企业制度是社会主义市场经济体制的要求

1992 年党的十四大把这个命题提出来，这次党的十四届三中全会又进一步确认。我认为这是一个历史的功劳。但是，社会主义市场

经济究竟是什么内涵，我现在的看法是，是否可以明确，最基本的关系就是两个要素：一是消费者，二是企业。市场是什么，我认为市场就是消费者。这是说得具体点。市场不是地点，它一定要有消费者。所以消费者、顾客、用户就是市场，这是核心。然后，就是企业，企业与消费者之间的关系构成了市场经济的基本经济关系。而这种关系与计划经济的本质区别在什么地方呢？计划经济是消费者围绕企业来转，市场经济是企业围着消费者转。国有企业须围绕消费者来转，而这种转向是企业进入市场后的内在的要求。这就需要有一种制度，一种机制，促使它围着消费者转。这个口号不是政府要喊。政府喊，仍然没有摆脱旧的体制。所以，就造成国务院在检查产品质量，国务院来派检查组。人家外国人感到奇怪，怎么企业自己不关心质量，政府来关心呢？这是体制造成的，不能怪企业。企业不关心，反而来对付政府，请你吃两顿，然后我过关。这在中国的历史上将成为笑话。关系完全颠倒了！我认为，市场经济，一定要讲企业和消费者的关系。政府与企业的关系是第二位的，第一位的是企业与消费者的关系。第二位要服从第一位。没有企业和消费者的关系就没有市场经济，光是企业和政府，市场经济就是空的。

我讲市场经济的基本关系是企业与消费者之间的关系。市场经济体制应当反映这种关系。在讲市场经济体制时，应当把政府加进来。市场经济体制我认为最主要的是处理好消费者、企业、政府之间的关系。这三者，我把它们叫作三大利益集团。消费者、企业、政府各是一个利益集团，应当看到这一点。消费者利益集团的利益非常明确，它要保护自己。这是生产力标准的具体化。当然，这个消费包括生活消费和生产消费。我认为，我们必须搞清楚这个关系才能搞市场经济。那么三大利益集团的关系是什么呢？这就是，企业围绕消费者转，政府围绕企业转，政府也要围绕消费者转。政府要围绕这两个转。那么，政府总的角色是什么，它的作用是什么？我认为第一个作用是保护消费者的利益；第二个作用是维护企业的正常发展，建立符合市场经济规律的法规。你出了问题，我用法律来制裁你，或用经济手段来惩罚你。我不直接管你，我让你去表演。过去在保护消费者利益这点上政府的力度不够。所以，现在市场上问题很多，我把它归纳为八个字：假冒伪劣，坑蒙拐骗。坑谁害谁呢？坑消费者，当然也骗其他企业，相互骗。当然市场经济必然要冒出这个，那么，政府的法律、政府的经济手段就要治这八个字，这就是政府的第一个角色。第二，促进企业的健康发展。怎么健康发展，这是一个很大的问题。第三，协调企业和消费者之间的关系。我认为政府在经济管理方面的角色，主要就是这三个。围着企业和消费者转，为它服务。这种服务概念，包括指导、控制、监督、检查。不是靠派代表团检查质量，而是要靠各种手段来检查，看你是不是达到了规定，不符合规定，我就惩罚。我们现在的国有企业与市场经济的要求是格格不入的。所以建立现代企业制度是社会主义市场经济体制的根本要求，社会主义市场经济必须有一种企业制度与它相适应。

三、建立现代企业制度是恢复我国关贸总协定缔约国地位的需要

不要小看恢复我国关贸总协定缔约国地位，一旦恢复了，我们国有企业暴露出来的问题会更严重。一旦“复关”，海南的特殊政策慢慢就不特殊了，内地也要实行这些政策，国有企业这一套就更不适应了。为什么？因为国外市场经济发达的国家都实行现代企业制度。这是一套有活力的企业制度，你这一套跟人家无法竞争，甚至打交道都很难。关贸总协定就是最典型的市场经济的条例。应当按那个 38 条一条一条来对照。国有企业就应该按这个标准来进行改革、改造。现在就要对照着改革、改造，不要等恢复了再手忙脚乱。现在讨论“复关”，中国企业的心态是希望列入被保护之列。等着保护，等着政策倾斜，等着优惠政策。不列入保护对象，我就没办法。党的十四大为

什么要提出搞市场经济，很大的因素就是考虑到国际市场竞争。人家不是看你是不是宣布是市场经济的国家。我们宣布了这四个字，可以说是政府承诺了，但是企业有没有作出承诺呢？“复关”迫使国有企业必须作出承诺，而且要身体力行地去做。这样我们才能打入国际市场。现在有些企业还在市场外面打转转。时至今日，已不能徘徊犹豫了。我认为“复关”对我们国有企业来说是一个严峻的考验。

（本文系作者在全国国有大中型企业怎样走向市场研讨会上发言的节录，本刊做了删节。）

（原载《改革月报》，1994（4））

● 现代企业制度与政府职能

一、现代企业制度是市场经济体制的基本成分

我国改革的目标是建立社会主义市场经济体制。根据多年来对发达国家和对我国改革开放以来所遇到的问题的研究，我认为，要特别重视市场经济体制的三个成分。

1. 消费者

消费者是市场经济体制的首要成分。无论是企业还是政府，都必须一切从消费者出发，对消费者负责。消费者作为社会生产力的需求者，代表了社会生产力发展的方向。满足消费者的需求，在一定意义上就是适应社会生产力发展的要求。离开了消费者这个社会生产力的前提，我们的企业、政府就失去了方向。

2. 企业

企业这一术语，在市场经济和计划经济条件下具有完全不同的含义。什么是真正的企业？我认为有两个标志：

（1）还权给企业。“扩权”“放权”的提法在改革初期有进步意义，今天已落后了。扩权、放权概念的主体仍是政府。市场经济应站在企业角度看企业，而不是站在政府角度看企业。不解决这个问题，企业

只能是政府的附属物。还权给企业，这个权是指企业必须具有的，否则就不能称其为企业。企业必须有的权包括：1）产品决定权。企业生产什么产品，在什么地点生产，什么时间生产，用什么方法生产等，这些基本上应由企业自己来决定。2）产品销售权。产品生产出来后，销售给谁（包括国内市场和国际市场），通过什么渠道和何种方式销售（也包括用什么价格来销售），应由企业决定。销售权的关键是价格权，没有价格权，企业的自负盈亏就是一句空话。3）人事权。没有人事权，企业就不是真正的企业。4）分配权。即企业税后利润的分配权。税后利润的分配大致可分为三块：一是公积金，用于扩大再生产，实际是企业的投资权；二是公益金，用于增加企业职工福利；三是股东分红。应破除企业上缴利润的概念。即使是国有资产，也应该按照国有资产在这个企业中的比例进行分红。但这个分红，必须分给国有资产投资主体，企业不能变相处理。作为市场经济体制下的企业，上述四项权力缺一不可。

（2）建立起约束机制和激励机制。首先，企业要有激励机制，这是企业的活力和生命力。企业要追求自己的扩大发展，从小到大，从弱到强。其次，企业要有约束机制。约束机制和激励机制是一个机制的两个方面，相辅相成，两者都应是企业的内在要求，而非政府要求企业怎样，政府激励企业去做。股东拥有所有权，企业法人拥有税后利润的分配权，这是一种既有激励又有约束的有效机制。用这两个标准来衡量，显然我们的企业差距很大。另外，真正的企业不见得就具有竞争力。所以说，建立现代企业制度面临着两个任务：一是使我们的企业回归到真正的企业；二是要使企业具有竞争力。我认为，企业具有竞争力的标志有如下几个：1）经营绩效佳。企业经营有业绩就能生存。2）用户满意。如果用户不满意，当出现新的竞争者时，企业就会垮台。3）员工效率高。效率能带来效益，这是企业的生命线。4）创新精神。一个企业要生存发展，必须具备创新精神，能够启用新人才，不断开发利用新技术、新工艺，生产新产品，占领新市场。

3. 政府

政府是市场经济体制不可缺少的成分。在市场经济中，消费者是第一位的成分，企业是基本成分，企业与消费者是供求关系，两者共同构成市场经济的基本关系。市场经济的基本规律就是供求关系规律。研究供求关系的规律是企业的基本任务。市场经济体制不是无政府的体制，但市场经济体制下的政府也不是计划经济体制下的政府。由计划经济到市场经济，同样是“政府”一词，但含义发生了变化，我们称之为政府职能的转变。我认为，改革开放已经十多年了，现在只提政府职能的转变远远不够，政府职能转变滞后的深层问题是政府机构改革。市场经济的三个成分都应予以重视，这三个成分就是三大利益集团。消费者包括生活资料的消费者和生产资料的消费者，消费者购买产品，接受服务，都是为了自身的利益。如果没有利益的驱动，消费者是不会去消费这个产品的。同时，政府也是个利益集团，在中国这样讲不容易理解，但在国外是公开承认的。我认为，不讲清楚这个问题，政企是难以分开的。政府代表企业的利益，那还怎么能够政企分开！消费者、企业、政府是三大利益集团。在这三大利益集团的关系中，从长远来说，企业与消费者的利益集团关系是最基本的利益关系。企业有了消费者就能生存发展，企业与消费者的利益关系构成了市场经济体制下永久性的利益关系。随着中国市场经济体制的建立和完善，企业与消费者的利益关系会越来越重要。另一层关系是企业与政府的关系。我们也须从两方面来看。首先，从市场经济的本来含义来看，应该说企业向政府交税以后，不再跟政府发生更多的直接利益关系，企业与政府的利益关系就表现在交税，市场经济体制的标志就在这里。这是从长远来看。其次，从眼前来看，特别是从中国现阶段来看，企业与政府还有错综复杂、千丝万缕的利益关系，这种利益关系在计划经济体制向市场经济体制转轨时期难以完全消除，构成了改革的一个难点。如何处理政府与企业的利益关系，我认为主要存在两个难点：一是扫除思维障碍，变革旧观念。在以往的观念中，政府代表了全国人民的利益，当然也代表了企业的利益，企业搞不好，政府当然要管。我认为，这个观念要变革。政府、企业是两个利益集团，各自有各自的利益。现在有些用语不当，如“搞活企业”，谁来搞活企业？政府来搞活？我们搞了18年都未搞活，就是因为是政府来办企业，不是企业办企业，企业自己缺乏内在要求。对于建立现代企业制度，目前许多企业并没有积极性，这很可能使现代企业制度走过场。因此，关键的问题是要建立起有效的企业内在机制，使企业具有内在利益的驱动。二是调整利益关系。政府与企业既然是利益关系，就需要调整。政府与企业的关系在一定意义上是权力的再分配、利益的再调整。如果不解决这个认识问题，就仍然是政府来办企业，而不是企业办企业。这是我们实现政企分开的理论基础和思想武器。

二、现代企业制度对政府职能的要求

职能即工作之意。由此来看，政府职能含义广泛。在此，仅从建立现代企业制度来谈对政府职能的要求，即在建立现代企业制度过程中政府要做哪些事。政府职能的现状是，该做的事没有做，或者是没有做好，而不该做的事又大量地、习惯性地做了。现在政府做的很多事情都是几十年计划经济体制下延续下来的。建立现代企业制度，政府到底应该做些什么？根据多年的研究，我认为，主要有如下方面。

（1）政府要维护消费者的利益，这是政府的首要职能。当前，我国市场存在的问题归纳起来八个字：假冒伪劣，坑蒙拐骗。其直接的受害者是消费者。这里，消费者是广义的，企业作为消费者也可能是受害者，政府本身也可能是受害者。在假冒伪劣、坑蒙拐骗的环境中，只要你采取消费行为，就有可能受害，要么是金钱受害，要么是财产受害，要么是人身安全受害。政府对消费者利益的维护远未达到应该达到的要求，这叫打击力度不够。据我调查，现在不仅是打击力度不够，还有某些地方政府搞地方保护主义进行“假打”。这种现象不消除，政府能做什么呢？能够把企业引导到哪个方向呢？这种有组织的做假，能够带来地方利益，你能说政府不是利益集团吗？云南玉溪烟厂的同志曾对我讲，市场上的红塔山香烟，有些地方是假的。去年，他们厂花了4 000万元打假，结果是越打越多，主要是一些地方保护主义在作怪。今年他们准备花1亿元来打假。消费者受到损害无处控告，控告没有下落，此类案件越来越多，这主要是因为没有引起政府的足够重视和注意，是政府失职的一种表现。

（2）政府要维护企业的合法利益。企业是追求利润的集团。出于追求利润的动机，它也可能损害消费者的利益，这就属于违法。维护企业合法利益的一个重要内容就是正确处理好政府与企业的利益关系。这个矛盾的主要方面在政府。政府应该维护企业的合法利益，如果政府损害了企业的合法利益，企业就会通过非法的渠道来获得它应该获得的利益，如此下去，整个社会就会失去秩序。市场经济讲究规则，按规则获得的利益应该受到保护，而不按规则获得的利益应该受到打击。

（3）政府要协调消费者与企业之间的利益冲突。企业应维护消费者的利益。有些企业损害了消费者的利益，就需要政府出来解决这个问题。这里讲的政府，已不是传统意义上的主管部门，因为在市场经济下，它已经失去了协调企业与消费者利益的能力。应该有一种新的政府形态来维护、协调企业与消费者的利益关系。

（4）政府要协调企业与企业之间的利益冲突。企业在市场竞争中主要面对两类人物：一是消费者；二是竞争者。企业为获得自身的利益，可能会损害竞争者的利益。这时，政府的职能就在于协调企业与企业之间的利益冲突，主要是维护市场公平、公正、公开的竞争秩序，政府只做裁判而不介入企业的利益。当企业之间发生利益冲突时，政府必须站出来说话。比如，企业做广告时如果损害了其他企业的利益，政府就应严肃、有力地解决这个问题。

（5）要健全和完善社会公益事业和社会中介组织。社会公益事业是非营利性的，包括教育、文化、医疗、公共设施、道路、市政建设等，这些事情不应要求企业去做，应该主要由政府来做。社会中介组织，包括会计师事务所、律师事务所，还有各种民间行业协会的协调组织，属于社会中介机构，它既不是政府也不是企业。总体来讲，市场解决不了的问题，企业和行业协会不能做的事，应由政府来解决或承担。

（6）政府通过法律手段和宏观调控手段指导企业健康发展。企业毕竟是企业，不可能都站在国家的角度来看待国家利益，站在国家的角度来看待国家利益是政府的事。企业能追求它的利润、利益，但不能违法。政府应该引导企业健康发展，或者叫间接管理，国外叫管制，管制就是间接管理。政府既不直接对企业指手画脚，也不撒手不管。其根本界限在于政府是通过法律手段和宏观调控手段来引导企业的健康发展，而不是任其自流。

关于法律手段，应解决如下问题：（1）要确立市场经济的法制观念，加强法制建设，完善法律体系。从总体来讲，加强法制建设，一是要废除那种所谓政策性的习惯做法，建立公平、公正、公开的市场竞争秩序。以往解决企业问题靠给予优惠政策，采取政策调整，这种做法在某种情况下是可以的，但从全局来看，不符合市场经济体制的要求；二是要建立平等、等价、自愿、诚实、信用的市场行为规则。（2）立法机构和执法机构应分开。立法机构要反映整个社会、市场经济的利益，不应受政府具体行为的左右。执法机构要坚决贯彻执行法律，任何部门、任何官员都要贯彻法律。目前中国在此方面存在的问题，一是有些法律，如维护消费者的法律缺乏；二是执法不力。如果政府执法不力，那么法律制定得再多也无用。

改善法制环境，大力加强法制建设。与企业直接有关的法律有：（1）保护消费者利益的法律。其中关于食品和药品的法律应该格外严格，目前中国这方面的法律很不严格。我认为，县以上的政府应设立消费者保护机构，接受和处理消费者的投诉。现在仅靠民间机构是不够的，这属于政府的职能。现在政府机构该有的机构没有，不该有的却大量存在，致使各种名目的检查、评比太多。而消费者利益受到损害却投诉无门，政府有责任对损害消费者利益的事一查到底，狠狠打击。（2）禁止垄断，维护平等竞争的法律。我们应通过法律防止大公司、大企业垄断市场，垄断价格，瓜分市场，强迫消费者接受搭配销售等，保护企业之间公平、合理的竞争。垄断会产生落后和腐败，但规模经济还是必需的。我们现在两方面都存在问题，规模经济没有形成，竞争也没有充分显示出来，行政垄断代替了规模效益，弊端很多。（3）环境保护的法律。（4）职业规范的法律。对于涉及消费者利益的职业必须进行直接的规范，对于特殊职业应有严格的从业要求，如律师、会计师、医生、护士、药剂师、厨师、食品加工人员等。（5）保护职工权益不受损害的法律。

关于宏观调控手段，政府应掌握运用好六项手段：（1）财政手段。主要是建立健全税收体系，运用税率杠杆指导企业健康发展。（2）货币手段。主要是运用利率、汇率及公开市场业务，协调货币政策与财政政策。为此，须加快金融体制改革，建立起银行的自我约束机制。其改革内容主要包括：一是加快银行商业化的步伐；二是实现利率市场化、公平贷款，打破所有制、地区、行业界限；三是实现专业银行股份化，扩大银行资本金来源；四是大力发展非银行的金融机构；五是实现银行行为的法律化，杜绝银行利用信贷资金炒股票，搞房地产。政府在这些方面做得还不够。在我国，银行商业化的最大障碍是现代企业制度未建立起来，国有企业对银行的依赖性大，国有企业改革不到位，企业大量占用银行的资金，利息、本金难以偿还，造成银行大量的坏账、呆账。因此，要使银行商业化，必须加快国有企业改革，尽快摆脱国有企业对银行的这种依赖性。同时，政府应转变职能，不能直接为企业搞贷款。银行最怕政府去现场办公，现场政府官员一句话，银行就得给企业贷款。应杜绝为企业向银行提出无息、减息甚至免还贷款要求的干预行为。另外，银行的机制要转变。（3）采购手段。国家的财政支出也是一种消费行为，在很大程度上影响企业行为。因此，从这个意义上说，政府应建立起有效的国家采购体系，这是政府调节企业行为的重要手段。它主要有两方面内容：一是政府办公用品的采购，包括自动化设施、纸张、文具等，应通过一种责任制来进行，而不是采取像现在靠发红头文件、控制集团购买力等效果不大的做法。二是军用物品的采购，政府应与企业签订合同订货，这样既有利于军工企业提高效率，明确责任，也有利于明确政府的责任。军费支出是国家财政支出的很大一部分，只有通过建立国家采购体系，实行订货制度，才能提高效率和效益。国家采购体系已被国外发达国家证明是一种有效的调控手段。（4）农业援助体系。世界上几乎所有市场经济发达的国家都对农业采取特殊的政策。我国尽管一直强调农业的基础地位及重要作用，但并未真正按其规律性来解决农业问题。农业具有两个重要特点：一是农业作为产业，其资本的有机构成低于工业，农产品价格变化的速度要比工业品快，农产品在与工业品的交换过程中总是处于一种不能获得平均利润的劣势地位；二是农产品是生活必需品，是工业原料的重要来源，农业是人类生存不可缺少的部门。由于农业具有这两个特点，因此应给予农业补贴、补助，建立一套有效的农业补贴体系，这是一种相当重要的宏观调控手段。（5）维护社会公平。市场功能着眼于效率、利润，市场只能解决追求效益最大化的问题，而无法解决社会公平的问题。在市场中，可能有人一夜之间发财，但也可能有人长期处于贫困之中，市场会带来贫富差别，甚至两极分化，政府有责任维护社会公平，这是政府的一个重要职能。这涉及效率与公平的问题。个人报酬体现效率，政府可通过个人所得税缩小差别。建立和完善社会保障体系是政府极其重要的职能。（6）维护社会治安。维护企业的正常运行，维护消费者的正当利益，必须要有良好的社会治安状况，它不是靠一时“严打”能解决的，而要形成一种持久有效的手段和法制环境。

三、现代企业制度的基本内容

现代企业制度有三个基本内容：第一，现代企业产权制度。现代企业产权制度就是要解决国有企业产权不清的问题，实现产权清晰。第二，现代企业组织制度。现代企业组织制度就是要解决国有企业内部权责不明的问题，实现权责明确。第三，现代企业管理制度。现代企业管理制度就是要解决国有企业管理落后的问题，实现管理科学。建立现代企业制度必须从这三个方面入手。

产权明晰、权责明确、管理科学这三方面内容之间的关系可用 16 个字概括：相互补充、相互联系、缺一不可、统一整体。

产权明晰、权责明确、管理科学三者与政企分开的关系：政企分开是三者的前提和基础；政企分开具体表现在这三个方面。

当前政企分开的难点，就是建立现代企业制度的难点。现代企业制度的三个方面都有各自的难点。其中最大的难点是产权不清晰，当前的焦点是国有资产的投资主体不明确。在计划经济体制下是国有企业老板缺位，现在是都争当老板。而争当老板的着眼点又在于抓住国有资产权力，却不承担对国有资产的责任。任何权力都必须受到约束。不能只有权力而没有责任。不受约束的权力会导致腐败。这种争当老板的现象，正表明产权不清，清晰了就不用争了。具体讲，主要矛盾是国家控股公司与大型企业集团争当国有资产的投资主体，争当老板。这一矛盾的解决，就要靠政企分开。问题是否真正得到了解决，最终要看是否有利于国有资产的更好利用，是否有利于企业的发展。国有资产投资主体尚不明确，构成产权不清的焦点、难点。政企不分表现为政资不分，因此，政企分开必须政资分开。明确国有资产投资主体，主要是处理好股东与企业法人的关系，建立规范的公司法人治理结构。政企分开的第二个难点是权责不明确。其焦点是企业人事制度的改革。按照现代企业制度的要求，由股东大会选举董事组成董事会，董事会聘任经理，实际上意味着取消任命制。我们传统的人事制度是任命制。如何用聘任制取代任命制，是人事制度改革必须解决的一个问题。企业没有行政级别，企业人事管理也不套用政府官员的行政级别，否则，弊端很多。第三个难点是管理不科学。管理科学的标准是什么？我们可以看到一种现象，许多国有企业过去被评为先进企业，现在却成为亏损大户，形成一种巨大的反差。如果说管理得好，为什么经不起市场经济的考验？我认为，管理制度最基本的内容，就是要面向市场，面向消费者，对市场、对消费者负责，而过去企业只对政府负责。因此，管理科学面临制度性的转变，这本身就是政企分开的具体表现。企业内部管理的事政府不要涉及。政企分开，重点在分，难点在政。总之，我认为，这三个难点解决了，政企就真正分开了。

（原载中国行政管理学会编：《建立现代企业制度与政府管理现代化》，北京，知识出版社，1996）

● 通过制度创新实现持续发展

企业制度始终困扰着企业发展

今天我们企业面临的形势与八九十年代不一样，最重要的不同在于企业必须重视制度建设，这是中国企业没有解决的一个共性问题。现在人们提的比较多的是国有企业改革问题，但实际上今天中国市场经济体制的改革，不仅国有企业面临改革的任务，其他各类企业也是如此，即所有企业都面临新的任务。国有企业原有的那套制度拿到今天来显然不行，需要进行制度创新；个体、私人企业也不能再像当初刚成立时那样光凭个人说了算，光凭热情就能办得好；乡镇企业也不是初期的状况了；“三资”企业也不再是把外资拿进来就能办好；有的企业搞了股份合作制改造，仍面临下一步如何发展的问题，企业改革并不是一股就灵的。所以现在我越发觉得各企业都面临着共同的课题——企业制度建设。

处理好人治与法治的关系

可以说，当今中国各企业从总体来说还停留在人治状况，中国企业的关键问题是要完成从人治到法治的转变，这样才能适应市场经济体制的要求。我们现在的市场还存在大量的人治现象，处于无序状态，因此要从计划经济体制下走出来建立市场经济，必须从人治转向法治，从无序转向有序。计划经济体制表面上好像有计划安排，实际上是无序的，因为那种计划是形式主义的，不能反映客观规律，实际上仍然是人治。我们的国有企业之所以在今天面临这样大的困难，就是没有建立适应当代市场经济体制的企业制度。

要解决制度与人的关系

企业老总的主要任务之一就是要进行企业制度的建设，但是在企业制度建设中如何处理好制度与人的关系是一个棘手的课题。我们强调制度不是说人不重要，强调以人为本的管理也不等于制度不重要。恰恰相反，人本管理需要在科学的制度的前提下来发挥人的作用。人是社会中最活跃的因素和最重要的因素，也是最麻烦的因素和最复杂的因素；而且人是最没有规则的，因为人有思想。人与制度的关系是摆在我们企业面前的两大难题，强调人的时候忽略了制度，而强调制度时又把人捆得死死的。实际上，制度与人的关系融合在企业管理的每一件事当中。就是说每一件事既要有个制度、有个规则，又要发挥人的作用。人不是在制度之外，超越制度随意地去做，可能会取得一时的成功，但不能持久。我们很多企业就是在位的老总一走就垮了，原因就是没有制度，过去的成功不能通过有效的制度延续下去。有人认为这是市场经济初级阶段不可避免的，但我认为时间不能拖得太长。我们应该尽量缩短从无序到有序、从人治到法治的过程，推进市场经济体制的建设，这样在进入 21 世纪的时候才能有我们的一席之地。

企业制度建设包括三个部分：企业产权和股权制度；企业组织制

度；企业管理制度。

企业产权和股权制度是企业的首要制度

企业产权制度是为了解决好企业的财产关系。过去我们过分地强调国有和私有财产在所有制上的不同，其实不论是什么所有制的财产都有社会责任，即都要对财产负责，并且要用它产生出更有效、更多的财产。我们现在强调公有制财产应该得到爱护，应该保值增值，这是对的；难道个人财产就不应该得到爱护，不应该保值增值吗？我想也应该。从这个意义上说，我认为党的十五大的伟大功绩就在于把公有制和非公有制放到了同等重要的地位，当然如何来立法和保证，这是下一步要解决的问题。

中国的宪法现在只有“公有财产是神圣不可侵犯的”这样一句话，个人财产如何对待至今没有解决。但党的十五大有一句话，“非公有制经济是社会主义市场经济的组成部分”，明确非公有制不再是补充、不再是异己力量了。我们把公有制或非公有制财产利用好，应该说都对中国社会生产力发展有利。下一步，我感觉应该从法律上，包括宪法上，明确个人财产的法律地位。我们要从社会制度上保护私人财产的法律地位，以吸引私人再投资，否则投资就可能会转移到国外去，或转移到非理性消费上。当前的这种企业财产制度，不可能有很好的管理动力。

一个好的财产制度最重要的一是要有责任制，二是要实行股份制，使资本社会化。

今天国外的大公司，比如松下，就是由早期的个人资本、家族资本发展起来的。松下成立于 1918 年，原来是财产非常少的私人企业、家族企业，经过 80 年的发展，它现在拥有雄厚的财产，但已经社会化了，松下幸之助 1989 年去世时，他个人的财产只占松下公司总资产的 0.01%。在我们现在看来，它仍是私有制，但已经不是早期那种个人资本、家族资本的私有制了，而是经过社会化、实行股份制后的私有制。

现在的资本主义已经不像 100 年前那样面临困境，反而具有很大的活力和生命力。是什么挽救了资本主义，我认为有两个因素：

第一是股份制，资本主义经济通过股份制使它早期的个人资本、私人资本、家族资本实现了社会化，这种社会化的资本（或者说是资本的社会化）与社会化大生产相适应。也就是说，资本主义经济调整了自己的生产关系，使得它的生产关系与生产力发展——社会化大生产相适应，因而具有了生命力。股份制可以救活资本主义经济，同样可以救活社会主义经济，因为股份制本身是中性的，它不姓“社”也不姓“资”，不姓“公”也不姓“私”。可以说党的十五大思想解放的突破点就是在对公与私的认识上取得的。因此，只要是在中国这块土地上的财产都应该使它保值增值，这对社会生产力的发展有利。这是关于市场经济发展的第一个因素。

资本主义能够进一步发展的第二个因素是高科技。资本主义经济能够把先进的科技及时转化为商品，通过出售商品赚钱，而赚来的利润又能用来搞科技开发，使科技水平跃上新台阶，新的科技又能给它带来新产品，新产品又能开拓市场，又能赚新的钱。这样就形成了一个科技与商品之间的良性循环机制，这种机制恰恰是生产力发展的内在要求。中国到今天才认识到科技是第一生产力，认识到这一点是一个进步，但是至今没有解决如何使科技转化为产品的问题。我们说科技是第一生产力，还有句口号叫“科教兴国”，但根本问题在于科技如何转化为生产力。科技转化为生产力的关键首先体现在企业，企业要有这个条件和动力才行，否则仍然是科技与生产两张皮。80 年代初我在国外考察了两年多，国外的企业、公司，既是生产基地更是科研基地——特别是应用研究和开发研究的基地，这给我留下了深刻的印象。反过来看中国的企业概念就是生产管理，只搞生产不搞科研，认为科研是科研机构的事，企业的科技进步则大量靠引进而缺乏自我开发，其背后根本的原因是我们的科技成果转化缺少制度支持，企业没有科技创新的机制。

以上这两条对我们都很有启发。财产要有责任制，不是只有私有制才需要明确的责任制，公有制也要有明确的责任制。现在中国的国有财产就没有责任制，无人负责，全民财产人人有份人人又没份，因此有人说公有财产是无主所有制。政府部门都去干预企业财产，结果企业没有责任，政府也没有责任，根源就是产权制度问题。我们现在就是要强调企业建立财产制度是很重要的，它是前提和基础。任何类型的企业都要有明确的财产产权制度。任何时候企业都不能忘记，必须不断明确财产关系，建立起非常有效的产权制度，使自身的财产创造出更多的价值、更多的财富。这是财产制度要解决的问题。我认为以后对企业要淡化所有制的概念，不要过分强调按所有制对企业进行划分。在市场经济体制面前，不论哪一类所有制的企业，在市场财产竞争面前都是一样的。同样的财产，怎样用得更好，是评价企业对社会的贡献大小的依据，任何企业都要在社会生产力的发展面前经受考验。所以说关键不是企业本身的所有制，而是任何所有制的企业都应该建立起财产制度，它是企业一系列制度的基础，是企业的第一个制度。

企业产权制度的实质不仅是归谁所有的问题，我把它归结为两条：一要有责任制；二要社会化。社会化又是建立在责任制基础上的社会化。

企业组织制度在于解决分工与协调的问题

企业是个组织，所以企业组织制度很重要。它要解决的基本问题是企业内部的分工与协调关系。组织制度只有两个内容：一是分工制度；二是协调制度。

先说分工制度。企业内部分工有两种：第一，个人分工，每个人都要有明确的责任、明确的分工；第二，企业内部单位的分工，可以是大单位也可以是小单位，小到班组、车间，大到工厂，目的是明确责任、提高效率。企业内部如果没有明确的责任，假如一件事甲可以干，乙也可以干，这件事肯定没有人干，只有在明确责任的基础上才能提高效率。效率来自两方面：一是分工的专业化，分工就意味着他专门干这件事，促使他对此加以专业化、加以思考，以提高效率；二是明确责任，就是说，他就是做这件事，如果没有做好就是他的责任。如果一个企业不敢进行明确的分工，那是很难办好的。

第二个是协调制度。所谓协调是指在分工基础上的协调。协调与分工的关系是先有分工，后有协调。分工是基础，但必须有协调。没有协调，分工就等于分家、等于分裂、等于瓦解。分工与协调是组织制度同一过程的两个方面，是同时存在的，谈不上何者更重要。分工协调就如同一只手的两面，你说是手心重要还是手背重要？显然，这是一个问题的两个方面，缺一不可。当然在一定时期，工作上会有一定的侧重，但同时不要忽略另外一面。与分工相对应，协调有两种。第一是个人之间的协调。比如，上下工序之间要协调好，做好上下沟通。第二是单位之间的协调。比如科室之间、车间之间、班组之间要协调好。协调的目的是形成企业整体的组织力量，提高企业整体的组织效益。通俗地说是要形成拳头，打入市场、占领市场。如果每个人的力量很强，但形不成组织力量是不行的，仍然涣散无力。中国人和单位这样多，必然会有瓶颈，一旦遇到瓶颈，尽管个体的效率很高，但整体的效率很低。

组织制度的关键是增强企业的凝聚力。企业办得好坏有两个最重要的标志，即外部有竞争力，内部有凝聚力。但有的企业在这方面反过来了，内部搞内耗，高喊把市场竞争机制引入企业内部。这种口号看起来很有力，实际表现出不懂起码的企业知识，不知道企业与市场有何不同。之所以需要有企业，就是为了降低要素的交易成本，把资源和成员都集中在一个企业的内部，从而减少交易费用，提高竞争力。如果企业内部不加区别地引入竞争机制，就会增加交易费用，加大组织成本。现在中国企业的内耗已经很严重，小企业有，大企业更甚。因此，把市场竞争引入企业内部的提法不科学。当然，其含义如果是调动内部各单位的积极性，发挥职能部门的主动性是可以的，但这与外部市场竞争机制完全不同，不能混淆。作为企业的高层领导，在这一点上必须非常清楚。

管理制度在于使企业走向有序

企业管理制度是为了使企业内部各项管理工作形成制度化的管理。我最近参加了几个活动，给我的感觉是科学管理在中国当前最重要的是：第一，制度管理；第二，有序管理。要改变我们企业管理工作中的随意性做法，使管理制度化成为摆在今天企业管理工作中的首要任务。所谓科学，就是针对你的企业的制度化管理。

我国推行质量管理就是一个明显的例子。我国从 80 年代起就讲质量，强调全面质量管理，但中国的三大质量——产品质量、工程质量、服务质量，我认为都不能令人满意，按照市场竞争的要求，差距还很大。中国推广质量管理的方法是任何一个国家都比不了的，是由政府出面来推广，这样做有一点效果，但并没有解决中国的质量问题。你可以强调质量管理很重要，可以推广一些管理方法，也可以制定各种各样的标准，但具体到某个企业，关键是企业要有自己的质量管理制度，这不是政府行为可以替代的。

各项管理工作、管理方法要改进，但最重要的是我们的管理工作要从现在的无序状态转为有序。假冒伪劣能赚钱，但只是暂时的，很快就会垮掉。我们企业赚钱必须建立在有序的基础上，必须使内部每个职工都知道应该怎样做。市场经济讲究诚实，但我们现在以为市场经济就是互相欺骗，就可以说话不算数，这不利于市场经济的进一步发展。

总体来说，企业制度建设就是这三部分，即企业产权制度、组织制度、管理制度。企业制度的这三部分是相互联系、相互补充、缺一不可、统一整体的关系。

产权制度是重要的，但是建立了产权制度不等于企业就能办好。我见到有一个国有企业改为股份合作制了，财产清理了，职工都是股东了。开始大家很高兴，但是接下来碰到选不出厂长的问题，谁也不服谁，后来当地政府给派了一个，他们又不接受，给顶回去了，反而使企业处于真空状态。究其原因就是组织问题没有解决。我不太赞成厂长、经理都用选举的办法，因为这与选举权力机构完全是两回事，职工代表可以选举，把老好人选出来谁都赞成，对于厂长，我认为合适的方法是招聘制度。

解决了厂长、经理的选举问题，只是组织问题解决了，还有一个管理的问题需要解决。但是组织管理又需要以产权制度、比较清晰的财产制度为基础。如果财产制度一片混乱，组织制度、管理制度也就没有基础。组织制度是财产制度的保证，管理制度是财产制度的具体运作，通过管理工作才能使财产保值增值。

如何解决企业的集权和分权

良好的企业组织结构既能使组织集中、统一，又能保持个体的主动性和创造性。企业组织结构指的是企业内部由哪些部分构成，以及这些部分之间的相互关系。一个企业的组织结构是否合理，最重要的有两个标志：第一是企业内部各个部分的积极性、主动性、创造性是否得到了充分发挥。第二是企业总部能否形成集中性、统一性、全局性。这里面需要有制度，还需要发挥人的作用。这两条总体说是统一的，但其中也有矛盾，要设法使各部分的积极性、主动性、创造性符合企业总体利益。如果单位的积极性很高，发挥到了损害企业整体利益的程度，那么你的组织结构就不合理。所以不能孤立地看各个单位的积极性、主动性。举例来说，现在有个做法叫划小核算单位，对此我们很多单位有这样的教训，核算单位划小了以后，最后根本就掌握不了它。它实力雄厚、羽毛丰满后就独立了，飞了，最后造成企业非常被动。这不是增强企业的整体力量，而是削弱整体力量。

应该搞清楚哪些权限应集中在企业的总部——集权，哪些应分散在企业内部各单位——分权。有人问，到底是分权好还是集权好？实际上集权和分权都谈不上绝对的好与坏，两者是相对的概念，取决于多方面的因素，一切要从企业实际出发，因此一个企业不必要也不可能照搬另外一个企业的组织结构。可以说，在国外找不到组织结构完全相同的两个企业，总是有点差异。

在同样的制度下，一个企业可能办好，也可能办垮，所以人还是最重要的。国外的企业制度很好，整体来说企业是发展的，但也有办垮的。我国整体的企业状况是不太好，所以需要比较好的企业制度，在有了比较科学、合理的企业制度以后，下一步就是如何发挥人的作用。在这个过程中，你还要不断修改、调整制度。好的企业制度是相对的而不是绝对的，别人能够做好，你不一定能做好，分权集权的比例是不一样的；企业制度是变化的，集权分权应该不是固定不变、一劳永逸的。即使在一个企业，也要根据它自身的条件和外部环境的变化来调整分权和集权的关系。要有制度，没有制度就是个人说了算，今天想抓什么就抓什么，明天想不抓就不抓。

企业组织机构在于解决企业高层的分工协调

企业组织机构与组织结构是两个不同的概念。第一，两者的角度不同。企业组织机构是解决企业高层分工协调问题的，组织结构是解决整个企业的协调问题的。所谓高层分工协调问题，以现在的公司制度为例，主要要解决股东、董事、经理三者之间的分工与协调关系。股东的分工是出资，否则不能叫股东。股东出资后把财产委托给董事会，由董事会来支配，董事会成为这个企业的法人，股东不能直接支配企业的法人财产，而应由董事会聘任经理，从事日常经营活动的指挥、领导，这都是为了企业整体的利益。因此，股东、董事、经理之间是分工协调的关系，包括财产关系，也包括组织制度中作为组织来说的分工协调的关系。这种分工协调是企业高层的分工协调，决定了企业组织结构的整体的分工协调。因此组织结构就显得特别重要，需要单独拿出来研究，也就是说，不解决组织结构问题，就不能使企业具有组织力量，当然，这里讲的公司组织机构是高层的分工协调，不是指一般科室、业务机构。

第二，企业组织机构既是个经济概念，更是个法律概念，而企业的组织结构只是个经济概念，不是个法律概念。每一个企业的组织结构都可以不同，因为法律上没有规定，但是公司组织机构首先是一个法律概念，凡是公司必须按公司法设立股东会、股东大会，设立董事会、聘任总经理等。不设立这些组织机构，不能成立公司，这是法律的要求。法律为什么要对公司作出这个规定？因为公司是法人，所以公司组织结构也叫公司法人治理结构。公司内部必须实行制度化管理，法人治理机构强调公司内部的法制化、制度化管理，废除了过去企业内部人治管理状况，就是说谁当股东、董事、经理是次要的，但是他们的关系是主要的。企业制度明确了他们三者之间的关系，谁当股东、董事、经理都必须按照这个制度来运转，不能因为人员的更换关系就颠倒了，就是说股东、董事、经理都是暂时的，但他们的关系是永恒的，公司制度是永恒的。大家可以看国外，董事长换了好几任了，比如可口可乐的董事长去世了，换个新董事长，必须按这个来运转，延续它的制度。至于原来的财产，按照财产制度来处理，组织和财产都有相应的制度。

我们国家现在企业组织的随意性太强，企业法规定，厂长四年任期，据我所知，很少到四年的，三年就把你换掉了。五年换四个厂长走马灯似的多的是，能搞好吗？即使是四年一换也不利于组织的长期稳定，人是很重要的，否则这个企业就不能延续，是短命的企业。中国的企业不要光看现在是否轰轰烈烈，要看它有没有稳定科学的制度以延续它的生命。作为上一代人，要为下一代人创造更多的财富，奠定一个制度性的基础，而不要留下一个烂摊子要下一代人去收拾。

机构设置要处理好决策机构与执行机构的关系

用多元化的股权结构保证决策的一元化。企业的决策权集中在两个方面，一方面是股东会和股东大会。股东是出资者、所有者，没有股东就没有企业，因此股东会、股东大会是企业的最高决策机构，讲到这个问题的时候，结合中国当前的实际，主要应解决两个问题：一是应该有多元投资主体，即有多个股东，多个股东的利益之间既有协调也有矛盾，股东出资就是一种分工，股东之间也有分工，但是他们也有协调，协调的是财产关系。现在看来，多元投资主体有利于财产的发展。国外就是个人资本通过股份制社会化了。比如松下 1918 年成立时是家族企业，开始时只有三个人：松下幸之助、松下夫人还有他夫人的弟弟，如果只靠他们三个人的资本积累，到今天不会有这样雄厚的财富，它是靠股份制把分散的社会资金集中到松下公司。松下

1929年就改为股份公司了，1933年就实行了事业部制，可见，多元投资主体就是社会化的一种具体形式。现在中国也有个人资本，当然你不愿意搞股份制也可以，但你这个个体户总要死亡，死亡了你的财产可以由你的子女继承，但你这个企业在法律上就消失了。现在世界上寿命最长的是公司，而不是独资企业、个体企业。当然独资企业、个体企业有灵活性，可以赚些钱，但毕竟是短命的。由于人治造成的企业寿命短，因素就很多了。松下幸之助去世了，但松下公司留下的制度延续下来，独资企业就是人治的企业，不可能法治，因为没有必要。但是一旦社会化，财产就要法治，现在我们的个体企业还想按原始的家族状态来统治企业，一定是不能延续的。松下1933年搞事业部时，制定了一个250年的战略目标，把250年分成10个25年，然后每个25年一个目标，它认为人一生中最精华的、在工作和事业上能出成效的只有25年，它准备用10代人来把松下公司建成世界性的公司。

决策权集中的另一方面是董事会，但不要以为有了董事会就能保证决策正确，董事会走形式的多得很，董事长一个人说了算的多得很，董事会变成照顾、安排人的机构的很多，如果企业的董事会全是不懂经营管理的人，那你的董事会也不能搞好。厂长负责制没有制度，决策了要厂长去执行，厂长就会想，这件事不好做，我既要决策又要自己做，不是给我自己出难题了吗？厂长负责制是我决策、我执行、我修改。因此从制度上来说，执行机构必须与决策机构分开。

执行机构必须实行个人负责制

对执行机构，我想强调的是必须实行个人负责制。经理、总经理个人负责制是指以经理、总经理为首的一个领导系统、指挥系统，而不是说经理一个人。经理与副经理的关系是领导与被领导的关系，这与董事长和董事的关系是性质完全不同的两回事。领导这个词是指权力的不均匀分配，只允许上级指挥、领导下级，不存在同下级商量，不是民主决策。这里，有很多很重要的原则应该强调，最重要的原则是：（1）服从的原则。即经理发出的命令，副经理必须服从，不存在民主商量，至于总经理要征求意见，那是另外一回事。（2）逐级的原则。即经理领导副经理，副经理领导部门经理，部门经理——比如说是下面的厂长指挥车间主任。这个系统中，一个下级只有一个上级，而一个上级可以有多个下级，这叫管理制度。这方面国有企业中也是混乱的，一个下级有好几个上级指挥他，使他无所适从。当然下级对付上级的办法多得很，倒过来下级去协调上级。这怎么能搞好？但我们就是这样过的。

经理应当实行董事会聘任。聘任制有几个好处：第一，按条件来聘任。因此要因事设职，因职设人，人事相符，权责相当，才能形成一套严格的制度。这就又回到一开始讲的组织问题，分权和集权要分清责任。在中国一件事好几个人做，个人搞不清楚做什么事，责任不明确，谁都愿意掌握权力，但谁都不愿意承担责任，结果是上级有权力，下级有责任。实行聘任制要弄清集权、分权的两个原则。（1）权、责、利结合的原则。集权要承担责任，接受分权的有权力，同时要承担责任；或者说你分权的依据就是他要承担的责任。（2）激励机制和约束机制要相结合。我们的企业要么有激励没有约束，要么有约束没有激励。我不赞成调动积极性的说法——他没有积极性，你来调动他。国外有一个叫作“激励机制”的提法，激励的概念是给人以动机，动机就是激励，上级要找到给他的动机，即内在的积极性。当然外部监督也是需要同步进行的，不是说激励就不要监督。聘任制度的第二个好处是有利于人才脱颖而出，因此要公开招聘，这就要有经理人才市场。谁愿意当经理，谁认为自己适合当经理，就到经理人才市场登记注册，需要经理的企业就到经理市场去选人，现在很多地方开始这样做了。第三，聘任经理实行无任期制，即执行者无任期，董事会有任期，中国一般都是三年。经理没有任期，干得好，继续聘任，否则解雇。这就涉及厂长负责制的缺点——四年任期，造成很多短期行为。所以执行机构不能有任期制度，要让经理有长远观点。

经理与董事会是代理关系，而不是领导与被领导的关系。因此董事会领导下的经理负责制的提法不确切。经理是在相对授权以后指挥领导企业的日常经营活动，在决策范围内不是事事要请示，在一些方面可以做主，而领导的概念可以理解为事事要请示，你不能自己做主。如果要问经理权力大小，这要看你怎样理解。经理在日常经营活动中有相对的决策权，即执行过程中的决策权。顺便说一下，董事会和股东大会也不是领导与被领导的关系，而是委托信任关系，股东信任委托董事会经营他的财产。也不是股东会领导董事会，董事会领导总经理，这个提法不科学。也不能用领导机构、领导制度的提法。组织机构中只存在经理与副经理之间的领导关系。

经理应当实行年薪制

经理的报酬由三部分组成：第一是基本工资。我曾经在一次会上讲，要保证经理的收入居现在的中上等生活水平，哪怕企业亏损了，也要保证他的基本工资。不能让经理还拿不到基本工资，整天为吃饭发愁。第二是年度奖励。即年度利润率、销售额、其他各项指标超额完成就可以提取年度奖励。第三是长期奖励。这是很重要的，关系到经理的长期行为。现在国外推行股票期权计划，即给你三年、五年以后的购买股票的权利。如果三五年后企业搞上去了，你就可以到股票市场上拿到股票增值的报酬，这就把经理的长期利益联系起来了。这三个部分的统一才是经理的薪金报酬。我们现在的厂长负责制的一大缺陷是把企业家年薪与工人捆在一起，受不超过工人3～5倍工资和企业工资总额的限制，厂长把企业搞好了，也不能多拿，这样就出现矛盾。工人的工资是进入成本的，经理的报酬可以从利润中拿出一部分奖励，这是与股东的关系。股东应该拿出一部分利润与经理分享，否则经理就会用他的权限来获得他的利益，损害股东的利益，这在国外叫内部人控制。这样股东就失去了对经理的控制，但如果把经理控制得很死，他就不可能把公司搞好。

企业必须在现有体制下谋求企业的生存与发展，不能等、靠、要。以上所述的有关经理层的制度如聘任制、年薪制等需要人事制度改革来做保证。中国国有企业改革的两大问题，一是国有财产的股东如何明确，这方面有很多人在争，争财权。二是人事制度要改革。现在的这套制度不改，企业的制度建设无从谈起，但是在现在的体制下，你不能等待改了人事制度再来搞企业制度建设，你必须在现在这种体制下来保证企业的生存和发展。因为你如果生存不下去了，就只能把你兼并掉、破产掉，把你卖掉。现在很多企业体会到，生存要靠自己。去年年底我到北京一个电力设备总厂去讲课，这个厂长是我的学生，他说欢迎你来，带领全厂 5 000 多职工唱三首歌，第一唱国歌，“到了最危险的时刻”；第二唱国际歌，“从来就没有什么救世主……全靠我们自己”；第三首歌，“敢问路在何方，路在脚下”。这就是现在企业要自己求生存，要丢掉幻想，投奔市场。这个幻想就是对政府的等、靠、要。政府就习惯于把你推下去，来调动你的积极性，推广它的经验，后果它不管，最后还是要由你自己来求生存、求活路，现在真是到了这样严峻的时刻。今年 4 月 1 日本来我想休息，总后有个 3501 工厂，非要我去讲课，它是全军最大的一个被服厂，他们说，现在总后要向地方招标，向军队的被服厂挑战，今年地方被服厂就拿走了 4 000 万元的销售额，明年还会更多。我说，你这个企业，有这个组织、那个组织，这个厂长、那个书记，大家各有各的任务，都对上负责，这个要对总工会负责，那个要对别的什么部门负责，最后你要垮台，同归于尽。现在企业各种组织要团结一致、齐心协力、打开市场。工厂厂长、书记非常同意我的看法。他说你不讲我们还不知道，我们自己也想不出来。我们国有企业还没有到这种状态。我们到日本，很好的企业都有危机感，我们现在很多好的企业也有危机感，这叫居安思危，我补充四个字“思危不惧”。我们要迎接挑战，抓住机遇。我们很多国有企业死到临头了，还不自知，死都不知道怎么死的。那没有办法，最后就死定了，不会有人救它的，因为第一财政救不了，第二银行贷款也有限，现在轮到国有企业要上市了，但上市运动是圈钱运动，企业只能靠自己。

* * *

邓教授的讲座引起与会代表的极大兴趣，下面对讨论情况做简单介绍。

董事会不能由政府来任命

问：中国的董事会应该如何组建?

答：最基本的依据是公司法。公司法规定了两类公司：第一类叫基本公司，里面又有两类，一种是有限责任公司，另一种是股份有限公司；第二类叫国家独资有限责任公司。这第二类国家独资的公司是少数的、特殊的。公司是大量的、普遍的、基本的，包括有限责任公司和股份有限公司两种形式。这些公司都要设立董事会。董事会的产生，有限责任公司应由股东会产生，股份有限公司应由股东大会产生，国家独资有限责任公司应由国有资产的股东派代表来解决。董事会产生的办法不完全一样，但有一条，不能由政府任命董事、董事长。一个厂长把企业搞坏了，政府没有责任，再任命一个。这是不公正的。政府说责任是厂长的，厂长还可能说，我还不愿意去呢，我是服从党的分配。结果谁都不负责任。

经理人才市场是企业制度建设的关键

问：第一，市场不成熟，好的厂长经理没有地方招聘；第二，董事会、工厂担心招来的人才会坑了企业。我们南方一些企业都遇到过这种情况，招来的厂长、经理有时候搞不好，拍拍屁股一走，甚至把公司的一些财产卷走了。如果是国有财产可以判他贪污罪，或叫公安机关来追查，而对于私人企业只能认倒霉。

答：总体说，现在经理人才市场的透明度应该说是比较高的，但现在的人事制度不透明，需要改革，信息就是要透明公开。经理人才市场存在两个最大的问题：

一是经理的条件如何把握。市场推荐经理一方面要对企业负责，另一方面要对经理负责，市场要起到企业和经理间中介的作用，如果把不符合条件的人推荐给企业，它要承担责任。市场经济中，中介机构很多，但它要负责。现在搞个中介机构就赚钱，赚到钱就完了，剩下的都是你们两家的事。有的中介机构帮助企业搞假报表骗股民，只要拿到钱就行。所以，中介机构不公正、不负责不行，捞了钱就跑不行，这不是市场经济。这方面国外的公司或中介机构还是很负责的，国外的会计师事务所帮助企业上税，交税之前要把你的财务账拿来看，它要对两方面负责，一是对企业负责，多缴税是不行的；二是对国家税务机关负责，少缴要惩罚你，你要负无限的责任。

二是经理的报酬。经理的报酬要透明，有些人占着岗位闹意见，觉得大材小用，我们认为人可挑事，事也可以挑人，中国的经理市场也要讲究这个。现在所有的事都要从企业的角度自己提出办法来，不要想靠政府某个部门的恩赐，就像刚才说的北京市很大的一个企业找不出经理来，而且出现无人管这种真空状态，造成几个月的损失。经理人才市场要靠企业冲破人事制度建立。现在谁都埋怨现行体制的弊端，但又都觉得无可奈何，谁也不能推动一下。这样，中国的事谁来搞呢？其实每个人都有自己的权限，在你的权限范围内可以对生产力的发展作出贡献，不要指望你在这个岗位上能干别的岗位上的事。现在市场上有对你有利的，你赶快吸收过来，壮大你自己，不要埋怨，不要等待。

中小企业的地位问题

国家要“抓大放小”，中型企业要努力自找出路

问：国家为了搞好国有企业，有个“抓大放小”的举措，抓的大企业以前几百家，现在到 1 000 家左右。小的可以股份化、股份合作制，可以卖掉，而中间这些中型企业怎么办？

答：第一个问题涉及理论也涉及现实。理论问题是中等企业的概念怎样确立。国外没有这个分法，比如美国每年公布 500 家大企业，这是一头，代表了美国整个社会的技术方向、管理方向、市场竞争等，再一头是小企业，美国联邦机构不多，但有一个小企业管理局，这个机构不是管小企业的，而是扶持小企业发展的。

我们中国今天只讲大集团、大公司，我认为不够，小企业非常重要。美国有个小企业技术进步法。小企业要开发产品、技术进步，但是没有资金，可以把方案提到小企业管理局，它给你组织专家来论证你的这项技术进步是否对你企业或社会有好处，要么无偿给你钱，要么低息贷款，用各种优惠条件扶持你，等你生产出产品并投入市场，再逐步归还。试验失败了，由于事先经过专家论证，不要你还款。美国为什么支持、鼓励小企业？是因为小企业有重要的作用。重要性在于：第一是繁荣市场，小企业更接近人民生活，接近市场的每一个角落。大公司毕竟是大批量生产，但市场需要的产品是五花八门、千变万化的，需要大量的小企业来繁荣市场。比方说到大商店买最起码的小商品买不到，好像没人生产了，恰恰小商品集中在小企业就能赚大

钱。因此，小企业的存在就在这里，出路在这里。找大公司不能生产的产品你来生产，不要老是瞄准大公司生产什么，你也生产什么，那你准搞不过大公司，实力悬殊。小企业要有善于抓住市场、满足各种需求的能力。小企业的第二个作用是作为大公司的配套、补充。一个社会不能只有大公司、大企业，没有小企业。比如美国通用汽车公司有几千个小企业做它的卫星企业，为它提供各种各样的配套产品。小企业要以大公司作为你的后台、后盾，只要它存在你就存在。但有一条，小企业的产品必须质量高、成本低，否则大企业就不买你的或自己生产。比如美国有个链条厂是个小企业，美国通用汽车公司几次想吞并它都不成功，因为它的链条质量好、成本低，它就生存下来了。小企业粗制滥造是不行的，只有专业化水平和技术性水平很高才能生产出能与大公司配套的产品来。第三是就业。小企业是就业的蓄水池，小企业就是要利用劳动力便宜的优势，不可能高度机械化、自动化。社会生产力发展总是不平衡的，有些产品就是要手工来做，机器做反而不合算。第四，小企业能够培养企业家、吸纳人才。小企业一定要给有才能的人提供一个活动的场所，因为大公司有一套比较严格的制度，有才能的人可能发挥不了作用。普通人才在小企业可以发挥作用。不要小看小企业，国外很多企业家都是从小企业锻炼出来的。因为一个人的管理能力需要实践锻炼。像我们现在一个局长突然调来当总经理，这就乱了套了，局长的思路和总经理的思路完全不是一回事。

国外小企业的作用至少有这四个，小企业必须在这中间求得生存和发展。但小企业有缺点、弱点，最大的弱点是实力不雄厚、资金有限。正是由于小企业对社会是重要的，又有弱点，因此美国成立个联邦小企业管理局去扶植它。美国现在企业总数是 1 400 多万家，其中小企业 1 100 多万家，占 80% ～ 90%。真正的公司 100 万～ 200 万家，真正起作用的公司 1 万家，起带头作用的公司 500

家。美国就是这样的两头结构，一头以大公司、跨国公司为代表，一头是小企业。

中间的企业怎么办？两条出路：一条是向大企业发展，壮大自己；再一条，生存不下去，垮掉，连小企业的优势都没有。因为它比小企业稍微大一点儿，包袱也重一点儿，不如小企业灵活，市场变了，马上就能换一种产品。中型企业既没有大企业的规模优势，又不具有小企业灵活的优点。因此，在理论上说中型企业在企业发展史上总是分化瓦解的，不可能老是维持中间状态。从企业发展规律来说，两头是最重要的，中间这一块在演变，在分化、改组、重组当中来生存发展。从实践上说，中国的大中型、中小型概念混乱，搞不清楚，经常是根据政府的需要，一会儿提大中型，一会儿提中小型，中间的一会儿往大的靠，一会儿往小的靠。中型企业感到对自己的发展前途，政府态度不明确，其实这对于中型企业而言是个机会，就是要抓住国家对中型企业态度不够明确的机会，选择最有利于自己的政策，不能等、靠、要。

把国有企业分为主体和非主体以推进股份合作制改造不是一种规范的做法

问：一个国有企业分主体和非主体两部分，现在要对非主体部分进行股份合作制改造，成立股份合作制公司，有两个问题国家有何规定：（1）主体人员进入合作制公司；（2）合作制公司人员回流到主体，人事工资问题如何解决？

答：这种划分方法和改制方式本身有其不规范之处，可能是地方的土政策。现在各地有很多各自的规定。但是一个国有企业分为主体和非主体两部分是不是需要？什么是主体和非主体？是不是指企业办社会这一块，负担很重，要剥离。非主体也可能是指不太重要的部分，比如一汽有 12 万职工，加上非主体 36 万人，40 多个单位。企业说我养不起这么多人，它抽出 4 个单位，都是生产轿车的核心部分，然后对其他单位进行股份合作制改造，成立股份合作制公司。党的十五大提出："国有大中型企业要按照规范的公司制进行改革。"公司法规定公司只有三类：有限责任公司、股份有限公司、国家独资公司。国家独资公司只能是特殊少量的。现在全国 100 家试点，搞了 87 家国家独资公司，87 家还没有试点完，有两家就垮掉了。都搞成国家独资公司是换汤不换药，是走过场，是失败的，这样搞不下去。而规范的公司制现在在中国基本上是两种公司，即有限责任公司和股份有限公司。如果你的非主体部分搞成公司就把它叫有限责任公司或叫股份有限公司，但我们有些地方非要搞成股份合作制公司，这其中有个误区，"股份合作制公司"的提法不规范，公司法中没有这类公司。

所以说把非主体搞成股份合作制公司本身就是不规范的说法，对于主体人员到股份合作制公司和人员回流到主体，当然不可能有统一的规定。

（原载《中外管理高级研讨班报告精选》,《中外管理》杂志社，1998）

● 现代企业法人制度：国有企业公司化改造的方向

“现代企业制度是以公司制度为主体的市场经济体制的基本成分”[①]，国有企业的公司化改造，就是按公司制度改造国有企业制度的过程。这是国有企业改革的重要方向和建立现代企业制度的基本途径。

公司是法人，这是公司制度的最基本特征。公司依法设立，具有独立的法人地位，具有与自然人相同的民事行为能力，可以自己的名义起诉和应诉，是公司组织体在法律上人格化的表现；公司享有由股东出资形成的全部法人财产权，以公司法人的全部财产依法自主经营和自负盈亏并对公司债务承担责任；公司法人依法纳税，是完整纳税（包括公司所得税）的独立经济实体；公司法人依法建立规范的财务、会计制度；公司发生合并、分立以及注册资本的增减或其他兼并行为，依法办理公司法人资格的变更登记；公司破产、解散和清算，依法终止公司法人资格。由此可见，公司的“生死存亡”及其一切行为，均依法表现为公司的法人特征。公司制度是一种法人制度即现代

---

① 邓荣霖．现代企业制度概论．北京：中国人民大学出版社，1995：26.

企业法人制度。

公司必须是法人，这是由公司的企业性质决定的。在社会主义市场经济条件下，公司作为企业，参与市场经济活动，成为市场交易过程的行为主体，其前提条件和物质基础就在于公司必须是独立核算和自负盈亏的法人实体，必须以自己独立支配的法人财产承担经济责任，必须能够像自然人一样成为民事活动的主体和民事法律关系的直接承担者。因此，在社会主义市场经济活动中，公司必须具有法律主体资格即法人地位。按《公司法》规定，从公司依法设立之日起，在法律上便确认了公司的法人地位，公司即以法人资格从事独立自主的经营活动。

公司必须是法人，这是就公司的法律特征和经济性质而言的。但在我国现阶段，对《公司法》颁布之前组建的公司或未按《公司法》规定而成立的公司，即对现有的一些公司来说，是否具有法人地位，还必须逐个考察该公司是否具备法人条件。公司的法人条件，包括依法设立、拥有必要的法人财产、设置专门的组织机构、为法定代表人的行为承担全部责任以及法律规定的其他法人条件，本应在公司成立之时就必须全部具备，否则不得成立。鉴于我国现有一些公司在组建过程中的不规范行为，必须按《公司法》的规定，尽快实现现有公司法人化的要求，这是实现国有企业公司化的重要基础。

公司既是企业，又是法人，所以，公司是企业法人。这是公司的基本定义。公司作为企业法人，区别于社会上的其他法人如学校、医院、政府机构、行业协会、宗教团体以及其他各种社会团体组织，这些法人是非企业法人。公司是营利性法人，社会上的其他法人是非营利法人。公司直接从事为市场提供产品和服务的经营活动，并以营利为直接目的，通过营利来维持公司作为法人的生存与发展的物质基础和前提条件，不同于社会上的非营利法人。

公司既是法人，又是企业，所以，公司是法人企业。公司制度，就是法人企业制度。公司是现代企业的典型组织形态，公司制度是现代企业法人制度的具体表现。

从世界企业制度的演变历史过程来考察，公司制度作为法人企业制度，区别于自然人企业制度即独资企业制度和合伙企业制度。与自然人企业制度比较，公司法人制度即现代企业法人制度具有明显的优越性。公司是集资组成的法人企业并在公司设立之后能依法向社会集资，而自然人企业不能向社会集资，所以，公司规模一般大于独资企业和合伙企业并由此带来巨大的规模效益；公司实行所有者与经营者分离即所有权与经营权分离，而自然人企业是所有者与经营者合一即所有权与经营权合一，所以，公司更能适应社会化大生产的要求并促进社会生产力的加速发展；公司设置专门的组织机构即拥有法人治理结构，而自然人企业没有专门的组织机构，所以，公司具有更长的企业寿命和规范的经营管理制度，并由此具有经营战略观念和长期经营绩效策略。

从中国国有企业制度的改革历史过程来考察，公司制度作为法人企业制度，区别于原来的国有企业制度，虽然 1988 年《企业法》称国有工厂企业为“法人”，但并不具有真正意义上的法人特征，只是形式上的名义法人，实际上是一种特殊的“自然人”企业。1993 年 11 月党的十四届三中全会决定指出，国有企业改革的方向是建立现代企业制度；紧接着，1993 年 12 月 29 日颁布并于 1994 年 7 月 1 日开始实施的《公司法》，为建立现代企业制度提供了法律依据和基本保证。按公司制度改造国有企业制度，就是使国有企业制度转变为公司制度即现代企业法人制度。国有企业公司化改造的实质是实现企业法人化的要求。

通过国有企业的公司化改造，建立现代企业制度，实现现代企业法人制度的要求，有利于表现出公司法人制度相对自然人企业制度的明显优越性。与此同时，从中国国有企业的实际状况来分析，通过国有企业的公司化改造，还可以采用合法有效的集资方式，解决国有企业长期存在的资本金不足或资金短缺问题；还可以引入公司法人的自主经营机制，解决国有企业经营机制长期未能转换的问题。

国有企业公司化改造的基本形式，是建立多元投资主体的公司，包括有限责任公司和股份有限公司。从单一投资主体的国有企业改组为多元投资主体的现代公司，有利于投资主体之间的竞争和相互监督，有利于实现政企分开和政资分开，其目的是明确投资主体责任，提高投资经济效益。这对于国有资产的真正保值增值更具有重要的现实意义和长远的战略意义。对某些特殊产品或特殊行业的国有企业，可以采用单一投资主体的特殊形式，即建立国家独资有限责任公司。但无论是多元投资主体的公司还是单一投资主体的公司，从国有企业的公司化改造来看，都是从原来的国有企业制度向公司制度即现代企业法人制度的转变。

在国有企业公司化改造的过程中，可从本企业及本行业的实际情况出发，有效地选择多元投资主体的具体途径和方式，包括在增量资产股份化中实行公司制，在采用企业兼并方式中实行公司制，在发展企业集团中实行公司制，在盘活存量资产中实行公司制，在互换股权中实行公司制，以及其他切实有效的途径。国有企业公司化改造中的投资主体，既包括国有资产的投资主体，也包括其他资产的投资主体如社会法人机构、外商投资主体、个人投资主体等。对国有资产投资主体的明确，涉及国有资产管理体制的改革，应按国有资产法律的有关规定来进行。

对国有企业公司化改造的实施，应当重视区分垄断性行业、社会公益性行业、竞争性行业的不同企业状况，以利于更好地采用多元投资主体或单一投资主体的公司形式以及选择投资主体的具体途径和方式。

（原载邓荣霖：《现代企业法人制度》，北京，中国人民大学出版社，1995）

国资管理

On
Companies

● 国企面临深化改革的要求

邯郸钢铁公司等10个国有企业和其他一些优秀国有企业的成功经验表明，国有企业的出路在于改革。目前无论是处于困境的国有企业还是取得成绩的国有企业，都面临深化改革的共同要求。

建立现代企业制度，是深化国有企业改革的坚定方向。对国有企业改革来说，建立现代企业制度，绝不能单纯看作是企业的个案行为和企业的内部事情，而应着眼于整个社会主义市场经济体制的建立与完善。从国有企业改革的现状来分析，怎样处理好企业与市场的关系和企业与政府的关系，是深化国有企业改革和建立现代企业制度的两个重点与难点所在，既涉及经济体制改革又涉及政治体制改革。如果离开“市场”和“政府”这两个成分而孤立地谈论国有企业改革，是不可能建立现代企业制度的。

按公司制改造国有企业，是建立现代企业制度的具体途径。对国有企业的公司制改造，已取得了一定效果。但是，过多地把传统国有企业改名为国家独资公司，不利于现代企业制度的建立，其后果往往是国有企业的旧病复发。究其原因，在于传统国有企业是单一投资主体，改名后的国家独资公司仍旧是单一投资主体，结果造成国有资产投资主体及其责任不明确。因此，现阶段深化国有企业改革的重要任务，是由单一投资主体的国有制企业转向多元投资主体的公司制企业，这有利于明确包括国有资产投资主体在内的股东责任，有利于国有企业扩充筹资渠道，有利于国有企业转换经营机制，有利于实现政企分开。

（原载《人民日报》，1997-06-16）

●《公司法》是国有企业改革的基本法律依据

1993年12月29日第八届全国人民代表大会常务委员会第五次会议通过、中华人民共和国主席令第16号公布并于1994年7月1日起施行的《中华人民共和国公司法》(以下简称《公司法》)，是我国国有企业改革的基本法律依据。

众所周知，国有企业改革的基本方向是建立现代企业制度。按公司制度改造国有企业制度，是建立现代企业制度的基本途径。《公司法》的公布和施行，为根据现代企业制度的要求，规范公司的组织和行为，推进国有企业的公司制改组提供了法律保证。正如《公司法》第一条明确指出的，“为了适应建立现代企业制度的需要，规范公司的组织和行为，保护公司、股东和债权人的合法权益，维护社会经济秩序，促进社会主义市场经济的发展，根据宪法，制定本法”。具体来说，《公司法》有利于推进国有企业的公司制改组，形成良好的市场秩序；有利于转换国有企业经营机制，保护公司、股东和债权人的合法权益，促进企业经营决策的科学化、民主化、法制化，使企业成为真正的法人实体；有利于企业之间开展公平、公开、公正的市场竞争，加快市场体系的培育和完善，规范市场交易行为，维护市场竞争秩序，更好地发挥市场机制在资源配置中的基础性作用；有利于转变政府职能和调整政府机构，依法行政，真正实现政企分开，更好地运用法律手段进行宏观经济调控，促进社会经济的持续稳定发展。

《公司法》的公布和施行，使新设公司的行为和现存公司的改造有了规范化的统一要求，使国有企业的公司制改组有了法制的明确规定，并在实践中取得了积极的可喜成果。1994 年 11 月在北京召开的全国建立现代企业制度试点工作会议及其制定的试点方案和相关配套文件都明确指出，要按照《公司法》的要求进行现代企业制度的试点工作；并强调指出，贯彻执行《公司法》，重在国有企业的组织制度创新和规范化运作。这是现代企业制度建立和国有企业公司制改组的基本指导思想。全国现代企业制度试点工作的实践表明，《公司法》的贯彻执行，既取得了积极成果，又存在不足之处。其主要思维障碍是缺乏法制观念，把一些地方部门利益看得高于全国整体利益，甚至把当地某个长官违背《公司法》的言辞当作金科玉律，而对体现全国统一意志的《公司法》条文规定却置若罔闻。由此可见，确立社会主义法制观念，是现阶段国有企业改革得以顺利进行的重要条件和基本保证。

从一些地方部门违背《公司法》规定、缺乏法制观念的实际状况来分析，其重要原因是长期习惯于计划经济旧体制下的传统做法，凭经验、拍脑袋或对顶头上司某些语句断章取义和各取所需，而不善于运用社会主义法律条款去指导国有企业改革和各项工作的开展。应当指出，社会主义市场经济实质上是一种法制经济。这种经济的调控和保护是由法制来实现的。社会主义市场经济法制具有明确性、规范性、权威性、公正性、公开性、稳定性、统一性和效率性的基本特征。《公司法》就是规定公司的种类、设立、组织、权利、义务、解散、清算以及法人变更的法规。为保证《公司法》的正确实施，还专设一章“法律责任”，违者要追究责任。《公司法》中的这些规定，立足于中国国情，重视我国的现实经验和发展需要，具有中国特色，同时借鉴并吸收国外公司立法的有益内容。这是社会主义市场经济法制建设的一部基本法律，是一部规范市场经济主体的重要法律，它以法律形式维护了适应市场经济发展、社会化大生产要求、科学技术进步需要的现代公司制度。因此，在现阶段国有企业的公司制改组过程中，我们必须唤起法律意识，树立和加强法制观念，以《公司法》的权威来统一人们的行为，保障国有企业改革的顺利进行和现代企业制度的建立与完善。

当然，由于这是新中国的第一部《公司法》，难免存在一些遗留问题和不完善之处，其中一个突出问题就是，《公司法》中若干条款的实施有待于国务院制定具体的实施办法。这是我国公司立法中的一个重大遗留问题，给《公司法》的实施带来了困难。在法律条文中留给执法部门过多过大的立法空间，这是中国立法过程的一大缺陷。例如，第六十四条规定："国务院确定的生产特殊产品的公司或者属于特定行业的公司，应当采取国有独资公司形式"。问题在于：哪些属于"特殊产品的公司"或"特定行业的公司"，人们的理解不同，做法不一。其后果是相当数量的国有企业改组为国家独资公司之后，并未真正按照公司制度的经营机制转换国有企业的经营机制，有的甚至只是改了名称，穿新鞋走老路，换汤不换药，改名后的国有企业老毛病仍然存在，使现代企业制度扭曲变形，未能显示出现代公司制度的优越性。现在看来，有关采用国家独资公司形式的规定，以单独立法的特别法律形式为好，不宜与一般《公司法》中规定的普遍公司形式相提并论，这样更有利于国有企业的公司制改组和现代企业制度的建立。

尽管如此，对新中国第一部《公司法》的现实作用和战略意义，必须予以充分肯定。而且应当历史地看到，这部《公司法》是来之不易的。从 1982 年开始酝酿制定《公司法》到 1993 年正式制定和 1994 年正式施行《公司法》，经历了十余年时间，起草了几十稿文本，在公司立法指导思想上从“治乱”到“治本”，立法形式上从“意见”到“法律”，其间包含着难以计数的讨论和研究，汇集了众人的智慧和辛勤劳动，基本上反映了社会主义市场经济对公司立法的一般要求。但是，因为历史的局限性和公司发展水平的制约，再加上现阶段仍处于体制转变过程的过渡时期，人们无法苛求第一部《公司法》十全十美、完美无缺。事实上，国外市场经济发达国家的公司立法，从1673年法国第一个一般性公司立法到1966年制定的现行公司法，以及德国、英国、美国、日本的公司立法，经历了300多年的多次反复修改，才逐步完善与健全。随着我国社会主义市场经济体制和现代企业制度的建立与完善，我国的公司法必将更加完善与成熟。

在当前国有企业改革的过程中，无论是实现经济增长方式的转换，还是采取“抓大放小”的措施，都必须坚定不移地贯彻执行《公司法》的明确规定和具体条款。现阶段国有企业的公司制改组和现代企业制度试点工作中出现的所谓重点和难点问题，其实在《公司法》中都能找到明确答案和解决办法。所以，善于运用《公司法》这一法律武器，正确理解和坚定施行《公司法》的有关规定，是深化国有企业改革和推进现代企业制度的当务之急。从目前情况看，《公司法》施行过程中应重视下列内容：

公司的企业性质和法人地位，即公司是企业法人，依法自主经营，自负盈亏；

公司的基本形式，即有限责任公司和股份有限公司，是由多个投资主体（股东）出资设立的公司；

公司股东权利及其制约和股东义务，包括股东按其持有股份的类别和份额享有权利和承担义务，但股东权利受到其他股东的制约，股东的股利不是固定的，既取决于公司经营状况，又取决于公司法人对利润的分配方案；

公司法人权利及其制约和公司法人义务，包括公司享有由多个股东出资形成的全部法人财产权，依法享有民事权利和承担民事责任，但公司法人行为必须符合《公司法》和公司章程的规定，对股东会（有限责任公司）或股东大会（股份有限公司）负责；

公司实行董事会制度，依据《公司法》和公司章程行使公司法人职权，对股东会或股东大会负责；

公司董事会对经理实行聘任制度，授权经理主持公司经营管理工作，经理对董事会负责；

公司监事会依法对董事和经理行为进行监督，监事会对股东会或股东大会负责；

公司必须依照《公司法》制定本公司章程，公司章程对公司、股东、董事、监事、经理均具有约束力；

公司依法建立本公司的财务、会计制度；

公司合并、分立以及公司破产、解散和清算，必须符合《公司法》和相关法律的规定。

对在公司登记、出资、财务活动中的弄虚作假和在招股、股票发行、债券发行、资产评估、验资活动中的徇私舞弊行为，依法追究法律责任，包括经济惩罚、行政处罚和刑事处罚，以法律保障公司的健康发展。公司既是一个经济概念，更是一个法律概念。

应当指出，企业集团的组建和控股公司的形成，必须符合《公司法》的有关规定。当然，在《公司法》的基础上，针对企业集团和控股公司的特殊要求，提出某项“意见”“条例”乃至单行法规，也是必要的和可行的。但是，从企业集团和控股公司的基本性质和组织特征来看，包括母公司、子公司、参股公司的产权制度、组织制度、管理制度及其内外的投资关系和业务关系，都应当依据《公司法》的规定执行，以更好地建立现代企业制度。

（原载《中国工业经济》，1996（5））

●《国有资产法》是国有企业产权制度改革的准绳

对国有企业的国有资产，应区分资源性资产、经营性资产和非经营性资产。对资源性资产，国家通过有关法律并通过相应经济手段予以控制和调整，以利于合理开发，形成良性循环，保证资产的有效、节约使用。而《国有资产法》应以经营性资产为重点对象。所谓国有企业的经营性资产，是指具有资本性质的能增值的国有资产，实际上就是国有资本，其主要目标是实现盈利和资本增值。

1992 年 10 月党的十四大决议中明确指出，国有企业的产权关系不清，并提出理顺国有企业产权关系的改革任务。1993 年 11 月党的十四届三中全会决定中又进一步指出，要建立产权明晰、职责明确、政企分开、管理科学的现代企业制度。其中，产权明晰是现代企业有效运行的基础和前提。为此，必须建立现代企业产权制度，改革国有企业产权制度，这是建立现代企业制度的一项核心内容。而要实现国有企业的产权明晰，又必须对产权、产权界定、产权制度的内涵予以明确并达成共识。这是《国有资产法》的理论基础和基本任务。否则，认识上的模糊不清，往往会导致产权制度改革中的偏差。

产权明晰是现代市场经济学的重要内容。传统的经济学大多把市场运行视为单纯的价格机制操作。而现代产权经济理论的代表人物罗纳德·科斯在20世纪30年代所作的企业性质研究却证明：市场运行是要花费交易成本的，如谈判费用、合同费用、信息费用、人际费用，等等。企业组织、企业制度的安排，正是为了以企业内部较低的组织管理成本来替代某些复杂而昂贵的市场交易成本，使资源配置更加有效率。而无论企业外部交易还是内部交易，基本前提是产权明晰。因此，著名的所谓“科斯定理”，实质内容却在其“反定理”之中，即如果交易成本不为零，不同清晰度的产权关系会产生不同效率的资源配置效果。这样，科斯的现代产权经济学理论就将市场运行的考察与产权关系的分析紧密结合起来，重新确立了经济学研究的视角。

由此来考察过渡中的中国市场经济运行，不难发现国有企业产权界区模糊而造成资产配置低效的大量实证。

国有企业产权制度改革近年来得到社会越来越多的关注，但实质性的推进步履沉重。困难主要来自两方面——思维障碍与利益冲突。制定并实施《国有资产法》，必将有利于消除思维障碍，统一认识；有利于解决利益冲突，从法律角度来规范企业行为。

现代企业产权制度最基本的内容是公司法人产权（法人财产权）制度，它包含股权与法人产权两个层次的内容。股权是出资者的权利。在简单商品经济条件下，出资者往往集财产所有者、管理者、经营者于一身，拥有完整的财产所有权，即完整的产权，以求降低交易成本，最大限度地独享资本剩余价值。而在复杂商品经济条件下，集中一体的产权制度日益表现出企业经济规模效益差、出资者与经营者能力错位等缺陷。所有者不得不出让部分财产权利，以寻求代理人，并借助法人产权制度保障所有者权益。这样，就出现了所谓产权分解：股东出资形成公司原始财产，对公司财产拥有原始所有权。它主要体现为与其出资额联系在一起的选举权、收益权，并以出资额为限对公司债务承担有限责任，但并不直接操纵公司财产，而是将财产委托给董事会。董事会拥有公司资产的实际控制权，即法人产权。董事会聘任总经理，总经理依据董事会授权享有经营权。因此，公司法人产权是由股东原始所有权派生而来的，它的存在与作用不能不以所有权为基础，不能不受到所有权的制约，但也不能不有自己独立的或相对独立的利益，包括收益分享权能和独立支配权能。法人产权与股东所有权实际上是不同经济主体对同一财产所有权（产权）的分解。

财产所有权的分解是社会化大生产和现代市场经济发展的客观需要。典型的现代企业，如股份公司，由于资本高度社会化，股权高度分散化，很难说公司完全归某个人所有，也不允许一个股东越过董事会直接支配公司财产。无论个人股权、法人股权、国家股权，股东利益都同样取决于公司资产的实际运用效果，因此核心问题是企业制度，是企业家能否自由决策并对决策负责。

传统的社会主义计划经济理论往往只强调生产资料归全民所有，并以一个抽象的、非人格化的“国家”代表全民行使包括占有、支配、处分、收益等在内的一切财产权能，实际上国有资产原始所有权代表缺位，法人产权代表也缺位，形成无人负责的局面。没有人格化代表的“全民所有”，等于没有产权界区，没有排斥他人权利的法律屏障，没有内在化的利益激励和内在化的责任约束，等于承认“全民”中的每一分子都有权利使他人受损或受益，这就是造成“大家拿”的根源。所谓国有企业产权不明，不是说国有资产的最终归属不明，而是指国家与企业双方对同一国有资产的责权利关系分不清楚。企业通过清产核资，明确了国有资产的“家底”，这是产权界定的基础，但并不等于解决了国有资产产权界区模糊的问题，需要在此基础上进一步明确：国家以什么方式来管理这部分国有资产？相应的责权利是什么？企业以什么方式来经营这部分国有资产，相应的责权利又是什么？

党的十四届三中全会决定明确了国家对国有资产拥有终极所有权（原始所有权），企业享有法人财产权（法人产权），意味着国有企业财产所有权的分解已经明朗。但要建立起相应的产权制度，还要经历相当复杂甚至是痛苦的改革过程。产权的本质是“利得权”，产权分解不是一般的产权理论，而是原有利益格局的调整，势必会引起各方面的利益冲突。

原始所有权与法人产权之间是原生与派生的关系，这就决定了企业法人产权的确立取决于财产终极所有者的表现。国有企业产权制度改革，从本源上说，主动权在国家，矛盾的焦点在于国有资产人格化代表的确认，在于国有资产管理体制改革。政企分开的前提是政资分开，即政府的行政管理职能与资产管理职能分开，国有资产的政府管理职能与国有资产的经营机构职能分开，国有资产的经营机构职能与企业经营职能分开。国有资产经营机构以产权作为商品，调整资本结构，提高国有资产即国有资本的配置效率，实现其对企业参股或控股的职能，不能行使政府的行政管理职能或行业管理职能。政府不能以行政领导身份直接干预企业，同样也不能以资产管理者身份直接操纵企业，因为国有资产管理仍然是政府职能之一，允许其直接进入企业，岂不是新的“政企合一”？我认为，应构造一批国家投资公司、国家控股公司、国有资产经营公司以及有条件的集团公司作为国有资产经营机构即国有资产经营实体，由国家授权，独立从事国有资产的价值化经营，向其参股或控股企业派出国家股权代表，进入企业董事会，以维护国家终极所有权利益，追求国有资产收益最大化，实现国有资产的优化配置。这样，有利于真正实现政企分开，也有利于国有资产进入产权市场。明确出资者对企业承担责任，是使企业实现自主经营、自负盈亏的前提条件。

国有资产终极所有者行为的规范，其结果是国有资产的产权主体从政府转向企业，从抽象化转向人格化。企业成为独立的产权主体，对国有经济运行效率将具有主导性作用。那么，怎样才能保证企业产权主体的行为规范?

企业法人产权的确立，不仅具有使外在利益内在化的激励功能，而且具有使外在责任风险内在化的约束功能。产权制度改革的核心不是放权让利，而是让企业真正能够以其全部法人财产承担盈亏责任。因此，要建立有限责任制度，解除国家对国有企业所承担的无限连带责任，运用破产机制促进企业的新陈代谢；要构造企业内部法人治理结构，形成股东所有权、董事会法人产权、总经理经营权三者既相互分离又相互联系，既相互统一又相互制衡的机制；要建立产权市场、经理人才市场，在企业产权转让和企业家竞争风险中强化企业的约束机制。这三个方面与前述国家原始所有权的界定，构成国有企业产权制度改革的基本内容。

（原载《国有资产法》起草工作组编:《国有资产立法研究》，
北京，经济科学出版社，1995）

● 论国有资产进入市场

(一)

把国有资产推向市场，使国有企业产权市场化，是坚持社会主义公有制并充分发挥社会主义公有制经济效益的有效方式。国有资产的产权，就是国家与企业对国有资产的权、责、利关系的行为界定。国家拥有企业，企业拥有独立的法人财产，即企业是产权主体。国有企业资产的产权关系不清，不是说国有资产的所有权不明确，而是指国家与企业对国有资产的权、责、利关系分不清楚，企业尚未成为产权的主体。

企业对国有资产的权、责、利关系即产权界定，既要考虑所有者的利益，更要考虑对国有资产的运用所能带来的经营效果。从国有资产运用的角度看，企业产权，是指企业对资产的使用权、由使用资产而带来的收益权以及资产的转让权。企业产权的基本特征是可交易性。企业对国有资产运用的显著特点，是从整个企业在市场经济竞争中的生存与发展来对待国有资产的运用。而只有使“资产”进入市场，才能有效地保值增值；使企业拥有独立的法人产权，才能真正实现企业自主经营、自负盈亏的独立法人地位。这是社会主义市场经济体制的基本操作规则。因此，只有理顺国有企业产权关系，才能使国有资产进入市场，使国有企业产权市场化，确保企业的独立的法人地位，从而有利于发挥国有资产的更大效益。

通过十多年的改革开放，我国的社会主义市场体系正在逐步建立与完善。目前已在不同程度上形成消费资料市场、生产资料市场、劳动力市场、金融市场和其他市场体系。但是，迄今为止，尚未明确提出建立产权市场体系，而产权市场体系正是社会主义整个市场体系中不可缺少的有机组成部分。只有建立产权市场，才是完整的社会主义市场体系。

在传统的计划经济体制下，国家对国有企业资产实行实物管理、行政化管理、固定化管理，其弊端是导致国有资产存量的呆滞和凝固，难以有效配置和合理流动，直接影响国有企业资产的经营效益和产业结构的有效调整。建立社会主义经济体制，必然要求破除对国有企业资产的条块式分割管理，对国有企业资产实行统一的价值化管理、金融化管理、流动化管理，通过产权市场来建立国有企业资产的合理流动和优化组合的机制，建立企业对国有资产负责的经营机制。我国的产权市场为企业产权交易活动，包括企业兼并、拍卖、处置闲置资产和其他各种产权转让活动，提供合法、有效的媒介和场所，是企业国有资产存量调整和产业结构优化以及企业各种经营要素合理流动的基本方式。按照市场机制来从事企业产权转让活动，使过去条块分割式的凝固化国有资产进入市场，是转换国有企业经营机制的前提和基础，有利于充分发挥国有企业资产的经营效益，促进我国社会生产力的进一步发展。当然，国有资产的门类和品种很多，哪些国有资产可以进入市场交易，哪些国有资产不宜进入市场交易，应当具体分析，并通过法律手段予以明确规定。但是，当前的重要问题不在于划分哪些资产可以交易或不宜交易，而在于必须突破旧观念、旧体制的束缚，确立国有资产进入市场的社会主义市场经济新观念、新体制，使企业拥有独立的法人财产，使企业成为独立的产权主体，建立社会主义市场经济体制下的新型企业产权制度。

（二）

国有资产进入市场的有效途径，就是按照公司制度来改造现有的国有企业，建立起适应社会主义市场经济体制要求的现代企业制度。这是转换国有企业经营机制的重要目标。建立现代企业制度的基本内容是建立现代企业组织制度、现代企业产权制度、现代企业管理制度。现代企业制度是以公司制度为主体的市场经济体制的最基本成分。现代公司制度的突出优点是有利于极大地提高社会分工的专业化与协作水平并带来新的社会生产力，形成现代企业的经营规模效益，实现工商结合、工贸结合、农工商结合及各种经济活动的结合，以及生产与科研的结合、产业资本与金融资本的结合、社会资源的综合利用，开展多种经营以满足市场需求的多样化和多变化。应当指出，这里讲的公司，必须是既是企业又是法人的真正公司，不包括那些名为公司而实为政府机构或行业组织以及那些政企不分的所谓公司。唯有对那些挂名公司进行政企分开的公司化改造，真正做到政企分开和政资分开，才能充分发挥现代公司在我国社会主义市场经济发展中的骨干作用和主导作用，使国有资产真正进入市场。

现代公司最重要的组织形式是有限责任公司和股份有限公司，而有限责任公司和股份有限公司正是我国股份制企业试点中的两种基本的、规范的企业组织形式。笔者在 1986 年曾经提出：“利用有限责任公司和股份有限公司的有效形式，促进我国社会主义公有制经济的发展，使公有制的生产资料与劳动者有机地结合起来，实现国家与企业、企业与职工在经济利益基础上的职责分工及其联系。我国公司发展的趋势表明，股份有限公司和有限责任公司将成为我国社会主义公司体系中的两种最基本公司责任形式。”[①] 几年来的实践证明，对我国国有企业（包括国有公司）进行股份制改造，企业就可以从国有资产所有权中分离出企业独立的法人产权（国家仍拥有对企业的所有权），这是使国有资产进入市场的必由之路。与传统的单一国有制企业比较起来，股份制企业的显著特点是，实行公司法人产权制度。股份制企业的资产，表现为公司股东的初始所有权与公司法人的产权相分离；公司法人的产权与公司具有的经营权相分离；公司资产的实物形态与价值形态相分离。这种分离，既维护了股份制企业中国有资产股东和其他资产股东的所有者利益，又保证了公司法人产权的独立性和公司经营权的自主性，从而使产权进入市场成为现实，并通过市场机制来检验产权与经营权的运用效果，形成对资产的价值管理制度。

在现代公司制度中，人们往往把股东看作是某某公司的股东，并非把公司说成是某某股东的公司。因为从法律角度看，一旦公司设立，公司便具有一种超越于股东的法人资格，独立地拥有产权并自主地从事经营活动。同时，在当代激烈的市场经济竞争中，往往是公司经营的成败决定着股东的命运。这样，从对资产运用效果的意义上来看，公司产权显得比股东所有权更为重要。

从我国一些国有企业股份制改造的经验来看，把现有的国有资产作价折股，同时吸收一定比例的社会公众股（包括社会定向募集股和企业内部职工股），由全体股东组成股东会，行使所有者权利；由股东会选出董事会，行使公司产权；再由董事会公开招聘经理人员，行使经营者权利。这样，国家作为所有者，凭借国家股股权委派股东并参加董事会，由董事会独立地行使产权并参与企业

① 邓荣霖．工业公司概论．北京：中国人民大学出版社，1987.

重大经营决策，取得合法收益并承担有限责任；经理作为企业日常经营活动的经营者，按照董事会的产权决策和重大经营决策，独立自主地从事企业的经营活动。这是理顺国有企业产权关系，使国有资产进入市场，转换国有企业经营机制，建立现代企业制度的重要步骤。

依据社会主义市场经济体制的要求，国家作为所有者，不能再沿袭计划经济体制下由各级政府部门直接调拨国有资产和直接指挥国有企业经营活动的那种条块式实物管理的做法，而是改为由国家授权给专门从事国有资产经营的公司，包括投资公司、控股公司、集团公司，并通过这些公司对企业国有资产进行有效的价值管理，追求国有资产的资本金的成本收益最大化，实现国有资产的合理流动和优化配置。

由专门经营国有资产的公司委派到拥有国有资产的企业的股东代表即董事，他本人并不是真正的股东，而是作为国家股股东的代理人。这些国家股股权代表能否真正以追求国家所有者的利益为己任，对维护社会主义公有制和有效行使国家股所有权是一个极其重要的问题。为此，必须在法律上规定这些国家股股权代理人维护国家所有者利益的行为准则和责任。同时，通过国有资产进入市场的竞争机制，使国有资产与非国有资产在公平、公开、公正的市场竞争中来检验国有资产的运用效果，并检验这些国家股股权代表的业绩，优胜劣汰。

公司经理作为经营者的代表，拥有经营权。独立自主地从事日常经营活动，是企业内部经营权与产权分离的表现、经营权与所有权分离的表现。既然是分离，就必然会出现矛盾。怎样正确处理经理行为与企业产权的关系，既有利于充分发挥经理行使法律规定的企业经营自主权的主动性和积极性，又能建立起经理行为为所有者利益服务的约束机制，是国有资产进入市场所必须解决的又一个重要问题。

因为公司经理是由董事会招聘的，董事会又是由股东会选举产生的，所以，公司经理的经营目标是使公司股东权益最大化，这无疑是合乎逻辑的结果。但经营权与产权的分离及经营权与所有权的分离，使得拥有独立自主的经营权的公司经理会产生与股东利益相偏离甚至相悖的某种独立利益，出现使股东权益掺水的现象，出现股东对经理失去控制的现象。例如，国外市场经济发达国家的一些大公司的经理权限过大、薪金过高，导致公司经营效果差，管理水平低，引起股东们的强烈不满，就是一个例证。但在我国现阶段的市场经济条件下，从总体上看，作为真正企业的公司，仍然受到政府的直接干预，尚未拥有作为企业所必需的独立的经营自主权，经理的经营权受到极大限制，未能充分有效地发挥经理的才能和作用，存在经理人员收入与担负的重任不相匹配而呈现一般收入偏低的问题。我国国有企业经理人员的个人工资收入受到严格的硬性控制，与普通职工收入不能相差太大，责任再大、经营效果再好也不与个人工资挂钩，但经理人员的所谓“公事报销费用”却是软性支出而且相当庞大。因此，现阶段我国国有企业经理行为存在的主要问题是，对怎样解决国有资产保值增值并阻止国有资产流失，怎样解决国有企业技术进步缺乏后劲、科技人才难以施展才能、缺少企业长期经营战略和管理工作中存在短期行为等问题，缺乏应有的动力和压力。实际上，这已经引起了国有资产股东们的重视和追究。为此，应当通过建立国有资产的产权市场，包括资本市场、证券市场、股票市场，促使经理们考虑股东利益，股东可以通过产权市场来迫使经理人员改善经营状况。同时，尽快建立经理人才市场，使企业可随时招聘到更好的经理，以取代相形见绌的现任经理，并使经理的薪金与企业资产收益和经营效果联系起来。

（三）

在我国现阶段股份制企业试点的情况下，国有资产进入市场的另一个具体的关键性问题，就是国有股（国家股）进入市场的问题。依据现行政策规定，我国股份制企业的股权由国有股、法人股、个人股、外资股四种构成，而且要求实行“股权平等，同股同利，同股同权”的政策。但据了解，目前一些由原国有企业改建的股份制企业，按 33% 的税率上缴所得税之后，再按国家股折入的股本进行分红，其结果是企业留利水平反而低于原国有企业。这些国有企业原本希望通过股份制试点来增强企业活力，但在改建为股份制企业之后，居然又立即强烈地发出“搞活股份制企业”的呼声和要求。这种反常现象的症结就在于国有股无法进入市场。由于国有股不能进入市场，只能按 1∶1 折入企业总股本；而法人股、个人股能够进入市场，则可按市价和溢价取值，即法人股、个人股可按 1∶2 或 1∶3 甚至更高比例折入企业总股本，从而造成国有股在分红时不能与其他股权体现同股同利原则，使国有资产在产权市场中处于不利地位。

不允许国有股进入市场的限制性规定，是沿用传统的计划经济旧观念旧体制的表现，其后果是使国有股凝固在国有资产存量的实物形态，使国有资产的优化配置受到阻碍，不利于国有企业的发展和产业结构的调整。随着我国改革开放的推进和社会主义市场经济体制的建立，允许国有股进入市场，有利于最大限度地增强国有资产的活力，形成各类股权在市场竞争中的平等地位，使国有股在产权市场中保值增值，使国有资产根据资本市场的变化，有效地从实物形态转变为货币资本，再投入到社会经济发展最需要的产业部门，发挥国有资产在社会资源优化配置中的主导作用。国有股的上市交易，还有利于增强国有股在股票市场中的控制与引导作用，抑制股票市场中的过度投机现象，这不仅不会削弱国有股的主体地位，而且正是坚持社会主义公有制经济为主体的必要保证，是坚持以社会生产力发展为标准来对待国有股及其在产权市场中与其他股权的关系的必要保证。至于目前我国股份制企业试点阶段的国有股、法人股、个人股和外资股，随着我国产权市场的建立与发展，将逐步规范化为普通股和优先股，其操作过程中存在的问题，亦将以法律为依据、以社会主义市场经济体制为目标而得到有效的解决。

（原载《党校论坛》，1993（9））

● 资本营运与国有企业改革（上）

一、资本营运的基本含义

企业的资本营运就是把企业所有的有形资产和无形资产变为可以经营的价值资本。企业的资产有双重的身份，一重身份是它本身在经营过程当中作为一种要素存在，生产出新的产品；另一重身份是这些资产本身又可以作为经营的价值资本存在，可以通过优化配置活动，如收购、兼并、重组、参股、控股、交易、转让、租赁和其他的多种途径进行有效的经营，实现最大限度的资本增值，这就是资本营运的基本含义。

对我们中国国有企业来说，对资本营运的认识大致经历了三个阶段：第一个阶段，就是在 1978 年改革开放以前，中国的企业尤其是国有企业，是生产决定一切，生产支配一切，整个企业是以生产为中心，有了生产就有了一切，这是 1979 年以前中国企业的基本状况。第二个阶段，是 1978 年改革开放以后，80 年代期间可以说中国的企业提高了对营销的重要性的认识并付诸实践，即开始重视资本的价值实现和增值。第三个阶段，90 年代以来，中国的企业进一步认识到资本营运的重要性和财务的重要性。也就是说不仅要有生产，还要有营销，而且要有资本营运的观念。90年代以来，中国的企业进行了资本营运。十五大以后，中国的资本营运又被推向了一个新的高潮。

因此资本营运与产品经营的最大不同是看资本是否实现了最大的价值。资本营运对企业的要求更高了。随着资本营运的重要性的提出，财务管理在一个企业的所有管理中所处的地位也越来越重要，越来越高。我们过去讲的财务管理只是指算账，过去是算老账、算死账；市场经济的财务管理应当说是算新账、算活账、算未来的账。财务管理的职能最重要的就是要资本营运，它要筹集哪些资金，运用哪些资金，这些资本如何更好地增值。所以资本营运也就是以资本增值为目的。资本的增值又是以资本的保值为基础的，因此资本保值增值的概念不是一个特殊要求，是资本的本能要求。

二、资本营运与一般产品经营的区别

资本营运强调的是运营资本，是资本增值。营运的重点是加速资本的周转，尽量缩短物流在各个环节的流动时间，最关注的是投资的效益和资金的循环、增值。所以资本营运与产品经营的第一个区别，是关注的营运对象不同。在以往的产品经营观念下，只要有项目就是好事；资本营运则不同。资本营运不承认捞到一个项目就有好处，关键是看这个项目有没有效益，资本循环当中能不能增值。资本营运要求制止无效的投入、无效的项目，要想办法把资金用于挣钱的产品和行业。在一般产品经营的观念下，它运营的对象是产品，供应的重点是物流，习惯于围绕产品来决定企业的命运，最担心的是没有东西可生产，它不担心生产的结果如何，因此它是片面追求产量，盲目扩大规模，这是一个本质的不同。如果我们不能把这个区别开来，就无法去从事资本营运。第二个区别，资本营运最关心的不是多要资金，而是用好资金。在资本营运的观念指导下，企业的生命力在于资金周转的速度，在于存量资产的流动与重组，这是它的生命。这就要求存量资产应该流到回报率更高的产品和行业上来，从而获得增值的契机，使资本增值。在过去传统的产品经营的观念下，它注意的是资产增量的投入，最着急的是贷不到款，买不到原料，而对资产的运用效益往往看作是第二位的。所以在产品经营的观念下，企业习惯于在既定的范围内自我配套、自我完善，不愿意接受资本流动，认为资本流动就破坏了原来的那个观念、那个模式，不愿意承认资产重组可以增值的事实，甚至认为只要东西在就是保值；而资本营运不是这个观念，东西在也可能就是贬值，因为没有带来新的价值。第三个区别，资本营运着眼于用比较少的资金来调动更多的资金和资本，是开放性的经营；而传统的商品经营总是盯着本厂，自我完善，自我配套，自我方便，搞大而全、小而全，不计算投入产出效益。第四个区别，资本营运是为了保证资本投入的安全，力求减少资本投入的风险，在可能的情况下，尽量分散产业的风险、产品的风险；传统的产品经营思路往往是依靠单一性的产品经营来保护自己的全部利益，而对有效的投资往往是怕别人沾边，自己把风险全部担起来，结果是以失败而告终。第五个区别，是在资本营运的原则下，企业不追求没有效益的先进技术，不是技术越先进越好，关键是看这项技术投入能不能带来高回报率，这是决定采用不采用这项技术的前提。我们现在讲的高新技术很重要，但并不是越高越好，越新越好，这完全取决于此项技术上投资的回报率如何。能够明年用的钱，绝不在今年花；能利用别人的钱，绝不花自己的钱；能利用别人的成果搞出来的产品，绝不自己再去搞。它事事时时都以效益为中心，所以资本营运把效益为中心推到了最前面。而产品经营的思路，往往片面地强调技术的先进性和超过别人，习惯于什么都自己干，习惯于搞填平补齐，忽略能否给自己带来利益。

三、资本营运与产业经营的关系

资本营运与产业经营之间的关系，是二者不能割裂开来，更不能对立起来，在强调资本营运的同时，不能忽略产业经营。我们在强调财务管理的同时，不能忽略生产管理和营销管理，更不能把它们对立起来，强调财务管理而放松生产管理、营销管理，特别是对于产业性企业来说。从资本营运中资本价值形态变换的过程看，经营有两大类企业——产业性企业和投资性企业；对于投资性企业来说，资本营运就是它的一切业务的中心；对大多数产业性企业来说，则要增强对资本营运的重要性的认识。但不能有片面性，不能说抓资本营运，产业经营就不重要了。它们的关系，应当是彼此补充、相互结合。就是说我们强调资本运营的重要性，不能排斥产业经营。这里讲的产业经营包括生产经营和营销经营，因为现有生产企业、流通企业等各种企业很多，所以要彼此补充、相互结合。其中，产业经营是基础，资本营运只有在产业经营的基础上才能搞好，如果丢掉产业经营，单纯的资本营运不仅对产业性公司来说成效不大，对证券公司、金融公司、投资公司等也不利，因为如果这类公司太多，没有自己的产业作后盾也会垮的。

四、国有企业如何实现有效的资本营运

就我们国家现在国有企业的状况来说，要使它能够有效地进行资本营运，需要解决几个制度性的问题。

（1）要明确国有资产的投资主体。当前我国对国有资产投资主体正在进行改革试点的有这么几种形式：第一种形式叫国家控股公司，1994 年 10 月在国务院召开的全国企业制度试点工作会议上，国务院领导宣布了三家国家控股公司：中国石化工业总公司、中国有色金属工业总公司、中国航空工业总公司；第二种是以深圳为代表的投资公

司；第三种就是国有资产经营公司，以上海为代表，将主管局改为国有资产经营公司；第四种是有条件的集团母公司改为国有资产投资主体。现在比较麻烦的就是国有资产投资主体的责、权、利相结合的机制建立问题。现在我们的情况是：有权力的没有责任，有责任的没有权力。资本营运的前提是资本的责任制。现在国有资产的根本问题就是没有责任制，没有明确责任。政府不负责任，企业也不负责任；政府负责任，企业也负责任。谁都负责任，谁都不负责任。在这种状态下搞资本营运，其效果必然要受到限制。

（2）要变现在国有企业单一投资主体为多元投资主体。资本运营要建立在多个股东、多元投资主体的前提下，因此多元投资主体是国有企业改革的方向。这个方向最重要的表现就是公司制，而公司制当中又以有限责任公司和股份有限公司为基本形式，国家独资公司这种形式只能是极少数特殊的行业、特殊的产品，不能普遍地搞，如果普遍地搞成国家独资，这个资本运营是不能成功的，终究要走过场。现在我们搞得太多，国务院试点的 100 家现代企业中，有 83 家搞成了国家独资公司。这是一种失败，这是一种走过场。国家独资公司不是一种成功的形式，它的基本形式应该是多元投资主体的公司，资本营运应该建立在多个股东、多元投资主体的基础上。

（3）要明确企业法人财产的责任和权力，要区分股东的所有权和公司法人的财产支配权。可以从两个角度来看资本运营。一个是站在股东的角度来看资本运营。从股东角度讲，股东拥有的是股权，是价值形态的资本所有权。而企业法人的财产支配权是和股东的所有权分离的。公司可以以法人的名义支配其全部财产，在支配财产的过程中就包含了资本营运的观念。资本营运的主体可以有两方面：一是股东；二是企业法人。这两者有联系，但角度不同。我们现在讲的资本营运是哪一个主体的营运，这个问题要搞清楚，因为各有各的权力，各有各的责任。股东拥有的是所有权，他能够营运的就是转移他的股权，他只能把股权拿到资本市场、证券市场上去转移，股东没有直接去支配企业法人财产使用的权利，这个必须明确，否则资本运营又搞乱了，那就等于说股东又要决定企业的一切命运，那不可能。企业法人财产的权力最主要的是对法人财产的支配权，包括它的使用权、占用权等，它是实物形态和价值形态的统一。企业法人有权支配实物形态的资本，把它用于生产过程；同时可以把它看作价值资本，把它卖掉，处理掉，然后再换成另外一种实物形态。这些股东不得干预，这个权力是企业的权力、法人的权力，而这个问题我们也没有解决。国有资产最明显的问题就是政府可以支配企业的一切，可以调拨企业的设备，从而违背了资本运营起码的前提。如果不解决这个问题，资本运营可能又是一片混乱，又是一种不规则、不规范、无序的状态。现在资本运营在中国很多是无序的状态。导致这种状况的就是还有一些基本的原则没有搞清楚，或者说基本的法律在中国还不健全。

（4）企业资产要实行价值化管理、流动化管理、市场化管理，革除传统国有企业的实物化管理、固定化管理、行政化管理的弊端。我们国有企业的资产长期以来是实物化、固定化、行政化管理，这种管理方法适合计划经济体制，但不适合市场经济体制。市场经济体制的资产实行的是价值化管理、流动化管理、市场化管理。只有价值化、流动化、市场化管理，才能出现资本的流动，实现资本的保值和增值。因此价值化、流动化、市场化管理是资本运营的前提条件，只有革除过去的实物化、固定化、行政化管理的弊端，才有可能实现资本优化配置的流动，收购、兼并、重组、参股、控股、交易、转让、租赁等各种流动的形态才可能出现。

（5）要建立完善的法人治理结构。法人治理结构是企业资本营运的组织保证。不能设想没有一个完善的法人治理结构，可以有效地从事资本运营。最重要的问题就是要明确企业以公司为代表的决策机构、执行机构和监督机构。公司的股东会、股东大会是最高决策机构，董事会是常设决策机构，这两个决策机构都有权对资本营运作出决策。应当明确经常性的决策由董事会来做，即由董事会决定谁来进行资本营运；执行机构的任务就是执行决策机构的决策，包括资本营运的决策和产业经营的决策，执行机构必须明确个人负责制，所以它强调的是经理负责制、总经理负责制；资本营运要受到监督，所以必须有监督机构。总之，在企业法人治理结构方面这三个机构必须完善，它们是相互统一、相互制衡的关系。我们不能把简单的传统的国有企业的厂长负责制拿来搞资本营运，因为厂长负责制的含义不清楚，它是决策机构还是执行机构？它既决策又执行，所以它无法搞资本营运。而一旦在法人治理结构不完善的情况下去搞资本营运，可能损失更大。资本营运本身是一件好事，但能不能做好，完全取决于在什么样的思路和制度下做，这种好事办坏了的例子多得是。因此，我们要保证把好事办好，就要有组织保证，法人治理结构是不可或缺的。

（6）要把资本营运的效益与产业经营的效益结合起来考核，二者不可偏废。我们过去是单纯考核企业的产品经营，只要完成产品任务，资本是不考核的。我们现在强调资本营运，有可能只考虑资本运营，而不管产业经营，这是不行的。必须把两者结合起来考核。这就要修改我们财务考核的指标。财务考核的指标应该体现资产经营，即资本营运与产业经营结合起来考核的市场经济原则。现在的财务指标考核，还不适应资本营运的要求。要适应就应该与国际接轨，按照国际惯例来考核我们的资本营运。在资本营运这个财务指标的考核上没有中国特色这一说，因为资本都是共同的，只要有企业就要有资本。

要搞好资本营运必须与国有企业改革结合在一起，尤其是要与国有企业产权制度改革结合在一起。两者是相互促进的。国有企业产权制度改革可为企业的资本营运提供制度保证，而资本营运可以推动国有企业的改革，尤其是产权制度的改革，也包括其他各项管理制度、组织制度的改革。但是不能等待，不能等产权明确后再搞资本营运，因为现在国企改革还有一个过程。当然留给国有企业的时间不会太多，可能也就是三至五年的时间，如果国有企业能够闯过这个难关，可能还能救活一批国有企业，否则，国有企业可能要面临极端危险的境地。实践已经证明，最近几年来，我们国家的企业，尤其是国有企业在资本运营方面也有取得一些成绩和成功的例子。比如深圳就有一些从事资本运营比较好的企业，康佳公司就是把资本营运与产业经营结合起来的一个典型。企业应该有几个方面的利润：一是产品利润，即企业从事生产活动，销售产品，产出大于投入的产品利润；二是技术利润，即由于开发利用新技术而获得的利润，如西门子公司60%的利润来自技术利润，它的技术利润大于它的产品利润；三是资本营运的利润，即通过兼并、收购、改组、重组等，同样的土地、厂房、设备带来新的价值，实现资本的增值；四是外汇的损益，即外汇汇率的变化给企业带来的收益或损失。一个企业的利润大致是这四部分的综合。而我们国有企业过去只有产品利润的观念，其他三部分利润的观念很淡薄，产品利润很大，但其他三方面没有利润，甚至有损失，还要弥补。当然我们现在一些国有企业还处于连产品利润都没有的状态，那就更困难了。因此在搞资本运营的时候，一个很重要的原则就是要同产业经营结合起来。康佳就是这样的典型，山东诸城车辆厂也是这样的典型。中国现在国有企业闲置资产太多了，太死了。资产应该始终处于流动当中，不是说盘活一次，以后就不要再盘活了，如果是这样那也会死的。因为资本的生命在于运动，资本只有通过运动才能实现保值增值。

（原载《经济与管理研究》，1998（3））

● 资本营运与国有企业改革（下）

五、我们现在资本营运的思路

现在我们大致有两种思路：一种思路是通过资本营运解决国有企业不良债务问题，解决企业的亏损问题；第二种思路就是通过资本营运对国有企业进行战略性改组，优化国有资产的结构，提高企业的市场竞争力。前一种思路是出于现实的考虑或者说是站在政府的角度来说，更多的是解决眼前的问题；后一种思路是解决企业长远发展的目标问题，是站在企业的角度来看待资本营运的，是国有企业或者说是一般企业资本营运的根本任务。对于企业来说，资本营运的立足点首先要放在企业的利益上，企业是主体；同时要利用政府出台的可行的一些政策，争取政府的支持和扶持，不要使政府成为资本营运的阻力。要有开明的政府来促使企业达到目标，千万不要让企业背上新的包袱，不能一搞资本营运，反而形成新的包袱。现在对国有企业的资本营运，思路一定要明确：主体是企业，要由企业来决定是否进行资本营运，如何进行资本营运。当然要争取政府的指导，利用现在已有的政策。对政府来说，冲破条块分割，转变职能，开明一点，给予支持。比如，山东诸城跟北京汽车摩托车厂搞资产重组，因为是跨地区，牵涉到两个地区的利益，如产品税收问题，怎么办？两地政府都应开明一点。我认为，现在政府对企业应该采取“不求所有，只求所在，只求所得”的态度。“不求所有”，就是这个企业不一定是归我这个城市条条管；“只求所在”，就是你在我这个城市，帮我解决一些就业问题就行了；“只求所得”，主要是指挣了钱给我交税，对我有好处。

另外，在企业内部，我认为应该明确股东与企业法人的关系，特别是企业集团、集团公司与子公司的关系，这非常重要，实际上许多资本营运是在一个集团范围内进行的。集团母公司和子公司的关系是这样的：作为母公司来说有两种情况：一种是纯粹的控股公司，也就是说这个公司只有资本营运的功能；第二种是混合的控股公司，就是说这个母公司既有对子公司控股的职能，又有业务上的关系。母公司多数是这种混合的控股公司。因此，这类母公司与子公司一要处理好资本的关系，即产权的关系；二要处理好业务的关系。这两者的关系是既有联系又有区别的。作为资本关系，子公司大概有以下三种情况：第一种是全资的子公司，即独资公司，它的全部资本都是母公司投资的；第二种是控股的子公司（控股子公司又有两种情况：一是绝对控股，母公司在子公司控制了51%的资本；二是相对控股的子公司）；第三种是参股的子公司。所谓参股子公司，就是母公司在子公司中不处于控股的地位。这三种情况下，资本营运的状况是不同的，这牵涉到母公司对子公司的权力、责任和利益的大小的调整。一般来说，资本营运最后要形成母子公司的关系，然后就是业务关系，包括生产上的关系（子公司为母公司生产零部件）、销售上的关系（子公司是母公司的代理商、销售公司）、技术上的关系（子公司接受母公司的技术投入）、信息上的关系（母公司是个信息中心，为子公司提供各种信息）。所以资本营运跟其他的业务上的关系要结合起来，也就是我刚才讲的资产经营的效益要和产业经营的效益结合起来考虑，要实行集团化。

六、当前资本营运和国有企业改革中的几个难题

第一个难题就是资本从何而来。我们现在搞资本营运，资金从何而来？利用现有的资金，也就是说用少量的资金来盘活更大的存量，固然很好，但这个少量的资金怎么来？银行贷款没有这一项。所以我认为要改革金融体制，想更多的办法来解决这个问题。

第二个难题就是跨地区的资产重组、跨行业的结构调整如何结合起来进行。我想，在进行体制改革的同时，企业应更多地利用中介机构。在跨地区的资产重组中，要加强立法，加大执法的力度。比如甲地的企业要兼并乙地的企业，涉及两地的利益关系，由谁来判决，执法机构要明确。应该走向法治化，改变现在这种人治的状态。人治只能是关停并转、行政划拨，它不是真正的资本营运。我们的资本营运应该按照市场机制、市场经济的规律来进行。

第三个难题就是人员的问题。现在有人说，资产重组中资产本身倒好办，而人员问题难解决。中国现在就业问题在一定意义上可能是比资本营运还要大的社会问题，政府之所以提倡多兼并少破产，考虑的是社会安定和社会公平问题。我认为，在市场经济条件下，对企业来说，效率就是生命，效率决定一切。如果资本营运中不能提高效率，这种营运十之八九是要失败的，也就是说资本营运以后的企业效率必须高于原来兼并方企业的效率或被兼并方企业的效率，等于都不行。倘若是等于，也就是说原来企业就这么大，效率这么高，还过得去；现在扩大了，还是原来这个效率，那获得的利润就可能在行业的平均利润率以下，就可能要削弱竞争力。所以资本营运必须给企业带来更高的效率。效率是企业的生命线，企业没有效率就完了。国有企业现在存在两大问题，一是散，二是懒。国有企业现在不能把人的勤劳的一面调动起来，反而使人的惰性的一面滋长起来了。人多就不能保持高效率，如果我们把这种人多的现象还带进资本营运中，那最后

肯定是要失败的，因为没有资本营运的前提——效益。所以在资本营运中必须精简人员。上海有条规定，就是兼并之前必须下岗20%的人员，我认为这个规定好。当然下岗会造成社会就业问题，这应由社会来解决，不要混在一起。市场只承认效率，市场本身不能解决社会公平问题。社会公平问题要由政府来解决，政府应该做市场不能做的事情。政府不能取代市场，取代企业；市场也不是万能的，企业也不是万能的。企业只讲究效率，企业不能解决社会公平问题。如果由企业来承担社会公平的责任，就会使企业的职能错位。企业如果为了维护社会稳定而牺牲效率，肯定办不好。企业只能保持高效率。

第四个难题是不断创新的精神。企业有没有竞争力就在于它有没有不断创新的精神，这个创新包括产品创新、技术创新、组织创新、管理创新。实际上资本营运也是企业创新的一个组成部分。市场经济如同逆水行舟，不进则退，不创新就会落后，甚至一个企业要自己否定自己。因为技术是不等人的，你能守住就守，守不住的，要不断创新，资本营运必须有利于企业创新机制的形成。

（原载《经济与管理研究》，1998（4））

● 转换国有企业经营机制与培育企业家

中国现阶段国有企业经营机制的转换，需从两个方面努力：一是企业外部环境的改革；二是企业内部机制的改革。转换就是改革。外部改革和内部改革，两者缺一不可。转换国有企业经营机制是整个社会的一场革命，而不仅仅是企业的事情。不要把转换国有企业经营机制变成国有企业转换经营机制。

从企业外部环境来看，当务之急，首要的是解决三个问题：（1）转变政府职能，解决政企不分问题，精简政府机构，把经营权真正还给企业，政府不再直接干预企业经营活动，使企业切实成为拥有各项经营自主权的经济实体。（2）大力推进社会化进程，解决企业办社会问题，减轻企业过重的社会负担，建立社会保障制度；统一建立待业、养老、工伤、医疗等保险制度，实行不区分所有制界限以及用工类别的社会养老保险制度。（3）通过多种有效途径来实现国有资产产权责任明晰化，解决国有资产产权责任不清问题，按照社会主义市场经济规律的要求来管好国有资产，发展产权市场，使国有企业在国有资产产权交易中承担国有资产的保值增值任务，建立起对国有资产负责的企业经营机制。

从企业内部机制来看，迫切需要建立起适应公平、公开、公正的

“三公”市场竞争秩序要求的运行机制，形成企业经营活动的良性循环。企业内部机制改革是综合的、多元的、配套的系统工程，包括确立反映市场经济规律的现代经营观念；选择适合企业自身特点的资产经营方式；改变落后、僵化的企业组织结构和组织机构；建立新的财务会计制度；改革不合理的人事制度、劳动用工制度、工资奖金分配制度；加强企业内部的基础工作和生产管理、营销管理、人力资源管理、研究与开发管理、财务管理以及涉及企业经营活动的各项现场管理工作。

上述两个方面的改革，从总体上看，人们已基本上取得了共识。而且，无论从企业还是从政府来看，都在努力进行诸项转换工作，特别是企业和政府着重从各自承担社会经济责任的角度进行自身的改革，逐步改变以往那种企业过分强调外部环境和政府过分强调企业内部因素的彼此脱节的一些说法与做法。

但是，转换国有企业经营机制的一个更深层次的问题，尚未引起人们的足够重视。这就是培育企业家问题。这是一个具有深远意义的战略性问题。

有一种看法，认为中国目前处于新旧体制交替时期，不具备造就企业家的土壤和条件。

我的看法是，在由旧体制向新体制转变和企业经营机制转换的过程中，更加迫切需要企业家，更是培育大批企业家的有利时机。从根本上说，转换企业经营机制，增强企业活力，关键在于培育一批社会主义企业家。

国有企业经营机制的转换，既面临市场经济条件下企业经营活动的普遍性市场竞争问题，又面临体制改革过程中企业经营活动的特殊性机制转换问题。企业需要大量的各类人才来解决这些普遍性问题和特殊性问题，而在各类人才中，最重要的就是企业家。培育企业家，是转换国有企业经营机制的战略保证。

国内外经营成功的企业的经验证明，办好一个企业，至少要有一个企业家；像大公司这样的现代大型企业，应有两三个或三四个企业家。在这方面，日本企业有成功的经验，中国企业正在朝着培育自己的企业家的方向发展。企业家不是一级政府官员，而是专门从事企业经营活动的职业家。企业家精神的核心是创新意识，在转换国有企业经营机制过程中，企业家就是通过他们的创意，善于在上述外部改革和内部改革中求得企业的生存与发展，在国内外市场竞争中不断开拓新局面。培育企业家是全社会的任务，更是我国高等院校责无旁贷的任务。

（原载《中国人民大学学报》，1993（4））

国外经验

On
Companies

● 国外的企业组织形式和管理模式

在国外，创办一个企业，首先遇到的问题就是要确定企业的组织形式。例如，在美国，只要成立一个企业，必须按照法律规定的要求，明确选择哪一种形式的企业。美国称此为“企业的法律形式”。在美国及其他一些经济发达国家，企业的组织形式一般都通过法律条文予以明确规定，这就是企业的法律形式。任何人创办企业，都必须在法律确认的范围内，选择一种恰当的企业组织形式。

国外对企业组织形式的分析与研究，是经济管理理论与实践的极其重要的组成部分，特别是对于做好企业管理工作，有着非常重要的价值。企业组织形式的不同，在一定程度上决定着企业管理工作的方向和内容及其具体的管理方法。企业的生产管理、销售管理、人力资源管理、财务管理，都同企业的组织形式有着密切的关系。所以，企业的经营者和各类管理人员了解企业组织形式的类型及其特点，对于设计企业的组织结构、建立企业的组织结构、协调企业组织内部的联系、进行企业的组织变革、处理企业外部的各种关系，都具有重要的指导作用和实用价值。国外成功的企业家，总是能够根据企业组织形式的不同，采取不同的经营方式和策略，以实现企业的经营目标。

国外对企业组织形式的类型，是从不同的角度来考察的。从各国的企业立法和企业实际状况来看，大致是从以下三个角度来考察企业的组织形式。

一、从企业资产的所有者形式来考察

这是企业的经济内容在组织形式上的表现，也就是“企业法律形式”概念的具体内容。

具体来说，美国、加拿大、英国、法国、日本等国按照企业资产所有者形式的不同，把企业大致分为五种类型：（1）独资企业；（2）合伙企业；（3）公司；（4）国有企业；（5）混合企业。在这里，“所有者”与“所有制”是两个不同的概念。不同的所有制下，有着不同的所有者。但在同一种所有制的条件下，也有着不同的所有者形式。

在上述五种类型的企业组织形式中，虽然各个国家的各种类型企业所占比重有所不同，但从总体上看，最基本的企业类型有三种，即独资企业、合伙企业和公司。国有企业一般是在国防工业部门和一些风险性大的尖端技术部门中稍多一些。所谓混合企业，是指由一部分国有资产和一部分私人资产共同投资组成的企业。

从最基本的三种类型的企业来看，各有优点和缺点，在经济活动中的作用以及按国家法律规定的权利与义务也有差异。

1. 独资企业

这是指一人出资并由本人经营的企业。也称作个体所有者企业。这种所有者形式的企业，在美国约占企业总数的75%。

独资企业的优点是：（1）利润归个人所得。因为企业由个人出资，归个人所有，由个人经营，所以利润也归个人分得，不需要与别人分摊，但必须按国家法律规定缴纳所得税。（2）对经营中出现的问题的处理迅速、灵活。因为企业经营者个人独立自主地决定企业问题，不需要与别人商量，经营上的制约因素较少，而且规模较小，业务不太复杂，所以较为容易决策，而且“船小好掉头”，能够敏捷、机动地适应市场变化的要求。（3）容易保密。除了所得税表格中需要填报的项目外，其他的事项（例如销售数量、利润、生产工艺、财务状况等）都可以保密，以利于市场竞争。（4）使经营者个人的愿望得到满足，包括企业经营目标的确定、经营地点的选择、经营时间的安排和调整，都可以按自己的要求来进行。如果企业成功，就是个人努力的结果，从而感到最大的满足，实现了个人的愿望。

独资企业的缺点是：（1）无限的责任。当企业资产不足以偿还债务时，必须用个人的全部财产来清偿。这种承担无限清偿责任的情况，表明经营者个人的所有财产都是有风险的。不仅企业经营的资产有风险，而且个人的全部财产都有风险。所以，独资企业不适宜经营那些风险性大的事业。（2）有限的规模。因为个人的资产终归有限，而且完全依靠利润所得的再投资也是有限的，所以企业的发展受到限制。独资企业不可能经营那些需要大量资本的事业。（3）有限的企业寿命。企业的存在完全取决于个人，如果个人出现意外，包括个人经营不善而破产，个人身体不佳而死亡，或者个人犯罪而被关押，或者个人改变愿望而不打算再经营企业，都会招致企业的关闭。这种企业寿命有限的情况，使得企业雇员和债务人不得不承受很大的风险。虽然经营者的人寿保险可以在个人死亡时用保险金来偿还债务，但这并不能延长企业寿命。

2. 合伙企业

这是指由两人以上共同出资并共同经营的企业。这种合伙所有者形式的企业，在美国约占企业总数的7%。最常见的合伙企业有广告事务所、会计师事务所、律师事务所、零售商店等。

合伙企业的成立不同于独资企业，须用书面协议表明合伙人的同意成立，这个书面协议就是合伙经营合同。合同中必须涵盖的内容有：合伙企业的利润和亏损如何在合伙人之间分配；合伙人的出资额和业务分担以及承担债务责任的形式；退股和入股的办法；解决合伙人之间争端的方式；企业关闭后的资产分配的办法。合伙企业不同于独资企业，还在于有不同类型的合伙人，包括普通合伙人，即承担无限责任；有限合伙人，即承担有限责任；匿名合伙人，即只出资不出名，只参与分红不参与管理；秘密合伙人，即在企业中起很大作用但不对外公开名字；不记名合伙人，即在企业中不起多大作用并且没有发言权；名义合伙人，即挂名参与合伙但实际上既不出资也不参与管理。每一个合伙企业至少须有一个普通合伙人；有限合伙人和名义合伙人须在合同中明确记载。

与独资企业比较起来，合伙企业的优点是：（1）扩大了资金来源，提升了信用能力。若干合伙人共同投资的资金一般大于个人资金的数量，而且每个合伙人都有可能从亲戚朋友和贷款机构以及债权人那里获得一定的信用。（2）提高了决策能力。若干合伙人通过集思广益作出决策，能够各展所长，使经营决策水平高于独资企业的个人决策。（3）增加了企业扩大和发展的可能性。合伙企业的规模一般大于独资企业，能够提供更多更好的产品和服务。

与独资企业和公司比较起来，合伙企业的缺点是：（1）无限的责任。合伙企业至少要有一个普通合伙人，而普通合伙人必须承担无限责任。如果有几个普通合伙人，那么这些普通合伙人之间还要负连带责任。（2）企业寿命难以延续很久。只要有一个合伙人出现意外，往往会造成合伙企业的关闭。（3）难以取得决策上的完全一致。合伙人之间往往容易出现意见分歧，相互干扰，影响有效经营决策。（4）企业规模受到局限。合伙企业规模虽然大于独资企业，但比起公司规模仍然相差甚远。

3. 公司

这是指由两人以上集资并依法组成的以营利为目的的企业法人。公司是当代世界各国最重要的企业组织形式。公司在生产、销售、金融、财政乃至整个国民经济中起着举足轻重的作用。在美国，公司只占全部企业总数的15%，收入却占全国收入的85%以上，纯利润占全部纯利润的70%以上，员工工资占全国员工工资的70%以上。

公司与独资企业和合伙企业的最基本区别在于，公司是法人企业，即公司既是企业又是法人；而独资企业和合伙企业是自然人企业。作为法人的公司，在法律上具有独立的人格，即公司组织在法律上的人格化；公司有权以自己的名义来从事经营活动并参与有关的民事活动。公司的财产是由公司统一支配的，而不再是股东个人的共有财产。公司的经营业务由公司自己的组织机构来执行，与股东个人没有直接的联系。

按照公司所承担债务责任形式的不同，世界各国一般将其分为无限责任公司、有限责任公司、两合公司、股份有限公司、股份两合公司五种类型。各国的公司立法都确认股份有限公司（简称股份公司）是最典型的企业法人。在美国及其他一些国家，股份公司是最重要、最普遍的公司形式。在国外，大企业的含义通常就是指公司，尤其是指大型股份公司。

股份公司的突出优点为，它是最适于现代大企业的一种企业组织形式。其具体优点表现在：（1）有限责任。股东以其认缴的股份为限对公司承担责任；公司以其全部资产为限对债权人承担责任。（2）有发展的可能性。公司通过发行股票和债券，能够把社会上分散的游资筹集为公司的巨额资本，使公司比独资企业和合伙企业有更大发展的可能性。（3）管理效率高。公司所有者与经营者的分离，使得股东不再直接管理企业，而是把公司管理职能交由各方面的专家来承担，从而提高了经营管理水平。（4）所有权转移方便。股票不能赎回，但可以通过股票市场转移股票，有助于资金流向经营得法的公司。（5）企业寿命可以延长。公司作为法律上的实体，只要不亏损、不破产、不倒闭，都可继续生存下去。即便股东或公司高级职员死亡，也威胁不到公司的存在。所以公司寿命一般都长于独资企业和合伙企业。

股份公司的缺点是：(1) 组建困难。公司的设立与招股必须严格遵守法定程序。公司发起人必须符合法定要求，必须制定公司章程并作为确定公司权力的文件。除了这些法律上的复杂问题之外，组建费用较高也是公司组建中的一大困难。(2) 受到政府的限制较多。例如，在美国，公司发行股票时，既要受联邦政府也要受州政府的干预。政府有权检查公司的各项记录和报告。(3) 不能保密。公司账目必须公开，必须在每个财政年度终了时公布公司年度报告，包括董事会的年度报告、公司损益表和资产负债表等。因此，包括竞争对手在内的任何人都能得知公司的销售收入、毛利润、纯利润、总资产以及其他财务数据。(4) 税负较重。公司的所得要付双重税，即先要缴纳公司所得税；在公司付给股东的股息和红利之后，股东还要按照所得股息和红利的大小缴纳个人所得税。独立企业和合伙企业则无须双重课税。

二、从企业组成的方式来考察

一般来说，有两种组成企业的方式。

1. 由一个业务单位组成一个企业

以工业企业为例，这种组成方式表现为一个工厂就是一个企业，叫作单厂企业。但是，并非所有的工厂都成为企业，因为企业与工厂是两个概念，只有符合企业条件的工厂才是单厂企业。例如，在日本，具有下列管理自主权的工厂才是企业：(1) 研究与开发；(2) 研制或引进新产品；(3) 市场营销；(4) 产品出口和原料进口；(5) 就业的扩大与缩小，工人的吸收与解雇以及工资的决定；(6) 技术合作或与外商合资；(7) 生产设备的增加；(8) 在异地设立新工厂或销售网点；(9) 确定新的不同的经营领域的投资计划；(10) 与其他企业合并或合资，建立子公司或新设公司。

由一个业务单位组成的企业，往往是小企业。各行各业都有小企业，但在某些行业中小企业比重较大。例如，在美国，有三类行业中的小企业最多：（1）加工工业。小型加工企业的种类很多，如面包厂、玩具厂、机器厂、服装加工厂和承接零星印务的印刷厂等。（2）商业。既有把产品售给最终消费者的零售商，也有购进货物后向零售商转售的批发商。例如，食品店、加油站、药房以及其他多数的零售企业和批发企业。（3）服务业。最常见的服务性小企业有饭店、旅馆、汽车旅馆、汽车修理店、娱乐服务和其他服务（如理发、洗衣）企业。

这些由一个业务单位组成的小企业，既有优点也有缺点。其优点是：专业性强，便于创造出局部优势，为专门用户制作某些专业产品；应变能力强，便于洞察用户需求，作出快速反应；机构精简，免受机构重叠及官僚主义习气的危害；可为造就企业家创造有利条件和奠定基础，许多企业家往往是从创办小企业起家的。其缺点是：企业能力单薄，难以抵御市场风险；企业技术力量有限，难以形成技术群体；企业资金筹集不易，难以扩大经营范围；企业缺乏足够的信息，难以形成综合性的信息网络系统。小企业失败的主要原因是管理不善，特别是经理或厂长不称职，产品或服务没有自己的特色，在市场竞争中败阵下来。小企业成功的主要经验是善于满足市场需求，尤其是通过采用现代经营方法来保证企业内部的高效率，投入最少，产出最大，从而在市场竞争中取胜。

2. 由多个业务单位组成一个企业

以工业企业为例，这种组成方式表现为多个工厂联合成一个企业，这就是工业公司，或称多厂企业。作为由多个业务单位组成的公司，按其从事经营活动的业务项目不同，可分为工业公司、商业公司、运输业公司、建筑业公司、服务业公司、旅游业公司、工商公司、工贸公司、农工商公司、科技开发公司、管理咨询公司、投资公司、金融业公司、保险公司以及其他经营业务公司。

作为多个业务单位组成的公司，与单个业务单位的企业比较起来有下列明显的优越性：（1）公司便于有效地组织工厂之间的专业分工与协作，提高社会生产的专业化与协作水平。公司不是各个工厂的简单相加，而是集各个工厂的优势于一体，形成新的合力，具有更高的生产力水平。（2）公司能够把生产单位、商业单位、金融单位、信息单位以及经营活动的有关单位组织在一起，形成一个经济实体即利益整体，具有雄厚的经济实力。（3）公司有助于经济单位与科学单位结合在一起，既是生产基地，又是科研基地，集中大批科技人才从事新产品、新工艺、新设备的开发活动，形成以先进技术力量为后盾的现代企业组织形式。（4）公司有利于实现资源的综合利用，充分发挥技术、资金、设备诸方面的优势，从企业组织上保证对原材料和能源以及“三废”（废物、废水、废气）的综合利用，避免对社会资源的浪费。（5）公司能够表现出大型企业的规模经济性，特别是通过采用大批量的专业化与协作生产，可以节省原材料消耗，充分利用设备能力，降低成本费用，增加企业收入。例如，美国电话电报公司、IBM、通用汽车公司、福特汽车公司、通用电气公司等都是大型企业的代表。

三、从企业的组织形态来考察

大致有以下三种形态的企业。

1. 小企业

小企业也称原子式企业。这种组织形态的企业包括由一人出资并由本人经营的企业、由一个业务单位组成的企业、由几个自然人合伙组成的企业。在国外，这种小企业形态的经营方式已经改变了“有一块钱本钱只做一块钱生意”的传统观念，因为单纯依靠自身的资金力量，势必处于停顿状态，无法适应剧烈的市场变化的要求。特别是在缺乏长期资本性的支出资金和短期流动性的周转资金的情况下，往往采用借债经营的方式。这种十家企业九家借债的状况，反映了小企业在理财形态上的重大变化，小企业的资金观念已今非昔比，这就是现代经济条件下小企业形态的一种经营观念。

但是，小企业的资金筹集并非一件容易的事情。创业资金不足，经营过程中自有资金有限，是各国小企业的通病，是小企业诸多困难中最普遍的问题。小企业总是力图通过多种筹资方式来解决资金不足的问题。例如，向亲戚朋友借钱，但因人们手中现金不多，所以这种方式难以借到足够资金，而且必须按时偿还，否则会损害亲友感情。又如，采用商业信用方式，从有买卖关系的另一家企业获得短期资金，但这需要相互信用，一旦有一方的信用能力欠佳，就必定难以维持下去。一般情况下，银行贷款是小企业资金的主要来源。然而，银行也是企业，实行自主经营，自负盈亏。小企业向银行申请贷款时，往往由于企业财务人员不足而无法提供齐全的财务资料，或者找不到适当的保证人，或者产品的市场销售不景气，或者企业获利能力较差，以及其他一些原因，而无法从银行得到必要的贷款。如果小企业能够提供足够的担保品，作为向银行贷款的抵押品，有可能借到一定的款项。但在多数小企业看来，银行贷款不是雪中送炭，而是锦上添花。

为了解决小企业生存与发展过程中的资金困难以及其他各种问题，国外实行小企业创办方式的多样化和对小企业的特殊管理办法。

小企业的创办方式可以多种多样，包括：（1）购买。这是指购买现有的小企业之后加以改进。这种方式比较快而有效，可以利用原有的销售渠道和管理手段，节省费用支出。（2）新建。这是指一切从头做起，包括选厂址、盖厂房、买设备、买原料、招募工人、设计产品和其他各项工作。这种方式风险较大，但可以完全按照当时的最新要求和创办人意愿来创办。（3）孵化。这是指在专门技术机构的帮助下形成小企业，这个专门技术机构叫作“孵化器”。形成小企业的过程叫作“孵化过程”。近两年来兴起的这种方式发展得很快，美国已有200多个“孵化器”，还有100多个“孵化器”分布在日本、加拿大、意大利、英国等。“孵化器”为小企业创办者提供低租金的住房和秘书、通信设施、咨询等服务以及孵化过程所需的资金。经过一定期限的孵化过程，创办者达到一定营业额之后，就必须离开“孵化器”，独立地去经营小企业。(4)特许经销。这是指由特许经销总店把特许经销权卖给特许经销代理店，总店与代理店双方签订协议，总店帮助代理店按照规定的条件经销某种产品或服务并提供所必需的经营设施，代理店有权使用总店商标并向总店支付一定费用。代理店就是独立的小企业。例如，美国的麦当劳就是最著名的一家特许经销总店，在美国各地乃至世界其他地区有成千上万个代理店，这些代理店使用麦当劳的名字、标记和商标，按照总店的严格规定来经营快餐和各种快餐食品。

对小企业的特殊管理办法，虽然各国的做法不尽相同，但其共同宗旨是关心和帮助小企业发展，以解决小企业发展过程中的特殊困难。例如，美国联邦政府1953年建立了小企业管理局，其主要工作是对小企业进行财政援助，帮助小企业联系政府采购事宜，为小企业提供管理培训和咨询。小企业管理局设有若干针对小企业的专门贷款项目。如果小企业得不到银行贷款或贷款数量不够，小型企业管理局就来担保贷款的偿还。这个机构还设法把拥有资金的人同需要资金的小企业拉在一起。为了支持小企业的发展，联邦政府常与一些小企业签订合同，采购所需物资，而小企业管理局就在其中帮助小企业获得政府合同。这个机构还通过出版有关如何管理小企业的书刊，开展各种各样的咨询项目，为小企业提供管理指导。

2. 大企业

大企业也称大企业的正形体。这种组织形态的企业是由多个事业部（或分公司）组成的单一法人公司，包括多厂联合式的联合企业、集资组成的托拉斯式的大企业、各种专业性和综合性的大型公司。

这种形态的企业的融资程度大大高于小企业，因为大企业本身的资本实力雄厚，具有规模经济性，而且在资金筹集方面优于小企业。一般情况下，大公司可以通过发行股票和长期债券来获得长期资金，用于购买设备、扩大经营规模以及其他投资项目的活动；可以通过发行商业票据和采用商业信用以及其他资金融通方式来获得短期资金，解决现金短缺问题。这些都是小企业无法运用或难以采用的方式。更为重要的是，大企业能够从银行和其他金融机构那里享有小企业所没有的待遇。在一般银行看来，大企业的知名度能够满足银行信用程度的要求，所以银行更乐于贷款给大企业。同时，大企业的财务结构更为健全，能够提出足以使银行信赖的财务报表；大企业的经济实力很强，也使银行增加了贷款给大企业的安全感。在许多情况下，大企业还有相当数量的闲置资金，在银行追求利润和重视存款绩效的前提下，大企业能够满足银行存款增加的要求，以取悦于银行，使大企业日后再从银行获得贷款更加容易。大企业与银行之间的这种信誉关系，既有利于大企业筹集资金，又有利于银行的资金融通业务和工作绩效。

3. 企业集团

企业集团也称大企业的变形体。企业集团看起来像一个大企业，实际上并不是一个企业，所以不同于作为一个真正企业的大企业正形体。上述两种企业组织形态，即小企业和大企业，既是经济概念，又是法律概念，而企业集团这种企业组织形态，只是经济概念，不是法律概念。所谓企业集团，就是由具有一定经济联系的多个企业联合组成的大型经济组织。企业集团的基本特征是：由两个以上的企业联合组成；集团的成员企业具有法人资格，但集团本身不是法人；集团是经济组织，而不是行政组织或行业组织；集团内部的融资关系和信息网络相当密切，成为集团内部联系的纽带；集团的规模巨大，形成多层次的内部经济关系。大企业的融资程度虽然高于小企业，但与企业集团比较起来，大企业的融资仍然受到限制，因为企业集团内部有明确的融资关系，甚至集团本身就建立在融资关系的基础上。例如，在日本六大企业集团的成员企业生产的产品品种中，有1/3品种的产量占全国首位，其中有色金属产品产量占全国80%，纸浆和纸制品占53.3%，化学产品占49.4%，机电产品占45%，运输机械产品占45%。而这六大企业集团中有三个集团（即三井集团、三菱集团和住友集团）的成员基本上都属于财阀系统的企业；另有三个集团是以大银行为基础形成的（即以富士银行为基础的芙蓉集团、以三和银行为基础的三和集团和以第一劝业银行为基础的第一劝业银行集团），其成员企业之间有直接的密切的融资关系。

企业集团内部成员企业之间存在一定的经济关系，这些成员企业称为关系企业。具体来说，关系企业就是两个以上具有业务关系和所有权投资关系的法人资格的企业体。因此，企业集团内部的关系企业有下列两种形式：

一是两个以上具有业务关系的法人资格的企业体。所谓业务关系，包括生产、营销、采购、财务、人才、技术等业务交易关系。其具体形式可以多种多样。例如，在生产联系方面，有承担产品装配的中心企业与负责零部件加工的卫星企业之间的关系；在营销联系方面，有生产企业与批发企业或零售企业之间的关系；在财务联系方面，有企业之间的借贷款关系或企业与金融机构之间的往来关系。所有这些业务关系都在一定程度上影响着企业成员的生存与发展，从而也影响着集团本身的生存与发展，两者命运攸关。

二是两个以上具有所有权投资关系的法人资格的企业体。这种企业集团内部各个成员企业之间的经济关系，表现为相互之间的投资关系，并以此带动其他的业务关系。一般来说，有以下三种具体形式：

（1）控股公司与关联公司的关系。在这种集团内部，控股公司转投资于关联公司。控股公司和关联公司都具有独立的法人资格。控股公司的转投资本必须在法定账册上予以记载，而且不得超过原公司（即控股公司）资本总数的1/3。在年终的财务报表中，应当冲销集团内部相互投资的往来数额，避免造成假象。因为关联公司的资本是由控股公司的转投资而形成的，并在控股公司的账册上已有记载，所以不能重复计算。控股公司对关联公司一般是控制一定数额的股权，不派人参与关联公司的管理工作，而是由关联公司独立自主地从事自己的各项经济活动。

（2）母公司与子公司的关系。在这种集团内部，母公司不仅转投资于子公司、控股子公司一定数额的股权，而且派人参与子公司的管理工作，包括向子公司委派重要人员指导子公司的经营方向和调整子公司的业务关系。但是，子公司仍然具有独立的法人资格，受到国家有关公司法律的保护和监督，独立自主地从事经营活动，承担自负盈亏的经济责任。由于子公司的资本是由母公司的转投资而形成的，因此必须在母公司的法定账册上予以记载，并在年终财务报表中冲销集团内部的投资往来数额。一些国家的法律规定，母公司的转投资本数额不得超过母公司资本总额的1/3。

（3）多个法人的共同投资关系。在这种集团的内部，各个成员企业（即作为法人企业而存在的公司）共同投资于集团的多种经营事业，形成姊妹公司的关系。这些姊妹公司共同投资，如同它们各自投资于某种经营活动，承担各自盈亏的经济责任，所不同的是它们作为公司集团的成员从事统一目标的多种经营事业。因此，这些姊妹公司的各自投资无须在专门的法定账册上予以记载，而且投资数额不受比例的限制。这种集团内部的企业关系在涉及诸如交通运输、服务行业以及其他公用事业的经营业务方面时，较为明显地表现出来。

由控股公司和关联公司、母公司和子公司所组成的企业集团内部的经济关系，一般表现为控股公司和母公司作为投资中心，关联公司和子公司作为利润中心，集团内部的工厂或其他生产单位以及其他业务运行单位作为成本中心，它们都为集团的共同目标和整体利益而发挥各自的作用。这同单一法人式的多事业部（分公司）公司内部的各个事业部（分公司）之间的关系是不同的，因为这些事业部（分公司）不具有独立的法人资格，而是公司内部的一个以产品为核算单位的分支机构。

国外对企业管理模式的分析与研究，考虑到不同类型企业的具体特点乃至各个企业的实际情况。不同类型的企业在管理模式上是有区别的，同一类型的企业之间在管理模式上也是有差别的。难以找到一种固定不变的普遍适用的企业管理模式，也不存在管理模式完全相同的两个企业。

所谓企业管理模式，是指企业内部管理权限的分配形式。国外企业管理模式的确定，是通过运用授权原理来实现的。授权，就是规定职权。职权包括指挥、命令、处置的权限。规定职权的过程，就是授权的过程。授权的实质就是职权流动。企业内部职权流动的方向是上级主管人员向下级人员授权，即上级主管人员为下级人员规定职权，同时也为自己规定职权。对于企业内部的每一个主管人员来说，最重要的是必须知道哪些职权应当授下去，哪些职权应当自己掌握。

任何一种企业内部的授权都是极其必要的，其好处是：(1) 使企业最高层管理人员能够腾出时间，处理整个企业的最重要的问题，而不至于把全部事情都包揽下来。(2) 从企业最高层管理人员开始逐级授权给下属人员，是培养和锻炼各级人员工作能力的有效途径，有利于不断提高各级人员的工作能力。(3) 把一些业务性强的专业技术性问题的决策交给最接近这些问题的各级人员去做，有助于保证企业各项经营决策的有效性。(4) 使企业各级人员从授权过程中得到鼓舞，感到企业对自己的信任，从而更加精力旺盛地去实现企业的经营目标。

企业内部的授权是必须的，但又是有限度的。如果企业内部的上级主管人员无限度地授权，把全部职权都授下去，就会导致不了解下级人员的情况，难以控制下级人员的活动，使职权的规定背离管理工作实际要求的后果。因此，对一个企业来说，主要问题不在于要不要授，而在于怎样做到合理地授权。一要授权，二要合理授权，这是授权的基本原理。

合理授权，就是正确地决定企业内部集权与分权的程度，处理集权与分权的关系，这是确定企业管理模式的具体要求。因为企业内部管理权限的分配形式具体表现为企业内部集权与分权的程度及其相互关系。虽然各个企业管理模式的具体表现形式是不同的，但都必须符合正确地决定集权与分权程度的基本要求。国外企业对其内部集权程度的决定，不是抽象地看待集权与分权的好或坏，因为集权与分权本身既不是绝对的好也不是绝对的坏，而是考察集权与分权的划分是否符合基本要求。用来衡量企业内部集权与分权的划分是否合理的要求包括：(1）有利于企业管理效率的全面提高和企业的长期发展；(2）有利于推动企业的技术进步和增强企业自身的经营能力；(3）有利于激发企业最高层管理人员和各层组织管理人员的主动精神和创新意识；(4）有利于合理地协调企业内部的各项管理工作并节约管理费用。

在国外，任何一个企业对其管理模式的确定，在符合上述几项要求的前提下，由于各个企业的具体情况不同，必然会出现有些企业集权多一些而有些企业分权多一些的状况。这里的关键在于每个企业都重视分析与研究影响企业内部集权与分权程度的因素，以利于有效地处理集权与分权的关系。从国外经营成功的企业实践来看，在确定企业管理模式的过程中经常考虑的因素有：(1）企业组织形式的类型。规模较小的企业组织内部集权程度往往高一些，因为这些企业组织的内部关系较为简单，企业高层管理人员容易接近基层人员，比较熟悉各种业务，能够迅速作出决策并实现决策。而随着企业组织规模的扩大，其内部关系变得更加复杂，这就需要增加企业内部中层和基层管理人员的权限，提高分权程度，以避免所有问题都由企业最高层人员决策而造成失误。（2）企业的生产技术特点。如果企业生产的连续性强，技术复杂程度高，分工协作联系紧密，企业集中的生产指挥控制权就多些，以保证整个企业生产的协调性与整体性，提高生产效率；反之，企业集权程度就低些，使下级人员有权根据具体的生产技术状况灵活地组织生产技术活动。（3）企业内部各业务单位的分布状况。例如，对大企业组织形态的多厂式公司内部分布较为分散的工厂或者离公司本部较远的工厂，往往授予较大的权限，更多地采用分权方式；而在工厂分布较为集中的情况下，公司总部的集权程度则高些。（4）企业产品种类的多少。在产品单一、产供销工作比较简单的情况下，企业最高层有可能把大部分产供销权限集中掌握起来，集权程度高些；而在实行多角化经营、产品种类繁多的情况下，企业通常使分权程度高些。（5）决策的重要程度。对于涉及整个企业重大问题的决策，更多地采用集权方式，以保证决策符合企业的整体利益；而对于那些局部问题的决策，则由有关部门的人员去作出，既可使决策符合实际要求，又可减轻上司负担。（6）企业内部条件和外部环境的变化情况。如果企业内部条件和外部环境比较稳定，或者出现了不利于企业的变化，企业的集权程度较高；反之，企业的分权程度高些，以利于企业各个部门和各级人员灵活地适应变化的情况，及时地利用对企业有利的条件。这些影响企业内部集权与分权程度的诸项因素是相互联系、综合起作用的，要求企业根据具体情况找出集权与分权的适度点，确定本企业的管理模式。

虽然各个企业具体的管理模式有所不同，千差万别，但从国外企业管理模式的总体趋势来看，大致有以下三种类型的企业管理模式。

第一，企业高度集权的管理模式。这种管理模式是由企业最高层集中了绝大部分经营决策权限和人财物的管理权限。采用这种高度集权的管理模式的，往往是规模不大的企业、产品单一的企业、生产连续性强的企业和内部业务单位分布比较集中的企业。这些企业通过这种管理模式，使管理权限较多地集中在企业最高层，有利于加强企业的整体性，便于选择最经济合理的方案来有效地协调内部各个业务单位的活动，使企业有限的人力、物力、财力得到充分的利用，减少管理人员，节省管理费用，降低成本，增加收入。

第二，企业集中管理下的小分权管理模式。这种管理模式与第一种管理模式比较起来，企业内部的业务单位拥有较多的管理权限。对于有些企业组织形式来说，采用这种集中管理下的小分权管理模式比较合适。例如，有些公司内部的许多工厂条件差别较大，却都生产比较单一的产品，通过采用这种管理模式，授予工厂一部分经营决策权限和人财物的管理权限，包括一部分物资采购、产品销售、资金安排、利润使用的权限，使工厂拥有相对独立的经济利益，有利于发挥各个工厂的优势，增强工厂的主动性，并保证公司总部对重大问题的决策权限，促进整个公司的发展。

第三，企业统一管理下的大分权管理模式。这种管理模式是企业内部设立一个相对独立的经营单位，并授予这个经营单位相当大的经营决策权限和人财物的管理权限，包括制定本单位的生产计划、销售计划、财务计划，组织本单位的产供销活动，对本单位的人财物进行调配以及同企业进行经济往来的权限。但是，这个经营单位仍然只是企业内部的一层组织，而不是一个独立的法人单位。采用这种统一管理下的大分权管理模式，往往是规模较大、产品种类较多的公司。这些公司在总部统一管理下，按产品或按地区设置若干经营单位，既可以使公司总部最高层完全摆脱日常事务，集中精力处理涉及公司全局的重大决策事项，又可以通过经营单位来发挥各层组织的创新作用，提高各层组织的灵活性与适应性，增加整个公司的活力。

从上述三种管理模式可以看出，企业内部集权与分权的程度是不同的。不仅企业之间的管理模式不同，而且同一个企业内部的管理模式也不是固定不变的。不同企业的管理模式不同，同一个企业在不同时期的管理模式也是可以变化的。例如，美国通用电气公司 20 世纪 50 年代初期采用分权的事业部制，整个公司分为 20 个事业部，每个事业部都按产品实行自主经营，单独核算；60 年代开始实行集权与分权相结合的管理模式，既有利于各个事业部的灵活性，又保证了整个公司的系统性，以适应科学技术迅速发展和市场竞争日趋激烈的客观要求；70 年代中期又出现重新集权化的趋向，建立"超事业部制"的管理模式，以更好地协调各事业部的活动，并减轻公司最高层领导人员的日常事务工作。又如，日本日立公司是机电一体化的大企业，1950 年实行"四大本部制"的管理模式，即在公司总部设立事业本部、营业本部、资财本部、总务本部，由这四大部分别管辖各个专业机构，但不管辖工厂，工厂归公司总经理直接管辖；50 年代中期取消了四大本部，改为建立职能性事业部管理各项专业工作；1964 年开始实行"工厂直属事业部制"的管理模式，扩大了事业部的权限；1982 年以来实行以工厂利润为中心的管理模式，厂长的权限很大，可参与公司的产品开发、产量计划、销售价格等事项的决策，公司总部负责协调各厂的预算方案。

（原载《国外经济管理分析与比较研讨会文集》，1989）

● 国外企业制度的启示

在我国建立现代企业制度的过程中，重视对国外企业制度的研究很有意义。

在国外，企业制度可以从不同角度来研究，这些不同的角度都具有各自的意义和作用。

从企业法律形式角度来看，经济要与法律结合起来。国外的企业法律形式基本上有三种：（1）个人独资企业制度；（2）合伙企业制度；（3）公司制度。这三种企业制度在国外已经历了几百年的历史，甚至上千年，企业制度本身有个发展的过程，不是一成不变的，各国也不是一个模式。

这三种企业制度各有特点，可以从几方面来比较：（1）创建方式不同。独资企业由个人建立；合伙企业由二人或二人以上合伙建立；公司是通过集资的方式建立的。（2）负债不同。独资企业一人负全部的无限的债务责任：合伙企业由合伙人分担无限责任；公司基本负有限责任（当然也有无限责任公司，但各国不一样，法国有这类公司，美国没有，它把无限责任公司看作合伙）。（3）融资不同。总的来说，公司融资的范围更广，渠道更多，独资与合伙两种企业受到限制，因此规模也受到限制。（4）收入所有权不同，即收入归谁不同。（5）企业的连续性即寿命不同。总体来说，公司的寿命较长，独资与合伙企业的寿命较短。公司股东、董事长换好几代，公司照样存在下去。因此公司比较强调战略管理。（6）政府管制方式不同。管制指间接管理，因为国外政府不直接管理企业。我国政府对公司管得多一点。

这三种企业归纳起来有两种企业制度：第一种是自然人企业制度，独资、合伙企业属此类。自然人是有生命的个人在法律上的称谓。合伙企业因为其财产仍属合伙人个人所有，可以退伙，所以也是自然人企业。第二种是法人企业制度，公司就属此类。这两种企业制度的区别是：（1）公司作为法人企业，是集资组成的，组成之后还可以以公司名义向社会集资。而自然人企业不是集资组成的，组成后也不能向社会集资。这给公司带来优越性，公司规模大于独资、合伙企业。（2）承担责任的形式不同。公司法人承担有限责任，自然人企业承担无限责任，合伙企业还承担连带责任。公司的有限责任有两重含义：一是股东对公司承担有限责任，以股东出资为限，它的法律意义在于把股东的出资财产和股东的其他财产分开；二是公司对债权人承担有限责任，公司以其资产总额为限。这也是实行破产制度的前提和基础。我国实行破产制度，必须明确企业财产的责任，现有企业财产的责任不明确，破谁的产？现在实际上是破银行的产，破国家的产，并不是破企业的产。所以破产制度需结合中国的实际，不能走形式。当务之急是要明确企业财产的投资主体人格化及其法律责任。（3）公司制度实行所有权与经营权的分离，自然人企业制度实行所有权与经营权的合一。公司的所有权归股东，经营权交给公司的经营者，这也是公司产生的基础。（4）公司要设置专门的组织机构，自然人企业不需要，各国公司法都对公司的组织机构作了规定，我们的公司法也规定了公司组织机构的专门条文。公司是法人意味着公司组织体的人格化。公司的组织机构实际上是公司的一种权力结构。自然人企业是一个人说了算，不需要设置专门的组织机构。（5）公司双重纳税，自然人企业一重纳税。公司首先要缴纳公司所得税，之后分红给股东个人，股东个人再缴纳个人所得税，因此公司的利润是两次缴税，而自然人企业是一次缴税，就是所得税。

世界各国都规定了这三种企业的法律形式。目前在我国有两部法律：1988 年的《企业法》和 1994 年 7 月 1 日起实施的《公司法》。这两部企业法律，《公司法》规范的是公司制度，《企业法》因为当时还受到条件限制，并没有把所有企业都考虑进来，因此实际上以工厂为对象，是工厂法，不是真正意义上的企业法。这两部法律正在各自的范围内起作用。目前按照中央和国务院关于国有大中型企业改革的总思路，就是要建立现代企业制度，据我理解，其中很重要的内容就是按公司制度改造传统的国有企业的弊端。究竟有哪些内容要改造？首先一条，要使我们的企业成为真正的法人。1988 年的《企业法》明确了工厂是法人，但那是名义法人，不是真正的法人。这二者的区别是：（1）按公司的法人制度来改造国有企业制度，首先要建立企业资本制度，而这是现有企业没有解决的问题。没有资本制度，怎么建立责任制度，怎么运转？这是要解决的，而且是 1995 年全国 100 家企业试点最主要的内容之一，还有 3 家试点控股公司、55 家企业集团、18 个试点城市的综合改革。（2）通过建立公司的法人制度，国家对企业承担有限责任，改变国家对国有工厂企业承担无限责任的做法。（3）实行董事会制度，集体决策。1988 年实行《企业法》，厂长负责制的结果是执行与决策没分清楚，厂长的责任没明确。（4）要使公司成为我国现代化建设的骨干力量。长期以来，我们的企业形象是以工厂为对象，采取分散的小农式的企业形式。通过公司制度，要形成一批大企业，成为经济现代化的骨干力量，其中很重要的是实现生产与科研的结合，实现多个工厂的有效联合，真正发挥社会主义的优越性。但只有通过必要的改造才能解决这个问题，保持原封不动的工厂方式是无法解决的。

从企业组织形态角度来看，国外有三种形态：（1）小企业，包括独资、合伙企业以及某些工厂和商店。美国有定义，从企业的量和质两方面规范其标准。(2) 大企业，其典型代表是公司，但并非所有公司都是大企业。一般来说，股份有限公司规模大些，有限责任公司多是中小企业，因为其股东人数受限制，法律上既有下限又有上限。我国公司法规定有限责任公司股东最多不超过 50 个。股份有限公司股东人数不限，集资范围广，集资额大，把社会分散的游资集中到企业中，形成规模效益。(3) 企业集团。企业基础上形成的新型的企业组织形态，由母公司与子公司组成。这三种形态有各自不同的特点。比如，小企业比较灵活，美国每天都有大量小企业倒闭，但也有大量小企业兴起。它可适应市场变化的要求，但也有弱点，力量单薄。大企业规模效益好，但难度大。这些不同形态的企业之所以能生存和发展，其基本原理是利用了各自的优点，克服了各自的缺点。

政府对这三种企业形态的政策是不同的。特别是对大企业，更多的是监督，对小企业多采取扶植支持态度。美国联邦政府没有更多的工业管理机构，但有一个机构叫小型企业管理局，它帮助小企业发展，使小企业获得贷款。美国对小企业有专门贷款，低息，条件优惠。美国现有企业 1 400 多万家，小企业占 80% ~ 90%，而真正的公司形态只占 10% ~ 20%，跨国公司数量有限。这三者在整个国民经济中相互补充、相互促进。因此，如果小企业都被挤垮了，对大公司也不利。

关于现代企业，不能简单地以企业组织形态作为判断的标准。实际上，小企业、大企业都可以成为现代企业。我们现在研究现代企业制度有个偏向，似乎都要搞成大公司，取消那些单厂企业即工厂企业，这不现实。当然，讲到小企业时，不能把它与传统的“小土群”概念联系起来，认为它是落后的、杂乱的、全能的。过去的“小而全”“大而全”影响了企业的效益。因此小企业也应该是专业化程度很高、技术水平很高的企业。小企业本身并不能表明它是先进的还是落后的，它只是一种企业组织形态。因此小企业可以是现代企业，大企业不一定都是现代企业。

现代企业的内容有两个轮子：一是现代技术；二是现代管理。建立现代企业制度，财产关系明确当然是重要的。但是，现代技术、现代管理不能忽略。我们的国有大中型企业，在50年代是很先进的，但有一些后来没有发展，落后了。因此现代企业不是固定的概念，“现代”随着时代的发展而被赋予新的内容。我们对现代企业制度的理解不能固定化。

现代企业的主要形式，一是跨国公司，二是小企业。因为仅仅是公司，要么不具有小企业的灵活性，要么不具有跨国公司的规模和实力。所以简单地说企业越大越好或越小越好，这种争论没有价值。我国要建立现代企业制度，一要发展跨国公司，二要重视小企业的作用。我们必须有一批国有的跨国性的公司在国际市场上显示出中国社会主义实力。市场竞争是一种实力的较量、科技的较量、人才的较量，而所有这些都必须融合在一个企业里面。所以，要使我国经济发展，人民生活水平提高，跨国公司必须要发展，但不可能把所有公司都变成跨国公司。现在搞集团公司就有这种倾向，名义上搞了集团公司，但实际上并没有达到效果，因为没有真正发挥它的作用。应重视小企业的作用。小企业既能在某些方面适应经济发展和提高人民生活水平的需要，也可以补充、配合跨国公司的发展。

从企业在市场竞争中所处地位的角度来看，非常重要的一个方面是，我们要建立市场经济体制，不可避免地面临国内的市场竞争和国际的市场竞争。企业在市场竞争中处于什么样的地位，根据国外经验，可分为：（1）完全垄断企业，或是天然的垄断，或是垄断了原材料，或是由于历史悠久而垄断了这个行业的销售。（2）寡头垄断企业，生产者只有少数几家，需求者成千上万。（3）垄断性竞争企业，生产者数量大，需求者数量也很大，双方谁也不能垄断，谁也无法控制市场。这种垄断性竞争企业是大量的，行业比较普遍。

（4）完全竞争企业，完全由市场的供求关系决定它的一切行为。

值得研究的问题：

（1）由于这四类企业在市场竞争中所处的地位不同，因此各类企业的经营策略也不同。有的企业进入或退出行业很容易，有的则进出行业很困难；有的价格竞争很重要，有的非价格竞争因素很重要。

（2）竞争与垄断的关系，是企业制度中非常重要的内容。一方面要使企业之间有竞争，优胜劣汰，一部分企业规模越来越大，一部分企业倒闭或萎缩；另一方面又要防止不合理的过度垄断，特别是防止非经济因素干预下的畸形垄断，因为垄断到一定程度会腐朽，阻碍行业的技术发展。因此，竞争与垄断的关系是经济运转中值得重视的问题。

（3）政府的管制不同。从我国的企业改革过程来看，到现在为止，我们在建立现代企业制度中，并没有把这个问题摆在重要的地位考虑，要么采用一种模式不加区别，要么放开，由企业自己搞。现在看来这两种都不行。放开完全竞争，不利于经济发展、技术发展；但国家都垄断起来，一个行业搞一个公司也不行。我们在 80 年代初办公司就出现过这个倾向，当时叫“梳辫子”，一个行业梳成一个辫子，成立一个公司，所有工厂都往那儿梳。还有一个叫“装口袋”，成立一个公司，所有地区工厂都往这个口袋里装。再一个叫“拉郎配”，一捏合，把几个工厂凑成一个公司，表面上想通过公司发挥规模效益，但实际上起不到这样的作用。因此，对在市场竞争中所处地位不同的企业，政府应采取不同的措施。现在有一些行业性的总公司，既不是政府但又承担政府职能，既叫公司但又不是真正的企业，而且还具有行业管理的职能，这种不伦不类的状况，是下一步改革要解决的问题。

企业与消费者以及企业与政府的关系，是企业制度中极其重要的内容。企业制度既有组织形式的问题又有经营内容的问题。消费者、企业、政府是构成市场经济体制的三个基本成分，其中企业跟两头（即消费者和政府）的关系都非常密切。关于企业与消费者的关系，消费者是第一位的、首要的，企业要对消费者负责，这是我们应重视研究的。现在我们市场中存在的问题很多，可以归纳为八个字：假冒伪劣、坑蒙拐骗。这意味着一些企业在损害消费者利益的情况下来追求所谓的利润。这样搞下去，是无法建立市场经济体制的。所以我们的企业制度必须解决企业把消费者利益摆在第一位的问题。企业要在维护消费者利益的前提下来谋取企业利益，这是最基本的内容。

关于企业与政府的关系，政府是市场经济体制中不可缺少的成分。市场经济体制并不是不要政府，恰恰是要更好地发挥政府在市场经济体制中的作用。根据国外的经验，政府的作用有哪些？

（1）直接服务。如政府提供各种公共设施，这是单个企业办不到的事，政府应当提供直接服务。（2）调节与控制。通过金融、财政等手段对企业调节与控制。（3）稳定与发展。必要的时候采取措施稳定整个国民经济，不能因为某些企业的行为而影响整个经济的发展。（4）直接援助。第一，对小企业予以援助。第二，对农副产品以及以农副产品为原料的企业予以援助。美国对农业补贴非常重视。我们过去讲消灭剪刀差，现在看来难以完全做到，但农产品又非常重要。最近时期我国出现通货膨胀，实际上最重要的通货膨胀是涉及农副产品的。它是直接表现，而且幅度很大，这又是人们直接感受到的。农副产品的通胀又波及其他方面。因此，怎样稳住农副产品，除了经济、行政、法律手段外，还要给予必要的援助。第三，体现在进出口方面，支持企业参与国际市场竞争。从企业来说，要遵守法律；要善于分析政府政策的变化，以分析企业外部环境，来调整企业本身的策略和经营的方针。在研究企业制度时，不能单纯地研究企业，必须把企业放在跟消费者、政府的关系当中来研究。

（原载《西方经济学与我国经济体制改革》第二册，
中国社会科学出版社，1996）

● 国外企业制度及其对国内深化企业改革的启示

我们经过了16年的改革开放，取得了很大的成绩。目前最大的问题是企业的效益和经营管理状况不理想。企业是国民经济最基本的细胞，是创造物质财富最基本的单位。如果企业搞不好，整个国家的经济就没有基础。当前不少国有企业陷入困境，仅以我国最大的工业城市上海而言，虽然浦东发展取得了很大成效，浦东开发带动了浦西，但是上海国有企业仍然比较困难，面临的状况是“四老”：老企业、老设备、老厂房、老职工；“五难”：债务包袱沉重难以还清、成本上升难以消化、资金短缺难以筹措、富余人员难以分流、社会负担沉重难以解脱。另外，还有三个深层次问题没有解决：讲了十多年企业自主权和政企分开，一直没有实现；企业整个机制没有转换，所以清理三角债国务院下了好几次决心，先后注入好多资金，但现在全国企业拖欠的债务仍有4 000多亿元人民币，清理了旧的，又出现了新的债务；加之企业多方面负担仍非常沉重，社会各种手都伸向企业。

在东北三省中，黑龙江省国有大中型企业1994年亏损面达61.6%，吉林省为49%，辽宁省是60%，而东北三省是国有企业比较集中的地方。因此，必须深化改革来搞活企业，国家从1995年起的工作重点是企业改革，特别是国有大中型企业的改革。但是，研究中国的企业改革，应与当前国内外形势结合起来，要研究国外的企业制度，以资借鉴。

第一，从企业法律形式角度来看，经济要与法律结合起来。国外的企业法律形式基本上有三种：（1）独资企业制度；（2）合伙企业制度；（3）公司制度。这三种企业制度在国外已有几百年的历史。企业制度本身有个发展的过程，不是一成不变的，各国也不是一个模式。

这三种企业制度各有特点，可作以下比较：（1）创建方式不同。独资企业由个人建立；合伙企业由两人或两人以上合伙建立；公司是通过集资的方式来建立的。（2）负债不同。独资企业一人负全部的无限的债务责任；合伙企业由合伙人分担负无限责任；公司基本负有限责任（当然也有无限责任公司，但各国不一样，法国有这类公司，美国则将这类公司看作合伙）。（3）融资不同。总的来说，公司制度融资的范围更广，渠道更多，独资与合伙两种企业受到限制，因此规模也受到限制。（4）收入所有权不同，即收入归谁有所不同。（5）企业的连续性即寿命不同。总体来说，公司寿命较长，独资与合伙企业寿命较短。公司股东、董事长换了好几代，公司照样存在下去。因此，公司比较强调战略管理。现在国外公司都在考虑20世纪末和21世纪初的产品、技术和市场，这一点公司制比其他的更加有利。（6）政府管制方式不同。管制指间接管理，因为国外政府不直接管理企业，但有的政府对公司管得多一点。

这三种企业归纳起来是两种企业制度：第一种是自然人企业制度，独资、合伙就属这一类。自然人是有生命的个人在法律上的称谓。合伙企业因为其财产仍属合伙人个人所有，可以退伙，所以也是自然人企业。第二种是法人企业制度，公司就属这一类。这两种企业制度的区别在于：（1）公司作为法人企业，是集资组成的，组成之后还可以以公司名义向社会集资。而自然人企业不是集资组成的，组成后也不能向社会集资。这给公司带来优越性，其规模大于独资、合伙企业。(2)承担责任的形式不同。公司法人制度承担有限责任，自然人企业制度承担无限责任，合伙企业承担连带责任。公司的有限责任有两重含义：一是股东对公司承担有限责任，以股东出资额为限，其法律意义在于把股东的出资财产和股东的其他财产分开；二是公司对债权人承担有限责任，公司以其资产总额为限对债权人承担责任，这也是实行企业破产制度的前提和基础。中国实行企业破产制度，必须明确企业财产的责任，现有企业财产的责任不明确，破谁的产？现在实际上是破银行的产，破国家的产，并不是破企业的产。所以破产制度须结合中国的实际，不能走形式，当务之急是要明确企业财产的投资主体人格化及其法律责任。(3)公司制度实行所有权与经营权分离，自然人企业制度实行所有权与经营权合一。公司的所有权归股东，经营权交给公司的经营者，这也是公司产生的基础。(4)公司要设置专门的组织机构，自然人企业不需要。各国公司法都对公司的组织机构作了规定，我国的公司法也有规定公司组织机构的专门条文。公司是法人，意味着公司组织的人格化，公司的组织机构实际上是公司的一种权力结构。自然人企业是一个人说了算，不需要设置专门的组织机构。(5)公司是双重纳税，自然人企业制度是一重纳税。公司首先要缴纳公司所得税，之后分红给股东个人，股东个人再缴纳个人所得税。因此，公司的利润是两次缴税，而自然人企业是一次缴税。

世界各国都规定了这三种企业的法律形式。目前在中国有两部相关法律：1988 年的《企业法》和 1994 年 7 月 1 日起实施的《公司法》。《公司法》规范的是公司制度，《企业法》因为当时还受到条件限制，并没有把所有企业都考虑进来，因此实际上以工厂为对象，是工厂法，不是真正意义上的企业法。这两部法律在各自的范围内起作用。目前按照中央和国务院关于国有大中型企业改革的总思路，就是要建立现代企业制度，其中很重要的内容就是按公司制度改造传统的国有企业的弊端。究竟有哪些内容要改造？首先一条，是使我们的企业成为真正的法人。1988 年的《企业法》虽然明确了工厂是法人，但那只是名义法人，不是真正的法人。这二者的区别是：（1）按公司的法人制度来改造国有企业制度，首先要建立企业资本金制度，而这是现有国有企业还没有解决的问题。没有资本金制度，怎么能建立责任制度呢？怎么运转？这是 1995 年全国 100 家企业试点最主要的内容之一，还有 3 家试点控股公司、55 家企业集团、18 个试点城市优化资本结构的综合改革。（2）通过建立公司的法人制度，国家对企业承担有限责任，改变国家对国有工厂企业承担无限责任的做法。（3）公司实行董事会制度，集体决策，并由董事会聘任经理，执行董事会的决策。1988 年实行《企业法》，厂长负责制的结果是执行与决策没有分清楚，厂长的责任不明确。（4）要使公司成为我国现代化建设的骨干力量。长期以来，我们的企业形象是以工厂为对象，采取分散的小农式的企业形式。通过公司制度，要形成一批大企业，成为国民经济的骨干力量，其中很重要的是实现生产与科研的结合，实现多个工厂的有效联合，真正发挥社会主义的优越性。

第二，从企业组织形态角度来探讨。国外有三种形态：（1）小企业，包括独资、合伙企业以及某些工厂和商店。（2）大企业，其典型代表是公司，但并非所有公司都是大企业。一般来说，股份有限公司规模大一些，有限责任公司多是中小企业，因为其股东人数受限制，法律上既有下限又有上限。股份有限公司股东人数不受限制，集资范围也较广，集资额大，把社会分散的游资集中到企业中，形成规模效益。（3）企业集团。在日本多些，在美国、欧洲叫跨国公司。

这三种形态有各自不同的特点。比如，小企业比较灵活，美国每天都有大量小企业倒闭，但也有大量小企业兴起。它可适应市场变化的要求，但有弱点，力量单薄。大企业规模效益好，实力雄厚，但大有大的难处。这些不同形态的企业之所以能生存和发展，其基本原理是利用了各自的优点，克服了各自的缺点。

政府对这三种企业形态的政策是不同的。特别是对大企业，更多的是监督，对小企业多采取扶植支持态度。美国联邦政府没有更多的工业管理机构，但有一个机构叫小企业管理局。这个机构帮助小企业发展，使小企业获得贷款。美国对小企业有专门贷款，低息，条件优惠。美国现有企业 1 400 多万家，小企业占 80% ～ 90%，而真正的公司形态只占 10% ～ 20%，跨国公司数量有限。这三者相互补充、相互促进。因此，如果小企业都被挤垮了，对大公司也不利。

关于现代企业，不能简单地以企业组织形态作为判断的标准。实际上，小企业、大企业都可以成为现代企业。国内现在研究现代企业制度有个倾向，似乎都要搞成大公司，取消那些工厂企业，这不现实。当然，讲到小企业时，不能把它与传统的“小土群”概念等同起来，认为它是落后的、杂乱的、全能的。过去的“小而全”“大而全”都影响企业的效益。因此小企业也应该是专业化程度高、技术水平高的企业。小企业本身并不能表明它是先进的还是落后的，它只是一种企业组织形态。因此小企业可以是现代企业，大企业不一定都是现代企业。

现代企业的内容有两个支柱：一是现代技术；二是现代管理。建立现代企业制度，产权清晰，财产关系明确，当然是重要的。但是，现代管理不能忽略。不重视管理，我们仍会很被动。我们国有大中型企业 50 年代仍很先进，但后来没有发展，落后了。因此现代企业不是固定的概念，“现代”随着时代的发展而被赋予新的内容。所以我们对现代企业制度的理解不能僵化。

现代企业的主要形式，一是跨国公司，二是小企业。因为仅仅是公司，要么不具有小企业的灵活性，要么不具有跨国公司的规模和实力。所以简单地说企业越大越好或越小越好，这种争论没有价值。中国要建立现代企业制度，一要发展跨国公司，二要重视小企业的作用。我们必须有一批大的国有的跨国性的公司在国际市场上显示出实力。市场竞争是实力的较量、科技的较量、人才的较量，而所有这些都必须融合在一个企业里面。所以，要使中国经济发展，人民生活水平提高，跨国公司必须发展，但不可能把现在所有公司都变成跨国公司。应重视小企业的作用，它能满足广大市场的需求，也可以补充、配合跨国公司的发展。

第三，从企业在市场竞争中所处地位的角度来分析。建立社会主义市场经济体制，不可避免地面临国内外的市场竞争。企业在市场竞争中处于什么样的地位，根据国外经验，可分为：（1）完全垄断企业，或是天然的垄断，或是垄断了原材料，或是由于历史悠久而垄断了这一行业的销售。（2）寡头垄断企业，生产者只有少数几家，需求者成千上万。（3）垄断性竞争企业，生产者有大量的，需求者也有大量的，双方谁也不能垄断，谁也无法控制市场。这种垄断性竞争企业是大量的，行业比较普遍。（4）完全竞争企业，完全由市场的供求关系决定其经济行为。

上述四类企业在市场竞争中所处地位不同，它们如何发展，下列几个问题应引起重视：

（1）各类企业的经营策略有所不同。有的企业进入或退出行业很容易，有的则进出行业很困难；有的价格竞争很重要，有的非价格竞争因素很重要。

（2）处理好竞争与垄断的关系，这是企业制度中非常重要的内容。一方面要使企业之间有竞争，优胜劣汰，一部分企业规模越来越大，一部分企业倒闭或萎缩；另一方面又要防止不合理的过度垄断，特别是防止非经济因素干预下的畸形垄断，因为垄断到一定程度会腐朽，阻碍行业的技术发展。

（3）政府的管制不同。要么按一种模式不加区别地管理，要么放开，完全由企业自己搞，现在看来这两者都不行。放开完全竞争，不利于国家的经济发展；但国家都垄断起来，一个行业搞一个公司也不行。我们在 80 年代初期办公司就出现过这个倾向，当时叫“梳辫子”，一个行业梳成一个辫子，成立一个公司，所有工厂都往那儿梳。还有一个叫“装口袋”，成立一个公司，本地区所有工厂都往这个口袋里装。再一个叫“拉郎配”，硬捏合，把几个工厂凑成一个公司。这些做法表面上想通过公司来发挥规模效益，但实际上起不到这样的作用。因此，对在市场竞争中所处地位不同的企业，政府应采取不同的措施来管理。现在有一些行业性的总公司，既不是政府但又承担政府职能，既叫公司但又不是真正的企业，而且还具有行业管理的职能，这种不伦不类的状况，是下一步改革要解决的问题。

第四，企业与消费者以及企业与政府的关系。这是企业制度中极其重要的内容。企业制度既涉及组织形式，又涉及经营内容。消费者、企业、政府是构成市场经济体制的三个基本成分，其中企业与两头（即消费者和政府）的关系都非常密切。

就企业与消费者的关系而言，消费者是第一位的，企业要对消费者负责。现在我们市场中存在的问题很多，可以归纳为八个字：假冒伪劣、坑蒙拐骗。这意味着一些企业在损害消费者利益的情况下来追求所谓的利润。如果这样搞下去，是无法建立市场经济体制的。所以必须解决好把消费者利益摆在第一位的问题，必须在理论上、法律上、政策上予以重视和解决。

至于企业与政府的关系，市场经济体制并不是不要政府管理，恰恰是要更好地发挥政府在市场经济体制中的作用。根据国外经验，政府对企业的作用主要有以下几点：（1）直接服务。如政府提供各种公共设施。（2）调节与控制。通过金融、财政等手段对企业进行调控。（3）稳定与发展。政府在必要时采取措施稳定整个国民经济，不能因为某些企业的行为而影响整个经济的健康发展。（4）直接援助。这主要表现在三个方面：一是对小企业予以援助；二是对以农副产品为原料的企业给予必要的援助；三是支持企业参与国际市场竞争。从企业本身来说，应遵守法律，善于分析政府政策的变化，善于分析企业外部环境，调整企业自身的策略和经营方针。

第五，建立经理对企业资产保值增值负责的机制，是建立现代企业制度极其重要的内容。在市场经济条件下，为建立经理对企业资产保值增值负责的机制，首要的是建立对企业资产价值的合理评估和科学考核制度，即主要用价值形态而不是单纯用实物形态来衡量企业资产，以利于实现企业资产的优化配置和合理流动。采用价值形态来评价和考核企业资产，不能认为保住企业资产总量就是保值，还必须考虑企业的负债状况；不能只观察企业资产的过去价值即账面价值，还必须计算企业资产的现在价值即市场价值；不能仅从数量上衡量企业资产的价值（因为数量再多，若闲置不用也等于无效），还必须从质量上考核企业资产的价值即企业资产的使用效率。为此，按收益现值法评估企业资产的价值，即企业资产价值等于企业每年为资产所有者提供的收益的现值之和，是建立经理对企业资产保值增值负责机制的有效方法。

对企业资产价值的评估制度，实质上是企业资产所有者与企业经营者之间利益关系的表现。对公司制度来说，实行所有者与经营者的分离，其重要目的就在于实现企业资产的保值增值。采用收益现值法评估企业资产的价值，有利于企业经营者即经理的行为符合企业资产所有者即股东的目标要求。企业资产所有者的目标是获取盈利，企业资产的价值就在于其获利能力，因此，企业每年收益的资本化便体现了企业资产的真正价值。这种使企业资产价值化和市场化的评估制度，有助于防止和克服行为短期化与弄虚作假现象。

在公司制度中，促使经理对企业资产保值增值并为企业资产所有者利益效劳的重要条件，就是建立并完善资本市场和产权市场。我国资本市场的形成是建立现代企业制度的一个伴生物。通过资本市场，包括证券市场和股票市场，可对经理行为实行有效监督。但在资本市场中必须实行公平、公正、公开的原则，反对欺诈、操纵、作弊行为；必须维护全国经济的稳定与健康发展，规范国家股、A股（个人股）、B股（外资股）、C股（法人股）、H股（香港上市的人民币特种股票）的交易行为，以利于国内资本市场和国际资本市场的对接与并轨，从而提高我国经理参与国际市场竞争的意识和艺术。产权市场既包括证券化的股权转让，也包括非证券化的产权交易，对企业资产进行购买或兼并。由于在产权交易市场中存在兼并或购买，经理为防止企业资产被购买或被兼并，就必须小心翼翼地经营管理企业资产，使企业资产保值增值。

从企业制度来研究，经理与股东的矛盾，主要表现为经理追求人力资本增值和个人报酬最大化与股东追求企业资产增值和收益最大化之间的矛盾。为此，应当建立经理人才市场和经理注册制度，使有才能的经理能够充分施展其才能，并使企业能够从经理人才市场和有任职资格的经理队伍中争相聘用有才能和业绩好的经理。这些受聘的有才能的经理必然能得到相应的较高报酬，并接受企业监督，防止企业资产流失和利用职权谋取私利。这就要求实行经理聘任制，优胜劣汰，并实行经理年薪制，采取与企业资产保值增值挂钩的奖罚措施。经理不是政府官员，没有行政级别，也不实行任期制，由企业决定对经理的聘任或解聘。

（原载《中国人民大学学报》，1995（3））

●美国工业公司管理

一、美国工业公司的形成和发展

美国早期的工业公司创建于19世纪中叶，例如，美国通用电气公司建于1878年；美孚石油公司建于1879年；接着，在榨油、制糖、火柴、烟草、屠宰、制酒等轻工业部门以及采煤、炼铝等重工业部门先后建立了一批工业公司。当时的工业公司是以卡特尔、托拉斯等形式出现的。

为什么美国在19世纪中叶出现工业公司？基本原因有两个。

第一，是资本主义工业生产资料私人所有制走向垄断的结果。

美国经过1775—1783年的独立战争，1812—1814年的对英战争和1861—1865年的南北战争，通过驱逐印第安人，掠夺西部土地，贩卖黑奴，大量开采贵金属和征收苛捐杂税，从资本的原始积累到资本主义私人工厂制度的确立，发展到资本主义工业垄断组织的形成。

资本主义工业生产资料私有制是资本家集团剥削工人阶级，最大限度地攫取剩余价值的基础。美国南北战争以后，资本主义工业私有制迅速发展，竞争激烈，“大鱼吃小鱼”，兼并与反兼并，控制与反控制，矛盾重重。在这种情况下，资本愈来愈集中在少数垄断资本家手中，形成了一批工业垄断组织，这就是工业公司的出现。

列宁曾经指出："资本主义最典型的特点之一，就是工业蓬勃发展，生产集中于愈来愈大的企业的过程进行得非常迅速"①，"集中发展到一定阶段，可以说就自然而然地走到垄断"②。

第二，是现代工业生产社会化和科学技术发展的客观要求。

在19世纪上半叶，美国机器大工业飞跃发展、工厂数量增加、工厂之间的分工越来越细，协作越来越密切，客观上要求许多分散的工厂联合组成一种统一的经济组织。

同时，科学技术的发展又为工厂的技术改造创造了条件。1876年美国费城举行了工业展览会，参观人数几乎占全国人口的五分之一，自行车、打字机、电话等新技术、新产品轰动了世界。这些科学技术成果有力地推动了工业公司的出现。通过工业公司这种联合的经济组织形式，新的社会生产力形成了。

马克思曾经指出："假如必须等待积累去使某些单个资本增长到能够修建铁路的程度，那末恐怕直到今天世界上还没有铁路。但是，集中通过股份公司转瞬之间就把这件事完成了。"③

从美国早期工业公司形成的两个基本原因中，我们可以看出：

一方面，美国工业公司是建立在生产资料私有制基础上的资本家垄断同盟，它成为资产阶级剥削工人阶级并获取最大利润的工具。这反映了美国工业公司的资本主义性质。另一方面，工业公司作为一种适应生产力发展要求的经济组织的出现，有着它的客观规律和科学管理内容，反映了现代工业生产社会化的客观要求。

美国工业公司的发展已有100余年的历史，其间经历了上升与下

---

① 列宁选集.3版：第2卷.北京：人民出版社，1995：584.

② 同上书，585.

③ 马克思恩格斯全集：第23卷.北京：人民出版社，1972：688.

降、成功与失败、繁荣与危机、合并与分离的交替过程。美国工业公司发展过程的重要特点之一，就是工业公司的建立和改组是同工业技术革命紧密联系在一起的。

19 世纪中叶形成的第一批工业公司，对于推广和应用当时的先进技术，促进电力工业、钢铁工业、铁路交通的发展，有着明显的作用。而这些工业技术正是当时技术革命的主要内容（有人把这次技术革命称作“第二次工业革命”，“第一次工业革命”是指 18 世纪 60 年代的英国产业革命）。

19 世纪末和 20 世纪初，围绕着一些新兴工业部门和先进工业技术，美国出现了一批工业公司。例如，福特一世在 1903 年建立了美国福特汽车公司；杜兰特在 1908 年创建了美国通用汽车公司；等等。这些工业公司的建立，迅速地推动了汽车制造技术、化学工业技术和其他基础工艺技术水平的提高，成为 20 世纪初期技术革命的基本内容（有人称之为“第三次工业革命”）。

在当代新的技术革命（有人称作“第四次工业革命”）过程中，美国工业公司正在进行新的改组。当前美国工业公司的改组以采用现代科学技术为核心，一般表现为以下几种形式。

1. 调整

例如，美国电话电报公司建立于 1895 年，已有近百年的历史，并垄断美国电话电报系统达 10 年之久。但面临世界当代新技术的挑战，这个公司不得不在 1983 年年底进行改组，把它分布在全国各地的 22 个地方营业公司调整为 7 个新的独立的公司。它放弃了这 22 个地方营业公司的所有权，甩掉了臃肿的机构和限制生产技术发展的成分，但保留了西部电器公司和著名的电子研究机构（即贝尔实验室），以适应航天工业、微型计算机、信息传送等多种尖端技术日新月异的发展需要，从而使西部电器公司迅速闯入从电子元件到工厂自动化系统的国内外市场。经过调整，公司获得了新的生命力：1984 年初它出价约 3 亿美元，与英法等国的工业公司争夺大西洋的有线电视的订货；它与一些外国公司达成协议，推广贝尔实验室的电子计算机编程方法；购买意大利奥利维蒂公司（专门制造办公自动化设备的公司）25% 的股份。这些活动表明该公司打算在无线电通信设备、微型电子计算机、多种电子产品方面大展宏图。

又如，克莱斯勒汽车公司是全美第三大汽车公司，1978—1981 年连续亏损 36 亿美元，一般经济界人士认定该公司的倒闭指日可待。但是，新上任的公司董事长立即对公司进行调整，关闭技术落后的工厂，削减无关紧要的机构，大刀阔斧地裁减雇员，使克莱斯勒从全球第六大汽车公司降为第十二位；同时，改进传统车型，整顿销售部门，更改生产过程的运输线路，弃远就近，缩短装配时间。这些调整措施将公司从死亡线上拉回来，摆脱了连续四年亏损的困境。

2. 合并

美国自 20 世纪 70 年代中期以来，钢铁、汽车、化工、造船、纺织等传统工业陷入困境，生产衰退。人们把这些工业部门称为“夕阳工业”或“日落工业”。这些传统工业的发展趋势不是增加产量和扩大规模，而是提高生产效率和产品质量。

因此，这些工业部门的一些工业公司为了加强竞争，多得利润，近年来频繁地进行合并。合并越多，这些工业部门越被大公司操纵和控制。1983 年美国企业合并 2 533 起，转移资产高达 731 亿美元，比 1982 年增加 32%，是 93 年来合并最多的一年。据估计，几年之内美国现在的 8 家大钢铁公司可能合并为 5 家钢铁托拉斯，以同日本和欧洲竞争。1984 年初美国大石油公司德士古石油公司用 10 亿美元的高价买下了居美国第 14 位的格蒂石油公司。

这股公司合并风不仅在美国国内盛行，而且扩展到了国外市场。例如，美国通用汽车公司持有日本五十铃汽车公司 34% 的股票；法国汽车公司所持有美国汽车公司的股票从5%跃升到46%。

3. 新建

美国近几年来的新兴工业部门，包括计算机工业、信息工业、通信工业、遗传工业、生物化学工业、宇航工业、海洋工业等，涌现出多种小工厂，平均每年增加60万个，比50年代增长6倍多。在这些新增工厂的基础上，美国新兴工业部门的工业公司纷纷建立，其特点是朝着小型化、多样化、专业化的方向发展。尤其是计算机软件业迅速发展。据估算，目前美国专营电子计算机软件的公司有3 000家。有些经济学家认为，目前美国工业发展中起领导作用的就是计算机软件业。1984年，计算机软件产品的销售额将达100亿美元，比三年前增加近3倍，今后每年将以32%的速度增长，估计到1988年将达到300亿美元；小型计算机软件的销售额今后五年内将以每年44%的速度增长。

二、美国工业公司的组织结构

美国各个工业公司都很强调公司组织结构的重要性。例如，已故的美国钢铁公司创始人卡内基说过："将我所有的工厂、设备、市场、资金全夺去，只要保留我的组织、人员，四年之后，我仍将是一个钢铁大王。"

为什么美国工业公司注重组织结构在管理中的作用呢？

因为在它们看来，所谓公司管理，就是在公司这个经济实体内，把一定的人、财、物组织起来，有效地进行产供销活动。公司管理的中心问题就是组织问题，为了实现公司管理的基本职能（包括计划、指挥、协调、控制、监督等）就必须进行组织活动，而为了保证有效地进行多种组织活动，就必须采用适当的组织形式并确定其相互关系。这就是组织结构的内容。

美国工业公司对组织结构重要性的了解，是从公司发展和变化的经验教训中体会到的。例如，福特一世 1903 年创建福特汽车公司之后的 20 年间，公司发展迅速，几乎垄断了美国汽车市场，并在世界汽车市场占据领导地位。但该公司从 20 年代中期开始衰落，20 年间几乎年年亏损，在美国汽车市场上降到了第三位。到 1944 年，福特二世接管了公司，全面调整了组织结构，才救活了这家公司。福特一世前 20 年的成功，在于他自己的能干和他的助手的精干，适应了当时汽车市场的需要；福特一世后 20 年的失败，在于他固守“老板发命令，助手干工作”的组织形式，不能适应生产发展和市场变化的需要。这些事实表明，无论老板本人多么能干，本领多么高强，当从一个小厂商发展成为进行社会化大生产的现代工业公司之后，那种“老板发命令，助手干工作”的组织形式已经无法应对庞大市场的千变万化。由此可见，工业公司组织结构的变化，不是任何个人主观愿望引起的，而是生产力发展和生产社会化程度提高的结果。

美国工业公司的组织结构有以下几种形式：

1. 直线与参谋式的组织结构

这种组织结构的特点是：公司的决策权全部置于由总经理“一竿子插到底”的直线领导之下，上一级对下一级直接指挥，并使职能部门成为总经理的参谋机构，就有关计划、财务会计、研究与开发、人事、法律等的管理工作提出建议。其优点是：集中领导，分工明确，层次较少，效率较高。缺点是：不易发挥下级的主动性和积极性；部门之间互通情报少，不能集思广益地作出决策；指挥结构与参谋结构的经营目标难以协调；整个组织的适应性差，往往因循守旧，不能及时反映新情况。

因此，这种组织结构也叫作集权的职能部制组织结构。20 世纪 20 年代前的美国工业公司一般采用这种形式。该形式适用于产品品种比较单一的工业公司，对产品种类繁多、产供销情况复杂的大型工业公司则不太适用。

2. 事业部制的组织结构

这种组织结构的特点是，在总公司与工厂之间增设一级组织，叫作事业部或分公司。事业部按产品种类或地区划分，负责从产品设计、原材料采购、产品制造到产品销售的全部业务工作，独立经营，单独核算，按照“分散经营，协调控制”的原则，总公司保留总的方针政策的决定权，通过利润等指标控制事业部的活动。其优点是：总公司可以摆脱日常行政事务，便于集中精力研究公司的重大方针政策；事业部可以发挥主动性和灵活性，根据实际情况协调生产销售工作；有利于事业部按产品要求实现工厂生产的专业化与协作，实现生产自动化，提高劳动生产率；使事业部管理人员受到全面锻炼和考验，有助于培养和训练管理人才。缺点是：需要的管理人员多，管理行政费用增加；各事业部之间相互支援差，存在本位主义，忽视公司的整体利益。

因此，这种组织结构也叫作分权的事业部制组织结构。这是美国通用汽车公司总经理斯隆用了四年时间对公司进行大改组大整顿之后，于 1924 年创造的一种模式。50 多年来，通用汽车公司的组织机构虽然常有变动和调整，但一直坚持“政策制定与行政管理分开”的组织原则。20 世纪 20 年代以后，美国许多工业公司逐渐改变了过去那种集权式的组织结构。目前实行分权式的组织结构的工业公司已占美国工业公司总数的 90% 以上。

3. 超事业部制的组织结构

这种组织结构的特点是，在总公司与事业部之间增加一层组织，叫作超事业部或执行部。建立在各个事业部之上的超事业部，其目的是更好地协调各事业部的业务活动，减轻公司最高层的日常事务工作。超事业部建立之后，进一步精简了公司最高领导部门，公司总部成为一个执行局（一般只有董事长和两名副董事长），下设若干执行部（超事业部）。其优点是：再次减少了公司最高领导的行政事务，便于集中研究事关全公司的重大问题；有助于协调各事业部之间的矛盾，各事业部之间的问题报告给执行部就能够解决；通过利用产品同类或工艺近似的几个事业部的生产、技术和科研力量，可开发新产品，加强公司在国内外市场上的竞争地位。缺点是：增加了组织层次和管理人员，相应增加了各种费用。

这种组织结构是由美国通用电气公司首创的。在60年代，通用电气公司把事业部作为一个利润中心，并规定每个事业部的销售额一般不超过6 000万美元。如果超过了，这个事业部就分成两个事业部，使得每个事业部小到一个人足以管理的程度。这种分权的利润中心结构，促进了公司销售额的大幅度增长，但未能使每个股份的红利和投资报酬率相应增长，因此，经过70年代上半期的改组和调整，在分权的事业部制的基础上，于1978年1月开始实行超事业部制的组织结构。

4. 战略经营单位

战略经营单位是制定战略计划的组织机构，具有共同的经营目标和业务职能（制造、设计、财务和销售）以及相同的竞争对象。它是建立在超事业部之下的独立组织单位，同事业部的地位相当，但并非每个超事业部都要建立战略经营单位，而是在确定经营发展方向的基础上，选择若干有发展前途的重点产品进行单独管理，使相关的事业部有一致的战略目标。虽然它不是一层完整的组织机构，但因为它是以一种特定产品的战略经营为中心的特殊组织，所以成为公司发展的关键性的经营单位和计算单位。建立这种特殊组织的好处在于，可明确战略经营方向和经营重点，使战略经营单位成为制定战略计划的组织机构，原有的事业部和各个工厂成为执行战略计划的组织机构，推动整个公司的发展。

这种组织结构也是由美国通用电气公司创立的。在70年代初期的改组过程中，该公司把一些事业部合并组成一个大组（相当于超事业部），以便在生产上进行控制。但一个大组内部的各种产品之间缺乏战略上的共同点，因此，按照“把生产组织和计划机构分开”的原则，又建立起战略经营单位，专门负责制定重点产品发展的战略计划，使它同大组和事业部的业务活动相辅相成，收到了扩大销售、增加利润和提高投资报酬率的效果。通用电气公司的超事业部一般设有7～12个战略经营单位，全公司建立了43个战略经营单位，每一个战略经营单位专管同重点产品生产有关的若干工厂的战略计划和经营方向。这种组织结构适合产品品种繁多的公司，所以美国其他一些公司也纷纷仿效，建立了战略经营单位。

5. 矩阵组织

矩阵是一个数学概念，指一种矩形（长方形）数字排列组合式。矩阵组织是在纵向（垂直）的组织结构中，建立横向（水平）组织，使之成为一个矩阵式的纵横交错的组织结构。建立矩阵组织是为了完成公司的一项特定任务，其人员是从原来的纵向组织即直线指挥和参谋部门中抽调出来的。矩阵组织中的人员受纵向与横向的双重领导，有专项任务时从事专项工作，无专项任务时仍从事原来的日常业务工作。因此，这种矩阵组织特别适合经常有特别任务、专项规划的行业，例如飞机制造业、航天业、武器制造业等。这种组织结构的优点是，不会因某项特别任务和具体规划而打乱原来的组织和日常工作，只需要指定一个或几个负责人便可以把新任务承担起来，运用灵活，节省人力，有利于较好地进行各部门人员的分工与协作。

6. 多维结构

维也是一个数学概念，空间的三维（即左右、上下、高低）加上时间就构成四维。美国有些工业公司按产品、地区、职能各自建立相应的纵横交叉的组织，形成三维组织；各种组织又随时间变化而调整，则形成四维组织，这些就是多维组织结构。美国道-康宁化工公司于20世纪60年代末建立的多维组织结构，包括按产品划分的产品利润中心，按职能划分的专业成本中心，按地区划分的地区利润中心，这三种利润中心的组织和人员相互交叉，形成一个三维的立体结构；同时，还要考虑时间因素和市场变化，扩充、紧缩或撤销有关的组织和人员，这就形成四维的组织结构。由于各类组织和人员相互交叉地进行日常管理工作，因此便于协调各部门的意见，有利于减少公司最高层的协调工作和集中精力决策方针政策问题。其缺点是，组织结构庞大复杂，公司领导难以进行统一管理。因此，这种组织结构在美国工业公司中较少采用，一般只适合产品复杂、规模较大、市场较多的跨国公司。

7. 模拟性分散管理结构

这种组织结构是在集权管理的情况下，模拟性地给下层组织一定的经营管理自主权，让其自主经营、独立核算，而实际上并非真正实行分散管理，管理权仍集中在总公司。美国有些工业公司，例如电子计算机、化工、原材料工业等行业的公司，规模庞大、产品生产经营活动的整体性很强，所以采用了这种组织结构。因为规模庞大，就需要分权，难以采用集权的职能部制组织结构；但因为生产经营活动的整体性强，又不能放弃集中管理，不宜采用分权的事业部制组织结构，这样便产生了模拟性的分权组织，叫作“组织单位”。一般是把公司所属机构分成若干组织单位，这些组织单位名义上具有与事业部一样的权力，实际上却是总公司的派出新机构。其目的是调动下层组织的积极性，改善经营管理，增强经营的灵活性。但下层组织的自主权有限，不能充分发挥积极性，而且还增加了领导层次和管理人员。

目前，美国 IBM、杜邦化工公司、孟山都化工公司等均采用这种组织结构。例如，孟山都公司有 6 万多员工、1 000 多种产品，拥有 200 多个工厂和实验室，这些产品的生产技术联系紧密、经营销售范围广。所以在公司总部的控制下，把全公司分为 5 个子公司和 20 个部门，把大量权责分授下去，但这些子公司和部门的各项策划活动须经公司总部批准，公司总部还保留对各层高级人员的派任以及最主要开支费用的决定权。

以上是美国工业公司组织结构的几种基本形式，这些组织结构形式各有特点，而且随着生产的发展和公司内外条件的变化而不断改组和变动。尽管如此，美国工业公司在选择和采用组织结构时，仍然有一些共同的基本要求和基本原则。这些基本要求包括：能够完成公司所担负的任务，能够取得最佳的经济效果，能够使组织形式持续不断与自我更新。这些基本原则包括：集权和分权的原则、有效控制和相互联系的原则、专业分工和共同协作的原则、节约费用与因事用人的原则、相对的稳定性和及时调整的适应性相结合的原则。按照这些基本要求和基本原则，上述美国工业公司的组织结构的几种形式不是固定不变的，今后还会出现新的变化。

三、美国工业公司的决策机构

因为美国工业公司是建立在生产资料私有制的基础上，所以公司的最高权力机构是全体股东和股东会议。美国《标准公司法》规定股东是指某公司在册的股份持有者，股份是指公司所拥有的财产和权益的计量单位。股东会议有两种，一种是定期的年度会议，另一种是不定期的特别会议。股东的年度会议必须按时召开，如果连续 13 个月没有举行年度会议，任何股东都有权提出请求，由有管辖权的法院根据股东请求责令公司举行会议，股东有权按规定参加会议并进行表决，由股东会议对公司重大问题作出决定，并选举产生公司的董事会。

在股东会议闭会期间，董事会是公司的最高决策机构，董事一般都是本公司的股份持有者，但持有股份的多少不同。股东会议选出董事若干人，组成公司的董事会。美国《标准公司法》第 35 条规定：

“公司的一切权力都应由董事会行使或由董事会授权行使，公司的一切业务活动和事务都应在董事会的指示下进行。”董事会的职责就是“行使”公司的一切权力或授权有关部门“行使”这种权力，成为公司日常活动的决策机构。

董事会的组成人数由公司章程明文规定，同公司规模没有固定的比例关系，但同公司的组织结构有密切关系，最少的只有 3 人，最多的可达 20 人以上，一般为 5 ～ 7 人或 11 ～ 15 人。董事任期到下一届股东年度会议召开止，但 9 人或 9 人以上组成的董事会，为避免每年选举全体董事的做法，把董事分成两组或三组，各组人数相等，每年改选董事会成员的二分之一或三分之一。董事会名义上由股东会议选举产生，实际上则由少数大股东或高级职员所把持。

美国工业公司的董事会，一般除了包括在本公司工作的“内部董事”之外，还要有一些不在本公司工作的“外部董事”，设立外部董事是为了客观地沟通公司内外部情况，监督公司的工作。董事会通常一个月开一次例会，特殊情况下董事长可临时召开会议。董事会讨论并决定公司的经营方针和经营战略，决定重大的财务问题和人事问题，协调公司与股东之间的矛盾。董事长一般是从在本公司工作并素有名望的经理人员中选出的，但在被选为董事长之后就不再担任经理职务，而集中全力负责董事会的日常工作。有些公司的董事会还指定几个董事组成一个执行委员会和一个或数个其他委员会，这些委员会在董事会的决议和公司章程规定的范围内，可行使董事会的各种权力。

公司总经理（有的叫作总裁）受聘于董事会，执行董事会的决策，负责领导公司的业务和管理工作。公司总经理下设若干副经理，分管有关方面的业务工作。总经理一般是董事会成员，但和董事长是分开的，便于分清总经理与董事长的职责，避免董事会与管理部门之间的矛盾。近几年来有些公司的总经理和董事长由一人担任，在董事会又有相当数量的经理，这样容易使董事会和管理部门的职能作用相互混淆。公司总经理一人和副总经理一人或若干人以及秘书一人、司库一人共同组成公司“职员”，这些“职员”由董事会按公司章程规定的时间和方式选举产生。一般情况下，除总经理和秘书分别由一人担任外，其他任何两个或两个以上的职位可由同一人兼任。此外，董事会还可根据情况选举或任命公司的其他职员和助理职员以及代理人。

美国工业公司的董事长、董事、总经理（或称总裁）以及主要部门的经理，构成公司决策机构的最高管理集团。这个最高管理集团的组成及其活动有以下三个特点：第一，要求最高管理集团的每个成员真正代表股东的利益，必须具备各种专业知识和作出决策的能力，成为具有经营管理才能且经验丰富的专家；第二，建立各种最高层的集团管理机构，例如董事长办公室、总经理委员会、公司办公室、管理委员会等，由过去的个人领导转变为集体领导；第三，在董事长和经理的身边都有专门的顾问班子，聘请各类精明能干的专家，直接为最高管理集团收集信息、研究问题、出谋划策。

在公司最高管理集团之下，还有由各个部门（事业部、超事业部等）的副总经理或经理组成的中层管理集团。这个管理集团虽然属于公司的中级管理层，却是整个公司的决策机构的最重要组成部分，其主要职能是把最高管理集团决定的方针政策予以具体化、明确化，而这本身就是一种更加具体、更加明确的决策行动。通过中层管理集团的活动，就把最高管理集团的重大决策传达和贯彻到下一层管理人员，即包括直接监督工人的工头、监工、班组长、车间主任等在内的监督者层级，其职能是直接承担各项任务（作业）的计划、组织、指挥、协调、控制等。

四、美国工业公司的科学研究和技术发展

美国工业公司普遍重视科学研究和技术发展工作，成为全美科技

活动的一支重要力量，有力地推动了生产发展和技术进步。美国工业公司是怎样进行科学研究和技术发展工作的呢？

1. 筹集科研费用

美国工业公司的科研费用由政府和公司共同负担，大体上两者各占一半。在1953—1962年期间，政府资助的科研费用占39%～58%；从60年代中期到1972年，占42%左右；1973年以后，大约占50%。一般来说，某个行业里的公司越大，越有机会获得政府资助的科研费用，进行更多的科研活动。例如，1971年，拥有1万名以上雇员的公司承担了全国工业科研工作量的80%，而少于1 000名雇员的公司只承担了5%。这一年政府资助的77亿美元科研费用中，有68亿美元（占88%）用于1万名以上雇员的公司，而在298个拥有1万名雇员以上的公司中，最大的100个公司得到了政府资助的51亿美元科研费用（占68亿美元的75%），有30个公司只获得不足100万美元的政府科研费用。政府把相当一部分科研经费用于工业公司，目的在于利用公司的科研力量，特别是利用大公司科研系统中的一些有利条件（如材料供应及时，技术力量集中，试验设备齐全，生产设备配套等），争取早出成果，使美国处于世界技术的领先地位。

美国工业公司一方面利用政府资助的科研费用，另一方面努力安排公司本身的科研经费来源，增加科研费用投入。自1963年以后，公司在科研费用投入中的比重一直在上升。到1971年，公司投入的科研费用达105亿美元，1972年增加到112亿美元（比前一年增加6%），占整个工业科研费用总额的58%，1971年全美有31个工业公司的科研费用投入在1亿美元以上。公司用于科学研究和技术发展方面的各项费用在公司的全部收入中占有一定的比重，一般占总销售额的3%～5%。例如，通用汽车公司从1976年起的五年中，计划以65亿美元来从事科学研究和技术发展工作，1977年该公司用于科学研究、产品工艺，开发新产品和劳务，改进现有产品和劳务等方面的费用约 15 亿美元。一般情况下，该公司每年的研究开发费用约为其销售额的 3%，其中绝大部分直接用于技术发展方面。有的公司研究开发费用的比重更高。如通用电气公司 1978 年总销售额为 196 亿美元，而用于科学研究和技术发展方面的费用为 12.7 亿美元，占总销售额的 6.4%。美国工业公司之所以把大量的钱花在科研方面，甚至不惜冒着风险去投资某些科研项目，是为了在世界市场的激烈竞争中能够击败同行的对手，力图使本公司的产品和技术维持垄断地位，避免丢失科技桂冠。

2. 设置科研机构

美国工业公司一般都设有科研机构，一些大公司不仅在总公司一级建立科技中心，在事业部或工厂也有科研机构；规模较小的公司也都有自己的科研机构，只是科研机构的层次相对少一些。这些科研机构主要是为本公司的技术发展和产品更新服务，围绕公司的生产方向设置。例如，美国通用汽车公司 1956 年建立的技术中心，是多年来逐渐发展起来的，这个公司早期的科研机构实力薄弱，实验条件很差，分散在一些临时的办公室里进行实验，办公场所拥挤，周围环境很乱，实验设备简陋，这种情况一直延续到第二次世界大战期间。1944 年 3 月该公司第一次提出建立技术中心的设想，打算把分散的科研单位全部迁到一个新的地点。同年 12 月公司在底特律西北沃伦镇（距通用汽车公司大厦约 12 英里），找到了一块符合要求的土地。1945 年 7 月公司草拟出技术中心的建筑计划，10 月破土动工，后因故工程暂停，1949 年才恢复，至 1956 年技术中心正式完工投入使用。这个技术中心是一个包括从研究实验室到设计工作室、试制车间和研制各种工程设备的实验室等 42 个建筑物的综合体。现在，技术中心分为五个部门，即研究实验室、工程部、设计部、制造部和环境保护部。

研究实验室主要负责科学研究工作，通用汽车公司根据它多年来的经验认为，在不远的将来，公司对技术发展方面的需要远远大于产品发展方面的需要。为了公司的整体利益和长远利益，研究实验室执行广泛的科研计划，进行长期的调查研究工作以寻求技术进步的新途径。

工程部是研究实验室和生产经营部门之间的纽带和桥梁，主要是提出新的工程设想和设计，进行新产品的研制，并对其在商业上的应用进行评价。汽车实验场是工程部所属的重要单位之一，它提供完整的道路系统和各种试验设备，供各个生产经营部门进行试车以及研究废气、安全、耗油量等。

设计部主要负责汽车款式的设计，这同工程部的工程设想和设计是一种分工协作的关系。在通用汽车公司看来，汽车的款式在当前汽车市场上有着重要的地位，所以，建立一个专门从事汽车款式设计工作的研究机构，对公司来说是极其重要的，由此可见，市场竞争是驱使公司建立各种科研机构的动力。这个设计部通过立体式的全尺寸黏土模型和全尺寸玻璃纤维模型的设计和研制，对各种车型的内饰部件和外表进行逼真实验和精确评价。所有这些工作要在汽车与公众见面的前两年进行。

制造部包括产品研制和产品工艺两个部分的工作，主要是解决从原材料进厂到产品出厂之间所出现的各种制造技术问题。制造部的目标是通过研究新材料、新设备、新工艺、新方法来改进生产过程中的产品质量，提高劳动生产率，降低制造费用。

环境保护部是 1971 年 4 月成立的一个新的科研机构，主要是研究汽车给环境保护带来的各种问题，提出净化汽车排出的废气和改进汽车噪声的措施；研究制造工厂废气、废水和固体废料等污染的控制技术；估价新设备和现有设备的大修大改对环境保护可能产生的影响；分析生产经营成本和环境保护利益之间的平衡关系。随着政府有关环境保护的规定日益增多，对公司的压力也愈来愈大，环境保护部的工作愈来愈重要，愈来愈复杂。这个机构能协助公司在日益复杂的环境中确定今后的方向，使通用汽车产品符合各级环境保护政策的要求。

通用汽车公司技术中心的上述五个科研部门，统一由一位公司执行副总裁（即公司副总经理）领导，这位执行副总裁与公司总裁（即公司总经理）、副董事长等四人组成公司的执行委员会，因而是公司最高管理集团的决策人物之一。这个执行副总裁领导技术中心所属的五个部门，主持各经营部门总工程师每月一次的碰头会议。他力图保证科研机构的各项科研技术工作在生产经营部门付诸实施，又把生产经营部门提出的各种技术问题汇集到科研部门，成为技术中心的研究课题。除了在公司所在地建立技术中心外，还有 50 个附属的研究实验室分布在全美各地所辖的事业部或工厂。

美国工业公司一般都设有科学研究和技术发展中心，但由于各类公司的生产特点和技术水平不同，这些科技中心的内容和工作范围有着不同特点。

（原载《国外公司管理研究》(学术讨论会资料)，
中国经营管理研究会，1984）

● 南斯拉夫工业公司管理

1983 年 5 月 12 日，中共中央总书记胡耀邦同志访问南斯拉夫期间，在萨格勒布市参观了拉迪·康查尔电气工业公司，并对该工业公司在掌握现代化工业管理和现代科学技术方面的工作成就做了重要评价。这个电气工业公司的主要任务是生产发电输电设备和其他电气机械工业产品，是目前南斯拉夫全国大型的工业联合劳动组织之一。在南斯拉夫，工业公司、总厂、工厂统称为“工业联合劳动组织”，并在国家宪法和法律文件中予以正式肯定和记载。“工业联合劳动组织”成为全国大学教科书、理论著作和文章、官方文件以及实际业务工作部门的统一概念。因此，要了解南斯拉夫工业公司的组织及其管理情况，就必须了解工业联合劳动组织的情况；搞清楚了工业联合劳动组织的情况，也就知道了南斯拉夫工业公司的产生、发展及其现状。

一、工业联合劳动组织产生的历史条件

南斯拉夫工业联合劳动组织是在工业生产不断发展和工业管理体制改革逐步深入的历史条件下产生的。

南斯拉夫解放后，从 1947 年开始实施第一个五年计划，实行社会主义工业化政策，经过 30 多年的工业发展和经济建设，改变了解

放前遗留下来的贫穷落后状态，全国人均国民收入1950年比世界平均水平低1/3，1975年则比世界平均水平高1/3，现已达到2 800多美元。机械工业发展迅速，1962年相当于战前1939年的9倍以上，1980年比1950年则增加了18倍。1950—1980年30年期间，全国机械工业部门生产的年平均增长速度为10.1%。工业生产发展，工厂数量增加，工厂规模扩大，生产集中化程度提高，必然要求建立各种工业联合组织。前面讲到的拉迪·康查尔电气工业公司，就经历了一个发展和变化的过程。它的前身是拉迪·康查尔工厂。1947—1957年期间，全厂职工从1 000多人增加到近4 000人，平均每个职工生产的电气工业产品产量从758公斤提高到2 282公斤；1959年建立了电子计算中心和职工教育与培训中心；1961年成立了工厂自己的电子研究所；1969年开始用现代化的电子计算机技术装备进行生产、开展各项业务工作。该厂生产的产品由小型电机装置扩大为大型发电机、变压器、电动机、电厂成套设备、输电工程装备、现代工业电气设备、运输车辆电气装备、家庭电气装置以及其他电气工业产品，并能提供设计、制造、安装的全部工艺技术过程。该厂同全国各地几百个工厂建立了生产协作和业务合作关系，在社会主义工业化以及生产电气化和家庭电气化的推动下，在工厂本身的生产发展和技术水平提高的基础上，1969—1971年期间，该厂的劳动集体逐步朝联合劳动与联合资金的方向发展，原有的或新建的分厂和车间在1972年建立了各种联合劳动基层组织，并在联合劳动基层组织的基础上建立了劳动组织，后来又与其他劳动组织进一步联合组成联合劳动复合组织，这就是1976年正式建立的拉迪·康查尔联合劳动复合组织，也叫作拉迪·康查尔电气工业公司，现有职工已超过2万人，计划到1985年达到2.5万人。

南斯拉夫从20世纪50年代初开始进行包括工业管理体制在内的经济管理体制的全面改革，其动机在于消除在解放后一段时间里仿效传统的计划模式所造成的弊端，调动工业部门和工业企业的内在主动性以及职工群众的生产积极性，提高工作效率和劳动生产率。南斯拉夫在战后复杂的国际环境下，顶住外部的强大压力，克服重重困难，第一个冲破了建设社会主义“只有一个模式”的旧框框。南斯拉夫管理体制改革的实践表明，由于各个国家的具体情况不同，各国管理体制的具体模式也就不同，不能照抄照搬别国模式，不能把一个国家的模式强加给其他国家。在管理体制改革过程中，南斯拉夫坚持把马克思主义普遍真理同本国具体实际相结合，勇于探索，破除僵化教条，创立了符合本国国情，具有本国特色的社会主义自治制度，并根据实践经验和情况变化，使之不断深化和发展，通过工人自治阶段（1950—1963 年）和社会自治阶段（1964—1971 年），直至形成以联合劳动制度为特征的社会主义自治制度（1972 年以后）。在 60 年代末和 70 年代初按联合劳动原则全面改组工业，就是使工业部门的劳动者（包括工人、技术人员、管理人员、领导人员，即各类体力劳动者和脑力劳动者）联合组成各种形式的联合劳动组织，这个改组到 1976 年颁布《联合劳动法》时基本完成，并推广到其他经济部门和各个社会事业部门，这标志着全国范围内统一的联合劳动制度的确立。

二、工业联合劳动组织形式及其组成方式

南斯拉夫工业联合劳动组织形式主要有三种：（1）联合劳动基层组织，其规模相当于小厂、分厂或大厂的车间；（2）劳动组织，其规模相当于总厂或大厂；（3）联合劳动复合组织，其规模相当于工业公司或联合企业。这三种形式都叫作工业联合劳动组织，凡使用社会主义公有制生产资料并从事工业生产经营活动的劳动者，必须把自己的劳动联合于联合劳动基层组织之中，这是工业劳动者借以实现其自治权利和社会义务所必需的基本联合形式。联合劳动基层组织必须同另

一些联合劳动基层组织联合为劳动组织，成为劳动组织的组成部分，劳动组织通常是由若干联合劳动基层组织联合组成的，但也可以不包含联合劳动基层组织。无论含有还是不含联合劳动基层组织的劳动组织，都是法人单位，都具有独立地同其他法人进行合法经济活动的权利。联合劳动复合组织必须包含劳动组织，但劳动组织并非一定成为联合劳动复合组织的组成部分。一般情况下，工业联合劳动复合组织表现为三级组织形式，即联合劳动复合组织（包含若干劳动组织）、劳动组织（由若干联合劳动基层组织联合组成）和联合劳动基层组织。例如，拉迪·康查尔联合劳动复合组织（电气工业公司）包含 11 个劳动组织、49 个联合劳动基层组织。

南斯拉夫经过 70 年代按联合劳动原则改组工业后，全国所有的大大小小的工业企业都已经先后组成规模不同、范围不同的工业联合劳动组织。到 1980 年，全国大型的工业联合劳动组织有 87 个，其中 79 个属于联合劳动复合组织，8 个是含有联合劳动基层组织的劳动组织。按工业部门来看，在 87 个大型工业联合劳动组织中，机械工业部门占有 22 个，其余分别属于化学工业、电力工业、木材工业、食品工业、煤炭工业、黑色冶金工业、有色冶金工业、石油工业、纺织工业、皮革及制鞋工业、造船工业、建筑材料、非金属工业、造纸工业、橡胶工业。这 87 个大型工业联合劳动组织的职工总数近 100 万人，平均每个联合劳动组织的职工人数为 11 000 多人，其中人数最多的是一个名叫“红旗”汽车联合企业的联合劳动复合组织，有 45 772 人。这 87 个大型工业联合劳动组织的职工总数占全国工业职工总数的 45%，但其所拥有的经营资金占全国工业总经营资金的 65%，它们的总收入占全国工业总收入的 72%，可见这 87 个大型工业联合劳动组织的生产经营效果高于全国的平均水平。它们的生产经营活动状况对全南斯拉夫的工业生产和经济发展有着举足轻重的作用。

南斯拉夫工业联合劳动复合组织（工业公司或联合企业）的组成方式有以下几种：

（1）把在生产过程中有共同特点的工厂按纵向原则联合起来。例如，萨拉热窝市的乌尼斯金属加工公司所属的30多个工厂，其共同特点是加工金属材料和生产金属制品，这些工厂联合起来生产小汽车及其零部件、自行车及其零部件、各种打字机、计算机以及金属线材、管材等。这种联合有利于工厂之间组织专业分工和生产协作，能够按照统一标准和要求从事生产经营活动，保证原料生产、半成品、成品加工以及备件、配件的各个生产环节的协调和一致。

（2）把生产同类产品的工厂按横向原则联合起来。例如，萨格勒布市亚得里亚造船工业公司，是一个由亚得里亚海和多瑙河沿岸的若干造船厂（里耶卡五·三造船厂、普拉乌里亚尼克造船厂、斯普利特造船厂、克拉列维察造船厂、特罗吉尔造船厂、比耶拉造船厂、卡尔洛瓦茨柴油机厂、贝尔格莱德铁托造船厂、伊佐拉十·二造船厂等）联合组成的。这种联合便于采用世界先进技术，迅速改变生产落后面貌。这个造船公司成立之后，很快就拥有了包括计算机在内的现代技术装备，还有了自己船舶研究所的试验台和其他研究设备，可以制造从简单的货船到技术复杂的各种类型的船只。其中普拉乌里亚尼克造船厂已为国外生产大量船只，包括11艘22.5万～27万吨的巨轮，它的设备能力可造40万吨级的油轮。1982年全厂人均产值达到2万美元。

（3）把生产产品的工厂同研究、设计、安装、维修单位按用户需要的原则联合起来。南斯拉夫许多工业公司的活动内容，不仅包括基本生产过程、辅助生产过程、附属生产及副业生产活动，而且包括研究、设计、安装与维修。例如，久罗·加科维奇重型机器制造工业公司既从事工业和动力成套设备、钢铁构件、起重机、轨道车辆、建筑机械和液化气罐的各项生产活动，也进行工业、动力、核电站成套设备和钢铁构件的技术工艺设计及安装承包工程（成套设备的改进、各类建筑机器的检修、材料无损检验及各类隔绝、耐火、防火、工程等），这有利于解决这些机械产品品种对路以及从研究开始到设计、试制、生产并安装使用各个阶段的相互衔接问题，更好地满足用户的需要。

（4）打破地区、行业界限，把工业同农业、商业、服务业、旅游业结合起来，组成一种综合性的联合劳动复合组织。例如，萨拉热窝市的乌皮农工商联合企业，含有 52 个劳动组织、246 个联合劳动基层组织（工业职工 32 500 人）以及 121 个农业合作基层组织（农业职工 17 000 人），拥有几十个现代化的肉类加工厂、食品加工厂和各种农副产品加工厂，以及几万公顷地、果园、草地、牧场和林场，还有几十个百货公司、超级市场和饭店、旅馆，其生产经营和各项服务活动遍及全国几十个大小城镇，每年生产 50 多万吨各类食品供给几十万人的生活需要。类似乌皮这样的大型农工商联合企业，全南斯拉夫有 20 多个。这种联合有利于减少生产环节和生产经营费用，节约劳动和资金，促进产销结合，及时地满足人民群众的要求，特别适用于以农副产品为原料的加工工业，是一种有效的社会生产组织形式。

（5）根据生产过程本身的客观要求来实现联合。例如，对于电力生产过程，南斯拉夫认为，发电、输电、供电是整个电力系统中不可分割的组成部分，这是由电能本身的性质决定的。因此实行电力生产系统、输电系统、供电系统的联合，把发电、输电、供电联合组成一个统一的电力联合劳动复合组织，有利于保证电力工业生产的完整、经济、安全。贝尔格莱德电力联合劳动复合组织拥有职工 15 000 人，包含 15 个劳动组织、59 个联合劳动基层组织，装机容量为 4 500 兆瓦，是塞尔维亚共和国范围内的电力系统的各项活动的统一生产经营组织。萨拉热窝电力联合劳动复合组织拥有职工 30 000 人，包含 30 个劳动组织、72 个联合劳动基层组织，装机容量为 2 000 兆瓦，负责统一生产经营波斯尼亚和黑塞哥维那共和国范围内发电、输电、供电的各项活动，同时为了加速电力工业的发展，满足消费者的需要，协调电力生产经营组织和消费者之间的关系，把产、输、供、销四个环节联合组成统一的电力共同体，使电力的生产、输送、供应同电力的消费紧密地联结在一起，对于全国电力工业的发展起了积极的推动作用。

三、工业公司管理工作的基本原则

南斯拉夫工业公司从事工业生产经营活动和各项业务工作的基本指导思想是，投入和消耗尽可能少的活劳动和物化劳动，获得尽可能多的劳动成果和经济效果。依据这个基本指导思想，工业公司管理工作的基本原则有三条。

（1）效率原则，即在一定时间和空间条件下，取得数量多、质量好、速度快的工作效果，提高劳动生产率。

工业公司为了实现效率原则，重视分析影响效率的多种因素。

1）技术因素。各个工业公司把技术进步作为提高效率的前提条件。它们从所属的各个工厂的实际出发，采用先进技术，变革劳动资料、劳动对象、成品、工艺过程和每个生产环节，从而减少生产过程中的社会必要劳动时间。因此，公司一般都设有科学研究机构和技术发展中心，专门研究和改进劳动的技术装备，合理选择生产程序和工艺操作方法，不断改进成品质量和原材料构成，以缩短劳动时间，减少劳动耗费，提高劳动生产率。

2）人的因素。它们认为，人是劳动过程中重要的活的因素，对于提高劳动生产率具有实质性的作用，应强调劳动者在各项管理工作中的主动地位和积极作用。从工业公司实现效率原则来看，它们分析作为劳动者的人对劳动生产率的影响和作用，其基本内容有两个方面，一是劳动者的质量构成；二是劳动者的努力程度。

劳动者的质量构成，主要是指劳动者接受专业知识教育程度和技术熟练水平。为了提高劳动者的质量，工业公司通过正规学校教育，有计划、有步骤、系统地培养各类专门人才，还可以直接同学校签订合同，定向培养某些技术人员和熟练工人；举办各种专业知识培训班，使在职的各类人员的专业知识逐步升级，例如达到小学八年制水平的职工，都可以经过 2 ～ 4 年培训，提高到相当于专科学校或大学专业课的水平；组织职工的业余学习和定期轮训，接受新知识，不断更新管理人员的业务知识和生产工人的技术知识；鼓励职工个人自学攻读硕士和博士学位，工厂给写硕士论文的职工两个月假期，给写博士论文的职工三个月假期，给个人自学职工在考试期间若干天假期；对职工的专业技术知识和水平，建立严格的测验、考试、考核和晋级制度，并把这项工作同职工个人的报酬挂钩。

劳动者的努力程度，是指劳动者通过努力，既获得满意的劳动成果，又不损害劳动者的健康，经过合理休息后能够恢复正常劳动能力。衡量劳动者努力程度的尺度就是各种劳动定额和各项工作标准。工业公司对每个劳动地点和劳动岗位以及每道工序进行精确计算和细致分析，制定出合理的正常的劳动定额和工作标准，防止偏低或偏高，以达到既调动职工积极性又保护职工积极性，持续、稳定地提高工作效率和劳动生产率的目的。

3）组织因素。工业公司各个组成部分之间以及工厂内部各个单位之间的相互联系状况是直接影响工作效率和劳动生产率的一个重要因素。有效的组织工作有利于保证各个组成部分之间和各个单位之间的协调一致，从而提高工作效率和劳动生产率。现代化的劳动资料和高质量的劳动者，只有在现代化的组织工作的条件下，才能够真正实现效率原则。工业公司从专业分工与生产协作、生产准备与操作、产品生产与销售各个方面采取措施，力求达到组织工作的现代化，其基本方向是消除各个环节上的组织工作的缺陷，尽可能地缩短从购买原料到投入生产、销售产品和实现收入整个生产经营过程的持续时间，保证组织工作的合理化，达到提高效率的要求。

（2）节约原则，即尽可能少地耗费劳动力、原材料和劳动资料，生产出更多更好的工业产品。

工业公司为了实现节约原则，节省单位产品中耗费的原材料、劳动资料和劳动力，经常分析影响节约的多方面因素，包括外部因素和内部因素。对于外部因素，工业公司注意发挥本厂产品在国内外市场上的有利条件和优势地位，把不利的外部因素对本单位的影响减小到最低限度，力求节省不必要的开支和费用。就工业公司本身的管理工作来说，着重分析内部因素，主要是分析原材料耗费和劳动资料耗费对实现节约原则的影响。在节约原材料耗费方面，公司组织专门技术人员和管理人员，从分析和研究产品结构、机器设备特点、原材料性能、工艺操作过程入手，分别采取措施，节省单位产品中耗费的原材料，在满足用户需要和保证产品质量的前提下，改进产品设计，尽可能使用市场上大量的平价或低价的原材料，以代替短缺和昂贵的原材料；坚持做好原材料管理工作，严格执行合理的原材料消耗定额，减少下脚料，防止浪费，抵制污损、废弃、破坏原材料的行为。工业公司特别不能容忍废品的存在，提出了“消灭废品”的要求，认为废品不仅是对原材料的浪费，而且是对能源、劳动力、机器设备的综合浪费，是一种不光彩、不负责任的表现。公司在工厂中建立废品登记制度，包括产生废品的地点和时间、废品的责任制、废品的数量、产生废品的原因和解决废品的办法。对于废品的责任者，在经过职工群众讨论和管理机构研究之后，原则上应当承担物质损失的责任，并要提出自己今后消灭废品的有关措施。在节约劳动资料耗费方面，主要是强调正确选择和合理利用机器、设备、厂房、设施和其他各种重要的劳动工具，既要分析引起劳动资料耗费的技术因素，即劳动资料在生产过程中的物质损耗，又要分析引起劳动资料耗费的经济因素，即由于发明了新的劳动资料而使用旧劳动资料造成的精神损耗。为了在生产过程中合理利用劳动资料，公司注意不断提高劳动资料利用者的技术熟练水平，制定有关使用、维护、保养和修理劳动资料的各种条例和规则，合理安排劳动任务，防止对机器设备的利用时松时紧，避免超负荷运转，从根本上、长远上达到节约劳动资料耗费的要求。

为保证对劳动资料的正确选择和合理利用，公司重视发挥固定资产折旧的经济职能作用；通过折旧，合理确定生产费用；通过折旧，合理确定工厂收入；通过折旧，刺激固定资产的经济合理使用。工业公司根据国家法律规定的最低比率折旧制度，从工厂固定资产使用的实际情况出发，自行确定折旧率（但不得低于法定的最低比率），并把折旧费作为补偿固定资产物质损耗和精神损耗的价值，发挥折旧费在设备更新中的作用，加速设备的更新和改造，使固定资产得到充分合理的利用，适应现代科学技术发展的要求。目前南斯拉夫全国工业公司中，3/4 的设备是在近十年添置的，2/5 的设备是在近五年添置的。

（3）盈利原则，即合理地运用资金，投入一定数量的资金而获得尽可能大的生产经营成果。

工业公司为了实现盈利原则，在工业生产经营活动和各项业务工作中，基本上是从两个方面来分析影响盈利的因素：一方面是投入资金的数量；另一方面是生产经营成果的大小。

投入资金的数量这个基本因素，表现为流动资金占有量及其周转速度和工厂生产能力利用程度对盈利的影响。南斯拉夫工厂的流动资金除了一部分是自有资金外，其余大部分是通过贷款方式获得的。在保证生产经营活动正常进行的条件下，工厂力图尽可能少地占用流动资金，以免为流动资金贷款支付更多的利息，影响工厂盈利。为减少流动资金占有量，公司采取措施，加快流动资金周转速度，缩短流动资金周转时间，分析研究和合理确定流动资金在循环运动中各个阶段（包括原材料、在制品、成品、未付款的商品等阶段）的需要量，有针对性地缩短处于购买阶段的流动资金周转时间以及解决减少原材料库存量和成品库存量的问题，从而达到增加盈利的目的。工业公司改善工厂生产能力的利用程度，着重抓两件事：一是克服生产能力的薄弱环节，促进生产各要素（劳动资料、劳动对象、劳动力）之间的配套、协调和比例关系，提高综合生产能力的水平，使一定数量的固定资产和流动资金发挥更大的作用；二是按照社会计划的要求和工厂生产能力的实际状况，在调查市场需求的基础上作出正确的决策和判断，使工厂生产的产品适销对路，满足消费者的需要，做到合理、充分地利用工厂的生产能力。

生产经营成果的大小这一基本因素为总收入或收入的多少对盈利的影响。南斯拉夫工厂的总收入是指通过销售产品和提供劳务实现的总价值。它是衡量和确定工厂生产经营成果的出发点，反映了社会对工厂生产经营成果承认的程度。从工厂总收入中扣除各种生产费用和法定最低比率的折旧费之后的剩余部分即为工厂收入。实际上，工厂收入就是全体职工实现的新创造的价值，它不仅是南斯拉夫国民收入的基础，而且对工厂本身具有最重要的意义，是工厂生产经营成果的最终的综合反映。因此，工业公司十分重视分析影响收入的各种因素，尽量减少生产经营活动中的各项费用，寻找增加收入的各种途径。在一般情况下，工厂收入越多，盈利越多，收入越少，盈利越少，直到处于盈亏的“临界点”。这个临界点是判断工厂的存在是否具有经济价值的分界线，如果超过临界点，表明工厂收入无法抵偿各种支出的费用，存在亏损，必须采取措施解决。在南斯拉夫，如果由于工厂的生产经营管理不善而造成亏损，在采取措施之后仍然不能扭亏为盈，说明这个工厂已经失去了存在的经济价值，可以倒闭，国家和社会不给予无偿补贴。这一制度有利于工厂改进管理工作，生产出成本低、质量好的产品，满足社会需要和人民群众生活的需要，增加收入，增加盈利，提高经济效果。南斯拉夫社会簿记机构对工厂的全部资金活动进行登记、监督、统计和分析，工厂的资金使用必须符合《社会簿记法》的有关规定。

四、工业联合劳动组织内部的管理制度

1. 管理机构和业务领导机构的建立及其职权

南斯拉夫工业联合劳动组织实行工人自治管理制度。工业联合劳动组织中的工人自治，表现为工人集体决定或通过他们在管理机构的代表集体决定，工人集体决定是采用工人表述意见的方式决定联合劳动组织中的重大问题，一般通过工人大会、全体工人投票表决以及其他个人直接表态的方式来实现。工人大会是工业联合劳动基层组织的最高权力机构。在工人大会上，通过直接的无记名投票的方法，选择产生工人委员会委员。具有正式劳动关系的工人均有权选举或被选举，工人委员会委员任期两年，任何人不得连续两次被选入同一工人委员会。工业联合劳动基层组织、劳动组织、联合劳动复合组织都要建立工人委员会，这是最重要的管理机构，分别管理该组织的各项工作，根据国家法令和有关政策，起草内部各种章程，制定生产经营政策，提出发展规划和具体计划以及实现计划与各项政策的措施。对工人委员会委员的选举或罢免，均根据该组织的章程来进行，工人委员会可设立执行机构负责完成有关的工作，是一个集体的工作机构。

工人联合劳动基层组织工人委员会在公开招聘的基础上，经过审查并提交工人大会投票表决之后，任命业务领导机构（经理）。对经理的招聘方式，一般是通过报纸和杂志或内部刊物刊登招聘广告，公布包括对年龄、文化程度、专业能力、外语水平、工作经验、健康状

况等各项要求在内的招聘条件以及享受的待遇。应聘者可以自荐，有关组织可以推荐，其他人也可以推荐。重要的大型工厂经理一般由共和国、自治省或联邦一级的共盟组织和政府部门参与协商提名，然后经工人委员会专门成立的经理招聘委员会（其中有当地议会代表和经济联合会代表各一人）审查后，提出经理候选人建议，工人大会投票表决通过。工人委员会任命之后，报有关部门备案。经理任期四年，可以连选连任，一般情况下，连任不超过两届，但也有成绩卓著的经理连任多届的情况。如果经理不称职或犯错误，工人委员会可依法撤销其职务。

每个工业联合劳动组织都要有自己的业务领导机构，由于各组织的规模及其活动内容不同，业务领导机构的组成也不同，可以由一人组成（即经理），也可以由几人集体组成（称业务领导委员会，该委员会主席即经理）。所有工业联合劳动组织的经理都实行招聘制度。经理（业务领导机构）在工作中是独立的，但必须对全体工人和工人委员会负责；同时，也就该组织活动的合法性对国家权力机构负责。经理、副经理和其他业务领导人不能被选为工会委员会委员，但经理要列席工人委员会会议，在会上有建议权，但没有表决权，对会上提出的有关问题要予以说明和解答。经理负责该组织各项业务的领导工作，组织和协调生产经营活动，提出业务方面的具体方针和措施；执行工人委员会的有关决定，并接受工人委员会对工作的检查和监督。工人委员会在作出有关业务工作的决定之前，应事先征求经理的建议和意见。经理在执行工人委员会的决定时，全体工人必须服从经理的生产指挥和业务领导。经理是工厂的法人代表，对国家法律负责。如果发现工人委员会有错误决定或违法活动，经理有权提出告诫，并立即向国家有关权力机构报告，否则经理就是失职，要承担法律责任。

为了顺利协调各项业务工作，在经理（业务领导机构）的组织和领导下，在劳动组织和联合劳动复合组织设立一个或若干业务工作机构（称为“劳动共同体”），在联合劳动基层组织配备一部分专门的业务工作人员，分别进行计划与分析、簿记与统计、定额与劳动、收入与分配、技术与质量、费用与价格、投资与发展、职工与教育，以及其他专业性、行政事务性、辅助性的工作，以保证工业联合劳动组织生产经营活动和全部业务工作的正常开展和统一组织。

2. 计划管理制度

南斯拉夫把计划指导作为实现社会主义工业现代化和进行社会主义建设的一项重要政策，从 1947 年开始制定第一个五年计划，一直坚持到现在，其中除了 1952—1956 年期间因当时的特殊困难条件改为制定年度计划外，先后共制定了七个五年计划，目前正在实施的是 1981—1985 年计划。联邦、共和国及自治省、区的社会计划是中期（五年）计划，工业联合劳动组织既要制定五年计划，也要制定年度计划，并强调五年计划为主的作用，年度计划在于实现五年计划的发展规划和具体落实五年计划中的逐年任务及其措施。按照南斯拉夫计划法的规定，年度计划在前一年 6 月份开始准备，10 月份由会议作出决定。五年计划提前两年开始准备，在前一年 4 月份拟出计划草案，并经过全体人民公开讨论后，于前一年年底由议会正式通过。

工业联合劳动组织在联邦、共和国及自治省、区的社会计划指导下，依据本身的实际情况和客观条件，分析上一个计划期完成任务以及市场供求关系的变化情况，来制定自己的计划。具体来说，工业联合劳动组织制定计划的程序和方法是：（1）按照联邦提出的生产增长速度和发展方向以及计划期内的优先发展项目与其他要求，从联合劳动基层组织、劳动组织到联合劳动复合组织，同时开始编制计划，并在统一规定的同一时间内完成各自计划的制定；（2）联合劳动基层组织根据自己的生产能力、资金来源、原材料供应和其他条件，拟订出详细的计划项目和内容，作为劳动组织、联合劳动复合组织制定计划的基础，但劳动组织、联合劳动复合组织的计划不是联合劳动基层组织计划的简单数字汇总，而是综合分析各种因素之后制定出来的；（3）在正式形成计划之前，必须经过自下而上、自上而下、上下结合的多层次的多次协调，在联合劳动基层组织、劳动组织、联合劳动复合组织的各自内部和相互之间反复协调若干次，主要是落实联邦关于计划的发展目标与规划要求，研究国内外市场动态，分析产销关系，协调各方面的物质利益关系，达成各种各样的经济合同（称为“自治协议和社会契约”）；（4）在签订自治协议和社会契约之后，由相应的计划工作机构和专业计划人员拟出计划草案，经工人委员会研究后，交由全体职工群众公开讨论，再由工人委员会通过，正式产生计划。这样有利于调动各方面人员在计划编制过程中的积极性与主动性，避免主观主义，使计划更符合实际，把计划与市场结合起来，保证计划的实现。凡是共同签订的自治协议和社会契约，正式确定的各种计划，都受到法律保护，以法律形式固定下来，大家努力去实现各自的权利、义务和职责，完成计划规定的目标与任务。对不履行计划规定的单位和个人，将按计划中规定的有关条款追究法律责任和经济责任。

工业联合劳动组织计划的内容，基本上由三个方面构成：（1）经济方面，有关产、供、销和整个生产经营活动以及各项经济业务工作方面的内容；（2）社会方面，有关教育、科研、文化、卫生保健以及其他社会事业和社会服务方面的内容；（3）空间方面，有关协调职工之间、工厂之间、联合劳动组织之间相互关系方面的内容。这三个方面的内容，既有原则要求，规定经济发展、社会发展和社会经济关系发展的方向和任务，又有具体指标，包括联邦规定的全国统一的最基本指标和联合劳动组织各类计划的详细指标。由于各个联合劳动组织的工业生产技术特点和规模大小不同，各类计划及其指标的侧重点也不同，但是它们的共同点是特别重视收入的取得和分配，使计划紧紧围绕减少耗费、增加收入，从而进一步发展生产和提高职工生活水平，把提高经济效益作为制定计划和实现计划的立足点。

3. 劳动管理制度

南斯拉夫工厂增加新工人、建立劳动关系实行招聘和合同制度，改变了解放初期那种统包统配、能进不能出的“铁饭碗”制度，上级行政机关不向工业联合劳动组织推派工人，工厂也不接受硬性分配的人员。工厂公开刊登招聘广告，公布招工的人数、条件和待遇，并建立招聘委员会，考核应招人员，择优录用。凡被录用的工人，必须与工厂签订合同，规定工人在工厂劳动期间的权利、义务、职责和利益以及同其他工人的相互关系，进厂之后，有一段时间（例如三个月）的试用期，如果工人表现出更高的劳动能力和专业水平，劳动关系委员会将作出决定，分配更复杂的工作任务；如果工人不符合招工条件或拒绝完成分给的工作任务，工厂将终止其劳动关系。如果工人不满意分给的工作任务，可以自行终止劳动关系。允许劳动力在工厂之间、部门之间流动。各个工厂实行严格的经济核算制，一般不轻易扩大招工人数。

终止劳动关系，大致有四种情况：（1）工人本人要求终止劳动关系，而愿在另一个工厂建立新的劳动关系，即找到更合适的工作，以发挥自己的才能或取得更多的个人收入；（2）按照合同规定的期限，在期满之后即终止劳动关系；（3）对严重违反劳动纪律的职工，强制终止劳动关系；（4）对触犯国家法律的职工，终止劳动关系并交由法制机关予以制裁。同时，按照南斯拉夫退休制度的规定，工业联合劳动组织的职工到了退休年龄，必须退休，有一个退一个，以便腾出劳动岗位由年轻职工来接替。

南斯拉夫实行每周劳动五天（42 小时）、每年休假一次（按工龄计算为 18 ～ 30 天）的制度。劳动期间必须遵守劳动纪律，违反者应受处分。凡轻度违反劳动纪律（如迟到、早退、无故旷工一天、不听从指挥、对他人态度不友好等）者，一般给予警告或公开警告处分，对严重违反劳动纪律（包括闹事、起哄、破坏劳动环境、侵犯他人自治权利、用假资料欺骗组织、非法使用社会所有的生产资料干私活、在劳动时间酗酒而降低本人的劳动能力等）的职工，分别采取调离劳动岗位、罚款、终止劳动关系的措施。调离到其他岗位，是为了观察其悔改表现，但最长不超过一年。罚款约相当于本人月收入的 10%。这部分钱用于对职工进行专业教育和改善劳动条件，不得用于集体消费资金或增加其他职工的个人收入。工业联合劳动组织为了执行劳动纪律，成立了纪律委员会，一般由五人组成（其中一人是按所在地区议会的建议由该地区的其他工业联合劳动组织的代表参加），具体审理和决定有关纪律处分事项，以维护纪律处分的准确性和严肃性。

工业联合劳动组织为了鼓励和稳定职工在本单位长期劳动和工作，实行工龄特别补助金的办法，即在本单位连续工龄满十年、二十年、二十五年、三十年的职工，可以得到一笔特别的补助金，以货币或实物形式发给职工。

4. 收入分配制度

工业联合劳动基层组织是创造收入和分配收入的基本单位，它既享有对收入分配的不可剥夺的自主权，又承担着不可推卸的义务。收入分配必须在劳动组织和联合劳动复合组织范围内进行协调，签订有关收入分配的自治协议，确定收入的获取与分配的方式、基础和标准。而工业联合劳动组织范围内这些自治协议所确定的内容，又必须同工业联合劳动组织之间签订的自治协议以及地区之间与共和国一级达成的社会契约的内容相一致，必须符合联邦颁布的有关收入分配法律规定的原则。工业联合劳动基层组织可以独立自主地制定收入分配条例，具体安排各项收入分配关系，但一定要在国家有关法律的指导下，协调本单位与其他单位的利益以及整个社会的共同利益，这就是它的收入分配制度的基本特点。

按照南斯拉夫有关法律的规定，工业联合劳动基层组织收入的分配，首先必须保证履行它们对社会应尽的义务。工业联合劳动基层组织从收入中扣除的用于履行社会义务的费用基本上有两类：一类是法定义务，包括用于教育、科学、文化、卫生保健、社会保险、国家行政、国防安全的费用等，这类费用是国家法律直接规定的义务，以缴纳税金和提供捐款的形式，分别进入教育、科学、文化、卫生保健等社会事业部门机构和地区、共和国及自治省、联邦政府机构；另一类是合同义务，包括用于支付劳动共同体和其他劳务部门的服务费、支付银行贷款利息、支付超过法定最低比率的那部分折旧费、支付财产保险和其他保险费等。这类费用是经过协商所规定的义务，以共同签订自治协议和社会契约的形式，分别付给有关业务部门。

工业联合劳动基层组织从收入中扣除了对社会承担的各种义务之后的剩余部分就是纯收入。纯收入是联合劳动基层组织可以自行分配的部分，直接关系到本单位全体职工的物质文化生活水平及其提高程度，关系到扩大再生产的能力及其发展方向，涉及联合劳动基层组织之间、工业行业之间、部门之间的相互物质利益关系。因此，每个联合劳动基层组织都非常关心纯收入的分配，劳动组织和联合劳动复合组织以及整个社会也十分重视纯收入在联合劳动基层组织内部的分配。纯收入一般分为四个部分：（1）个人消费基金，即在联合劳动基层组织内全部职工之间分配的个人收入的基金，包括职工个人得到的实际收入和直接为职工利益服务的社会事业费用；（2）共同消费基金，即联合劳动基层组织内部的共同的、公共的消费基金，用于职工的免费午餐、年休假补贴、疗养和退休补助以及其他集体福利事业等；（3）扩大再生产基金，即用于改进和扩大劳动的物质基础基金；（4）储备基金，即用于应对意外事故、自然灾害和其他特殊情况所必需的基金。上述四个部分中的个人消费基金和共同消费基金，构成纯收入的消费部分；扩大再生产基金和储备基金，构成纯收入的积累部分。

为了保证工业联合劳动基层组织之间的统一经营条件，确定工业联合劳动基层组织内部分配的统一标准，建立和发展工业联合劳动基层组织在分配过程中的平等关系，南斯拉夫通过颁布法令、制定政策、签订合同及其他措施，对工业联合劳动基层组织如何合理分配纯收入作了一些原则性的规定：（1）凡在特别优越的自然条件或特别有利的外部条件下获得的超额收入部分，不能用于增加个人收入和集体福利事业的基金，而是作为扩大再生产的积累基金，用于联合劳动组织本身的生产发展以及区、共和国及自治省的发展需要，以便使得纯收入能够真实反映联合劳动基层组织自己的生产经营活动成果，消除不合理的外部条件的影响，在各个联合劳动基层组织之间形成统一的经营条件，体现按劳分配原则，避免在自负盈亏条件下不同行业、不同部门之间职工个人收入差别过大。（2）工业联合劳动基层组织从纯收入中分出的积累基金的增长速度，应当快于收入的增长速度，而且要按照共同确定的标准，调整纯收入中的消费基金和积累基金的关系，逐步提高用于积累部分的比重，以此作为纠正一些联合劳动基层组织存在消费多、积累少的状况的一项重要措施。（3）当工业联合劳动基层组织的劳动生产率提高时，职工个人收入的增长速度应低于劳动生产率的增长速度，当劳动生产率下降时，个人收入的下降速度也应低于劳动生产率的下降速度。在劳动生产率增长较快和职工平均收入增长较快的联合劳动基层组织，职工个人收入的增长速度应快于其他联合劳动基层组织的职工个人收入的增长速度；在经营亏损的联合劳动基层组织，全体职工都要减少一定比例的个人收入，但必须保证法律规定的最低个人收入。这既贯彻了社会主义按劳分配原则，又体现了社会主义互助合作原则，这是南斯拉夫宪法规定的个人收入分配中不可分割的两条原则。

工业联合劳动基层组织职工个人收入的确定和计算，普遍采用记分法，即按照衡量职工劳动成果和贡献的记分标准，确定每个职工应得的分数，计算出其个人收入。衡量职工劳动的成果和贡献的标准，一般分为四类：（1）劳动复杂程度，包括职工的文化水平、专业知识、工作能力和所承担的劳动任务的难易程度；（2）劳动责任，包括对劳动资料的责任，对劳动过程及其他人安全的责任，对整个联合劳动基层组织的责任；（3）紧张程度，包括脑力的使用程度、听力的使用程度、体力消耗程度以及同周围的联系程度；（4）劳动条件，包括危害健康、损伤身体、露天作业以及温度、湿度、噪声、通风、光线等项内容。对上述四类标准中的每项具体内容，分别规定了不同的分数，作为职工得分的基础，再结合职工出勤、完成任务、产品质量、原材料节约、设备利用程度等实际情况，确定每个职工的分数。联合劳动基层组织个人收入基金除以全体职工分数的总和，就是每分的分值。每个职工的分数乘以分值，就计算出该职工的个人收入。这种个人收入分配制度，有利于鼓励职工提高文化程度和技术水平，因为文化程度和技术水平越高，记分越高，个人收入也就越高；有助于克服吃大锅饭的不合理状况，把职工的劳动数量与质量同个人收入密切联系在一起，能够把考核职工劳动成果和贡献的各种因素，比较全面客观地纳入个人收入，因此一般不再另设名目繁多的奖金；有利于促进职工关心整个联合劳动基层组织的生产经营活动成果，因为个人收入基金取决于整个联合劳动基层组织的总收入、收入和纯收入，总收入、收入、纯收入越多，分值越高，职工个人收入也就随之增加，反之就随之减少。这样，整个联合劳动基层组织生产经营活动的好坏，是与每个职工个人收入紧密相关的。在南斯拉夫，各个工业联合劳动基层组织的总收入、收入、纯收入、个人收入每个月计算一次，一般是在每月 5 日将上个月的各种繁杂的数据和资料输入联合劳动复合组织的电子计算中心，7 日即可计算出所属的所有联合劳动基层组织全部职工的个人收入，8 日发给职工。由于联合劳动基层每个月的总收入、收入、纯收入均在发生变化，因此，职工每个月的个人收入也或多或少有所不同，不是月月固定不变的。联合劳动基层组织每月向职工发放个人收入的同时，也发给每个职工一张个人收入分配计算表，写明个人收入的计算及其实得数额，以便职工了解和监督整个联合劳动基层组织的收入分配工作。

五、工业联合劳动组织的联合形式

工业联合劳动组织中的联合劳动基层组织是最基本的经济实体，在此基础上，劳动组织及联合劳动复合组织又进一步联合组成更高级的组织形式，这些联合形式一般有以下三种。

1. 业务共同体

业务共同体是表现为若干工业联合劳动组织为了共同利益而在业务和资金方面的一种联合形式。这些联合劳动组织之间具有工业生产经营活动和业务工作方面的联系，联合的目的是：共同确定业务分工，相互改进业务工作条件；共同预测市场，加强市场合作，协调产品的生产和劳务的安排，参与国内外市场的竞争；改进科学研究活动，培养和提高干部的业务水平；在生产、技术、销售、人力、物力、财力各方面广泛开展密切而有效的合作。参加业务共同体的联合劳动复合组织或劳动组织，在平等协商的基础上选派各自的代表，组成业务共同体委员会，作为其管理机构，讨论和决定有关事项，协调各成员组织之间的业务活动。

2. 行业联合会

行业联合会是由工业联合劳动组织及其业务共同体按照行业原则建立的联合组织形式。各成员组织的代表共同组成行业联合会委员会，作为管理机构，它的经常性工作任务是：广泛吸收和应用国内外先进技术成果，就有关本行业方向性的技术问题开展科研活动；通过制定计划和签订合同，协调本行业的专业分工与协作，观察和分析各成员组织在生产经营活动中的地位及其成果，组织有关合理利用生产能力、节约资金、提高效率等的资料交流和情况通报，不断增加成员组织的收入，促进整个行业的生产发展，并同其他工业行业和工业部门以及各个经济部门求得平衡与稳定的发展；预测国内外市场的变化，改进同国外的业务往来和经济关系，提高本行业的产品在国内外市场上的竞争地位，坚持对本行业的经理和业务领导干部以及其他专业人员进行正规的系统的培训，使他们的知识不断更新，能力逐步提高，适应现代科学技术和管理工作的需要。

3. 经济联合会

经济联合会是工业联合劳动组织及其业务共同体与其他经济组织的经济联合形式。全国有联邦、共和国及自治省、区三级经济联合会，工业联合劳动组织及其业务共同体以及商业、交通运输业、建筑业、农业的经济组织和银行与保险组织，均参加所在区域的经济联合会。工业联合劳动组织一般是通过自己的行业联合会参加相应区域的经济联合会，而大型的工业公司和劳动组织也直接参加共和国及自治省、联邦的经济联合会。经济联合会的基本任务是：促进工业行业之间和经济部门之间的互助合作，协调它们之间的经济关系；参与编制社会政治共同体的各级社会计划，分析和检查计划的执行情况；协助制定经济法律和经济政策，维护全国统一的社会主义市场，对违背社会主义经营要求和破坏全国统一市场的行为采取纪律措施；研究对外经济关系的发展，协调各个经济组织在对外经济活动中的相互关系并提出有效的改进措施；参加同级议会的有关会议，在经济发展和经济工作中的一些重大问题上起参谋与咨询作用。

经济联合会委员会是它的管理机构，由所有成员组织的代表共同组成，各级经济联合会对工业联合劳动组织和其他经济组织的各项经济活动进行具体的指导和协调，检查和督促它们遵守法律和执行政策，同时也向议会权力机构反映工业联合劳动组织和其他经济组织的意见和要求。经济联合会、行业联合会、业务共同体与工业联合劳动组织之间的关系，以及工业联合劳动组织内部各种组织之间的关系，不是行政管理机构那种上下级的单纯行政领导关系，而是作为经济联合组织，按照国家制定的统一法律和经济政策，通过平等协商和互助互利，由劳动集体共同管理各项活动。国家权力机构主要是通过经济立法、制定社会计划、运用经济杠杆来指导和调节这些经济联合组织的各项活动，更好地反映社会主义客观经济规律的要求。在必要情况下，也采取一些应急的行政手段来解决经济活动中的问题和困难，待条件具备之后，行政手段逐步让位于经济手段。南斯拉夫认为，这是它 30 多年来的经验总结，符合南斯拉夫的国情条件，促进了生产发展，提高了人民生活水平，取得了积极成效，但在实践中也存在问题。一方面是有的外部组织机构对工业联合劳动组织的主动性和职工群众的积极性尊重不足；另一方面是有些工业联合劳动组织对相互之间的共同利益和全社会的整体利益考虑不周。这些问题，过去存在，现在存在，将来还会出现。当前南斯拉夫正在贯彻南共联盟十二大提出的基本任务，坚持发展社会主义自治关系和增强社会的物质基础，继续进行各种改革，进一步加强工业联合劳动组织的地位和作用，采取切实可行的措施以维护劳动集体的共同利益和全社会利益，克服、解决前进道路上的困难和问题，达到全国经济长期稳定发展的要求。

（原载《国外公司管理研究》(学术讨论会资料)，

中国经营管理研究会，1984）

● 外国国有企业的来龙去脉

一

美国自1861—1865年南北战争后，政府把大量的土地收归国有，承担起铁路、钢铁、军工、邮政等方面的建设任务。在20世纪30年代的经济危机期间和第二次世界大战后，美国国有资产和国有企业又有较大发展，如战后政府对道路、桥梁、机场、供水等基础设施的投资一直占全国基础设施投资的60%左右，这些私人没有能力或不愿投资的领域不得不由国家来投资。在80年代中后期的全球性国有企业改组浪潮中，美国却于1989年把铁路客运收归国有，成立了联邦铁路客运公司。

美国的国有企业是指企业全部资产归国家所有并由国家经营管理的企业。这是企业形态的一种组织形式。美国和其他一些市场经济发达国家的企业形态，大致有独资企业、合伙企业、公司、国有企业、混合企业这五种形式，其中混合企业是指由国有资本和个人资本合办的企业。在这五种企业中，最基本的是独资企业、合伙企业和公司这三种企业形态。

美国的国有资产大体分布在以下几个领域：（1）包括土地和各种

建筑物在内的各类政府不动产;(2)各级政府投资兴建的交通、桥梁、机场等基础设施;(3)国有企业资产和混合企业中的国有资产;(4)国家对科学研究的投资所形成的资产。美国国有资产约占全美财富的20%。美国全国土地属联邦政府的占30%,属地方政府的占10%,矿藏大部分属国家。联邦政府拥有的土地、森林、国家公园分别为1.1亿公顷、0.8亿公顷、0.4亿公顷。

美国国有企业在美国经济中的作用是微不足道的,国有企业资产和就业人数占全国企业总资产和就业总人数的1%左右。除邮政、公路全部属于国有外,在其他领域仅占部分或很小比重。在一些高新技术领域的新兴部门中,由于投资大、周期长、风险大、见效慢,在个人资本能力不足和政府不愿承担全部风险的情况下,混合企业成为发展的一种形式。

在美国,国有企业在一些领域中的作用是变化的,不是一成不变的。以铁路为例,美国早在1828年开始铁路建设,允许私人兴建和经营铁路,但在南北战争期间及随后一段时间,政府通过赠与土地和减免税收以及其他投资方式,承担了铁路建设任务。在19世纪70年代到20世纪初期,又通过股份制形式在国内和国外筹集铁路建设资金,极大地推动了铁路的发展。到1916年,铁路运营里程已高达40.9万公里,其中1850—1910年期间新建铁路37万公里,平均每年建成6 000公里。第一次世界大战期间,美国政府宣布接管全国铁路,并承诺全力保护铁路公司的财产。政府按过去三年平均值给铁路公司股东分红,并承担维修道路和更新设备的费用。到1920年,政府认为非常时期已经过去,又把铁路移交给铁路公司的私人股东。尽管在政府接管的三年多时间里,铁路运营亏损约9亿美元,但发挥了铁路在国防和经济中的重要作用。目前美国铁路中的国有资产占全国铁路资产的25%左右。

在美国的国有企业中,特别是联邦政府直接控制的企业中,有一部分虽然采用企业经营管理制度，但不以营利为目的，不实行自负盈亏，而是本着效率优先、兼顾公平的原则，成为推动区域经济发展的独立组织形式，以利于解决全国经济发展过程中的地区差异问题。田纳西河流域开发管理局（Tennessee Valley Authority）就是这类国有企业中最为典型的代表。它成立于1933年，最初设想是开发田纳西河流域潜在的水利资源，不同于政府行政机构，它拥有业务活动的较大自主权，实行董事会制度。但除所经营的电力业务自负盈亏外，其他各项经营业务主要是由国会拨款。在具有多重功能的大坝完成后，不仅使这一地区获得低成本的电力，而且实现对10万多平方公里的田纳西河谷的全面治理和综合开发，有效地控制了长期危害地区发展的水患。还有的开发项目是联邦政府与州政府间多边合作形成的组织形式，如1965年成立的阿巴拉契亚区域开发委员会，承担美国东部比较贫困落后与危机地区的发展任务，包括密西西比、弗吉尼亚、肯塔基、俄亥俄、纽约、宾夕法尼亚等13个州的50多万平方公里，其特点是通过颁布《阿巴拉契亚开发法案》（ARDA），依法从事经营管理活动。阿巴拉契亚山区综合开发的企业组织形式及其经营管理制度，是继田纳西河流域开发治理的又一成功范例。

市场经济条件下的美国政府，不仅通过法律来规范各类企业的经营活动，维护市场竞争原则，而且作为一个供应者、竞争者、消费者同企业发生相互关系。政府作为一个供应者，就是把它拥有的大量自然资源出售给企业。政府作为一个竞争者，就是在市场上投放产品和提供服务，如上所述，政府经营的田纳西河流域开发管理局向所在地区的居民供电。政府作为一个消费者，就是从企业那里购买产品和服务，包括办公设施、电子计算机和电话服务以及采购军用物资等。所有这些政府行为都对企业经营活动有重要影响。当然，美国政府直接经营的国有企业同全国各类企业相比是极其有限的，即使在电力部门也仅占25%左右。

美国的国有企业存在效率较低的问题，这是这类企业实行“铁饭碗”制度造成的。以美国邮政局的企业为例，尽管采用了电子计算机及各种最先进的技术和方法，但其服务质量之差、工作效率之低在国内各行各业中闻名，邮件迟发、丢失、损坏时有发生，美国公众讽刺邮政系统的效率像“乌龟”。美国实行邮电分营后，电信系统的企业采用市场竞争制度，带来了工作效率和发展动力的提升，虽然邮政系统也采取了一些对付“铁饭碗”制度弊病的措施，包括严格执行工作考核、不断对员工进行重新培训、调动员工工作积极性以至解雇表现极差的员工等，但收效甚微，与电信企业的进步和发展无法比拟。

加拿大的国有企业称为公共企业。实际上，公共企业不仅包括国有企业，即政府拥有100%企业资产的“皇冠企业”，而且包括政府与私人联合持股的“混合企业”。加拿大的公共企业出现于19世纪中叶，20世纪40年代至80年代前期是公共企业的鼎盛时期。公共企业是加拿大政府实现政策目标的一种手段，即通过建立公共企业来实现有关社会经济发展的政策目标。当政府认为某一方面的政策目标已经实现，或是有充分证据表明私人企业已经进入某一领域，这一领域的公共企业就会被拍卖或关闭。

加拿大政府在20世纪70年代设立的皇冠公司，不仅涉及基础性和公益性行业，而且涉足某些竞争性行业，包括某些垄断领域，如电力工业、酒精工业；需要特殊保护的领域，如国防工业；私人企业不宜经营或不愿经营的领域，如风险大的新兴产业。在一些重要经济部门，如能源、建筑、住房、铁路、航空、石油、金融等都有由联邦政府掌握的国有企业。到80年代初期，仅联邦政府拥有的皇冠企业就有115家，总资产750亿加元，雇员占全国就业人数的5%，再加上为数众多的省政府所属企业，公共企业几乎遍布社会经济生活的各个领域。但从1984年起，加拿大政府开始大量拍卖公共企业。到90年代初期，联邦政府拥有的皇冠企业仅剩下58家，总资产80亿加元，就业人数减少了1/4，所涉足的主要是一些没有盈利或盈利少的领域以及私人企业不愿介入的领域。

日本的国有企业称为公营企业。主要有两类：一类是国家和地方政府直接经营的国营企业，其中，国家直接经营的包括邮电、造币、印刷、国有林区、酒类专卖等，地方政府依据《地方公营企业法》，主要经营自来水、工业用水、铁路、汽车运输、电力、煤气等；另一类是按国家法律设立的法人经营的国有企业，叫作特殊法人，即依据特别法律设立并实行特别监督，既要承担国家法律责任又享有经营自主灵活性的一种独立法人，其突出实例就是日本国有铁路公社、日本烟草专卖公社、日本电信电话公社，这“三公社”的全部资本均由国家拥有。实际上，日本的公营企业除了包含上述两类国有企业外，还包括下面两种情况：一是由中央和地方政府与私人资本共同投资建立的混合企业，称为第三部门，主要是地区开发和城市建设方面的一些项目企业；二是由国家委托民间经营的企业，称为民营企业，主要是一些地方铁路、公路运输、航空和公共福利方面的经营项目。日本的公营企业是相对于私营企业而言的，主要分布在私营企业无法发挥作用或不愿参与的部门和领域，特别是全国性基础设施行业，直接从事工业生产活动的国有企业较少。

欧洲一些国家历史上出现过的国有化运动，出于保障国家独立自主的考虑，由国家出面控制能源、交通、原料的经营，把基础工业、电力、银行等收归国有，曾为本国的经济复兴作出了贡献。意大利19世纪40年代出现的国营铁路公司对本国交通发展有重要作用。1933年建立伊利公司（意大利工业复兴公司），是国家通过国有经济促进全国经济发展的有力手段。第二次世界大战后到70年代，意大利的国有经济形成了一个相对独立完整和规模庞大的体系。1953年成立埃尼公司（国家碳化氢公司），1962年成立国家电力公司和机械工业自治公司。意大利的国有企业在70年代达到高峰，基本上控制了国内电力、钢铁、石油、天然气、固体燃料、有色金属、合成橡胶、造船、铁路、广播电视、航运、银行、保险、电信等行业。全国大企业的1/4是国有企业，其生产能力和产品销售额均占全国各类企业的1/3左右，就业人数占全国就业总数的1/4，工业投资占全国投资总额的1/3以上，其中伊利、埃尼、国家电力公司和国家保险公司是全国最大的四家国有控股公司。第二次世界大战后，奥地利在1946年和1947年由国民议会分别颁布了第一个和第二个国有化法，把德国在奥地利的财产（主要是原材料和基础工业）转为奥地利的国有财产，形成了包括矿山、冶金、煤炭、化工、电子、机器制造和机车车辆制造等部门在内的70多家国有企业，建立了奥地利的国有工业体系，对三家银行和部分交通运输企业也实行了国有化。奥地利的国有企业在全国经济中的比重曾达到1/3，分布在能源、电力及其他重工业部门以及航空、建筑、运输、盐业、烟草专卖、银行等领域，对战后奥地利的经济恢复和重建起了极其重要的作用。

法国自19世纪初开始出现国家所有制的企业，到20世纪初的100年期间，先后在烟草、火柴、铁路、酒精等领域建立了国有企业。第一次世界大战期间，法国对与国防工业相关的一些部门实行了国有化政策，战后又通过没收德国财产形成了一批国有企业。但法国的国有化运动是从20世纪30年代中期开始的，到80年代初期，先后经历了三次国有化运动。第一次是在1936—1937年，主要集中在铁路、航空等交通领域和军事工业部门；第二次是在1945—1946年，国家通过颁布法律把雷诺汽车公司、法国电力公司、法国煤炭煤气公司、法兰西银行、国民工商银行及30多家保险公司收为国有；第三次是在1982年，这是规模最大的一次国有化运动，把拥有2 000名以上员工的工业企业都收为国有，银行业全部实行国有化。至此，法国的国有工业企业营业额占全国营业总额的40%，投资额占国内投资总额的40%，出口额占全国出口总额的34.6%，员工人数占全国就业人员总数的23%，成为欧洲国有化程度最高的国家。

英国虽然早在1657年由政府直接经营邮政业而成为历史上第一个拥有国有企业的国家，并在19世纪30年代由空想社会主义者极力宣扬生产资料国有化思想，但直到第二次世界大战之前其国有化进程仍无进展。英国的国有化运动主要集中在两个时期：第一个时期是1945—1951年，通过颁布国有化法令实现大企业的国有化，包括英格兰银行、煤炭采掘业、电力和天然气、铁路、民用航空、内河航运、有线及无线通信、钢铁工业等领域；第二个时期是1974—1979年，进一步扩大国有化的范围和规模，先后成立英国煤气和天然气公司、国家煤炭局、各电力委员会和电力局、英国国家石油公司、英国钢铁公司、英国造船公司、邮政公司、英国电信公司、英国铁路公司、国家货运公司、国家公共汽车公司、英国航空公司、英国航空空间公司等。英国国有化进程的突出特点是，这两次国有化运动都发生在工党执政期间，一旦工党下台而由保守党执政，则国有化运动就受挫甚至回潮，因此，国有化问题成为工党与保守党之争乃至工党内部争论的一个焦点。另一个特点是在建立国有企业的同时，发展“公私合营”的混合企业，英国北海油田的开发和经营便是国有资本与私人资本（包括外国资本）联合经营的混合企业的一个典型实例。

二

美国国有企业的资产属国有财产的范畴，是国家履行其职责的财力基础，不是公有财产，即不是国家代表全民占有的财产，实际上应称为政府财产，国有企业应被称为政府公司。政府公司不参与竞争，不纳税，不上缴所得利润，而是接受政府拨款，自我发展。美国约有

40个政府公司，每个公司有一个单行法律作为运作的行为规则。国有企业根据经营情况每年向白宫预算局提出申请预算拨款，预算局审查同意后向参众两院申报，分别举行听证会，由企业和预算局负责人申诉理由，经过两院辩论及批准，由财政部执行并负责办理拨款手续。国有企业按私法运营，即像私人企业一样去经营管理，均实行董事会制度，并由董事会负责聘用经理或厂长。董事由总统任命，参议院批准，但政府不得直接干预董事会活动。董事任期固定，总统不得随意罢免董事。有的董事是专职领薪的，有的董事是兼职不领薪的。国有企业接受政府有关部门的审计监督。

加拿大政府通过设立国库委员会来实施对国有企业的管理。国库委员会由财政部长、拨款部长等主要内阁成员组成，下设皇冠公司管理司等部门。国库委员会的职责不同于财政部的职责。国库委员会对皇冠公司的职责是：（1）检查和审核皇冠公司计划并报内阁审批；（2）批准皇冠公司经营和资本预算；（3）确定皇冠公司的经营效益目标；（4）向议会提交皇冠公司的年终报告。财政部对皇冠公司的职责是：（1）批准皇冠公司的借款计划；（2）有权要求皇冠公司向政府支付剩余货币收入；（3）参与审议、批准国库委员会皇冠公司管理司的计划。

日本国有企业的资产是国有财产的组成部分。日本国有财产分为行政财产和普通财产两大类。行政财产是指国家为履行行政职责而拥有的财产，只服务于行政目的，不能流动和转让，由大藏省和中央政府各机关实行静态管理。普通财产是除行政财产之外的国有财产，主要由国有企业的资产构成，其收益可服务于国家，称为收益财产，由大藏省总辖并实行动态管理。大藏大臣拥有对国有财产的管理处置及综合调整的职责和权限。具体表现在：（1）建立健全国有财产的规章制度；（2）统一制定国有财产管理与处置事务的文件；（3）掌握国有财产的状况；（4）对国有财产管理与处置行为进行调整。国有企业的资本预算和资金计划须经内阁会议决定后，与国家预算一起交由国会通过。国有企业的决算也必须提交国会，置于国会的直接控制之下。

欧洲一些国家在国有化运动过程中一般采取由政府部门分工管理国有企业的办法，并由某一个部门作为国有资产的代表。第二次世界大战后至70年代，意大利的国有企业实行国家参与制，大多数国有企业分别属于伊利、埃尼、国家电力公司、国家保险公司等国有控股公司。意大利政府设立国家参与部，专门负责管理国家参与制的国有企业，并拥有指导与监督国有控股公司的职权，以保证其经营活动符合政府的经济政策目标。国家参与部部长还负责召集各国有控股公司董事长和总经理汇报其工作情况。财政部负责审批各国有控股公司的预算和决算。80年代末90年代初，意大利撤销了国家参与部，在政府总理直接领导下由国库部、预算部、工业部的三个部长对国有企业实行分工管理，其中国库部是国有资产的代表。第二次世界大战后到80年代，奥地利对国有企业的管理也经历了变化的过程：1946—1949年设立财务保障与经济规划部，负责对国有企业资产的管理；1950—1956年改由新成立的联邦交通与国有企业部负责管理国有企业；1957—1959年则是工业矿山管理有限公司作为托管局负责对国有企业资产的管理；1960—1965年改由联邦总理第四室负责对国有企业的管理；1966—1967年又由联邦交通与国有企业部负责管理国有企业。从70年代开始，奥地利为了解决政府官员直接插手国有企业而带来的种种弊端，成立了全国性的奥地利工业管理股份公司，负责对全国国有工业企业的管理。后因工业管理股份公司仍然沿袭行政性管理方式，又于1986年改组为工业控股公司。奥地利工业控股公司成立专门的监事会，行使对国有企业的管理职能。监事会代表是兼职的，享有一定补贴。国有企业按私人企业方式从事经营活动，面对市场竞争的压力远远大于以往政府的行政指令要求，有利于改善国有企业经营状况并减少对政府的依赖。1986 年 4 月奥地利国民议会通过的国有工业法规定，工业控股公司监事会成员不再按照议会中党派席位的比例组成，而是由联邦政府的公共经济与交通部长直接从社会上挑选任命，以消除党派利益之争对国有企业的影响。公共经济与交通部长对国有工业企业的管理职责是：（1）代表国家管理国有工业企业资产，凡涉及资产变动，须经工业控股公司监事会同意，报主管部长审核，报国民议会批准；（2）有权向国民议会提议任免工业控股公司监事会成员；（3）审查工业控股公司年终经营报告和财务决算，并向国民议会报告，对国民议会负法律责任。

法国对国有企业进行分类管理。对国家是唯一股东或占 51% 以上绝对控股地位的国有企业，如法国电力公司、法国煤炭煤气公司、法国铁路公司、巴黎城市公共公司等，国家对其实行严格的直接控制，主要表现在价格、投资、分配诸方面的管理上。对国家掌握股权的一部分或不占控股地位的国有企业，则按私法对其进行规范管理，与对私人企业的管理方式基本相似，这类国有企业大多数是竞争性的国有工业企业。法国政府对国有企业进行管理的主要部门是经济部、工业部和预算部，其次是运输部和国防部。经济部国库司负责对国有企业资产的管理，预算部是从预算角度对国有企业进行管理，包括对国有企业的财政拨款支持程度和参股范围。工业部、运输部、国防部则负责对各自分管的国有企业进行业务管理，如雷诺汽车公司的主管部门是工业部，国有航空公司和法国铁路公司的主管部门是运输部。法国的国有企业实行董事会制度，由董事会负责决定企业的发展战略、经营方针和红利分配等重大事项。董事会由政府代表、职工代表以及与企业有关的专家、知名人士、客户代表三方面人员组成，如法国电力公司最高权力机构的董事会成员 18 人，三方代表各占 1/3。国有企业董事长一般由政府有关部门提名并由总理任命。

英国主要是通过政府各主管部、财政部和议会对国有企业进行管理、监督和指导，有所分工，有所侧重，各司其职，不设立统一管理国有企业的专门机构。对国有企业的经营活动而言，各主管部是最重要最直接的管理者。政府虽然不介入国有企业的日常经营管理业务，但通过各主管部对国有企业董事会成员予以任免，实际上体现出政府对国有企业的管理。而且，依据英国有关法令，主管部大臣还有权决定所属国有企业的发展方向和经营方针，并决定和监督国有企业接受财政拨款及其使用状况。如工业部主管英国钢铁公司，交通部主管陆空航运的国有公司，能源部主管英国国家石油公司等。财政部负责参与并审核对国有企业的财政拨款，以解决全国财政的统筹兼顾问题。议会审议和监督各类国有企业的立法和实施以及对政府有关部门提出国有企业状况报告的辩论和质询检查，包括通过议会的立法程序和议会内设立与国有企业有关的各种专门委员会来实现议会对国有企业的监督和指导。

三

在各国国有企业发展的历史长河中，一般都存在生死兴衰的交替状态。从 20 世纪 70 年代开始，80 年代中后期加快进行的世界范围内的国有企业改组，引起了世人关注。这种现象在欧洲一些国家和日本尤为明显。意大利在 80 年代推行国有企业的股份制改造，如埃尼出售下属萨伊彭姆公司 20% 的股份，伊利出售下属中南银行 74% 的股份、西尔蒂电讯安装公司 40% 的股份。进入 90 年代，意大利的一些国有大型工业企业，如玻璃公司、新比隆公司和部分钢铁公司，以及三大银行即商业银行、信贷银行和不动产银行，都已实现了股份制改造的目标；国家保险公司在国家控股情况下出售了部分股份；埃尼下属 360 家国有企业中的 86 家盈利企业已全部出售，收回了国有资本 3.4 亿里拉，减少了雇员 1 200 多人；竞争性的食品行业的国有企业已全部实现股份化。意大利由国库部负责统一发行国有企业股票的有关事项，并成立专门的金融证券机构负责国有企业股票的销售业务，还在伦敦、布鲁塞尔和东京上市国有企业的股票，寻求国外投资者。80 年代后期以来奥地利国有企业经营不善，亏损严重，弊端日益暴露，通过预算拨款进行补贴的结果是国家财政负担沉重，政府不得不对国有企业进行改组。从 90 年代起，奥地利对国有企业进行股份制改造，把经营不善的国有大公司分解为若干小公司，把民航局改为股份公司，国家在信贷银行参股 48%，在奥地利银行仅拥有 20% 的股份，在工业控股公司的目标是保留 25% 的国家股。

1986—1988 年，法国在全国范围内进行了一次国有企业的大改组，涉及工业领域、金融业的十多家大型国有企业，通过出售近千亿法郎的国有资产实现了股份制改造，主要有圣戈班公司、孟特拉公司、兴业银行、巴黎银行、法国商业信贷银行、农业信贷银行、法国电视一台、电话制造总公司、哈瓦斯广告公司等。进入 90 年代，法国政府加快了国有企业的改组步伐。1993 年 7 月，法国国民议会通过专门法律对全国 21 家大型国有企业进行股份制改造，涉及竞争性领域的所有国有企业，在随后的两年多时间里，完成了诸如埃尔夫石油公司、罗纳克化工公司、国民工商银行及其他一些国有企业的股份制改造目标。法国国防电子集团——汤姆逊公司——的国有股权已出售 60%。在矿业、化工、军火等行业的国有企业则向社会“敞开供应”国有股权的股票。1997 年 9 月，法国最大的国有企业即法国电信公司宣布向社会公开出售其 20% ～ 25% 的股权，可使政府获得 400 多亿法郎的套现收入，以弥补法国财政预算的不足，并为加入欧洲单一货币体制做好财政准备。这是迄今法国规模最大的一次国有企业股份化行动。法国政府为此不惜投入1.5亿法郎的广告费，利用影视明星和家喻户晓的历史故事，在各类媒体上喊出“有你也有我”“全民股东”的口号，使国有企业改制工作掀起新的浪潮。法国对国有企业改组的基本形式有三种：（1）把实际从事工商经营活动的原有政府部门改组为独立的企业法人，如原有邮政电信部门分别由两个独立的企业法人所替代；（2）把国有企业改组成股份有限公司，如烟草火柴工业开发局、雷诺汽车公司等便采取这种改组方式；（3）把国有企业的部分或全部股权公开向社会公众个人出售、转让。

英国从1979年末1980年初开始对国有企业进行改组，出售了英国国家石油公司的一部分股权，并把一些小型国有企业出售给私人经营。80年代中后期，英国扩大了国有企业改组的范围并加快了国有企业改组的进程，政府公开宣布可以扩展到一切部门，包括公共服务部门如环卫、建筑服务、住宅维修、洗染以及部分学校和医院，涉及生产部门和其他各类领域，先后出售了一大批国有企业的部分股权或全部股权，如英国航空空间公司、英国电缆和无线电公司、英国电信公司、英国煤气和天然气公司、英国钢铁公司及一些电力公司和自来水公司等。到1991年底，英国国有企业仅剩下英国铁路公司、邮政公司、国家煤炭局、英格兰银行、国家公共汽车公司等5家。1993年起又先后转让了英国铁路公司、邮政公司、国家煤炭局的部分股权。英国对国有企业改组的形式包括出售给私人经营，出售给本企业经理和雇员，采用招标方式向社会公开出售国有企业等。英国通过多种形式全面、大规模地改组了国有企业，对欧洲其他一些国家国有企业的改组产生了重要影响，几乎波及欧洲的所有国家和各个部门。

日本在20世纪70年代中期开始探索对国有企业的改组，但实际上到80年代中期才着手进行国有企业的改组工作，主要表现为对原有三家非公司制的国有企业，即日本电信电话公社、日本国有铁路公社、日本烟草专卖公社进行民营化改造。日本的“公社”是指由政府（包括中央和地方）百分之百出资建立的企业，即国有企业，不同于“公司”和“会社”。日本的民营化改造内容包括：出售国有企业的部分股权或全部股权，政府对国有企业的行政审批制度改为法律认可制度，国有企业内部实行公司制的法人治理结构、劳动人事制度和财务会计制度。日本电信电话公社的民营化改造即从1985年4月开始进行的股份制改造，依据《日本电信电话株式会社法》，改名为日本电信电话株式会社，即日本电信电话股份有限公司。“会社”的含义是股份有限公司。出售1/3的股权后，政府拥有日本电信电话株式会社66.2%的股权。1996年12月，日本宣布，将在1999年内把日本电信电话公司的业务分拆，设立日本长途电话公司、东日本电信公司和西日本电信公司，现有的日本电信电话公司总部改为持有这3家公司所有股份的控股公司，以利于打破独家垄断经营，促进行业竞争，改善服务工作。日本烟草专卖公社的民营化改造是在1985年废除日本烟草专卖制度之后，它出售了1/2的股权，并改名为日本烟草产业株式会社。通过对日本烟草专卖公社的股份制改造，政府在日本烟草产业株式会社拥有1/2的股权，陆续关闭了一些亏损的烟厂，裁减了一批雇员，减少了烟草种植面积，政府与企业的行政领导关系改为股东与企业之间的经济利益关系。日本国有铁路公社的民营化改造与日本电信电话公社和日本烟草专卖公社不同，政府出售了日本国有铁路公社百分之百的股权，这被称为“完全民营化”模式，而日本电信电话公社和日本烟草专卖公社的改组被称为“部分民营化”模式。1987年4月，日本国有铁路公社正式实行分割化和股份化，把包括新干线在内的全国国有铁道切割为北海道、东日本、东海、西日本、四国、九州等6个区段，分别成立6家民间客运铁路公司和1家货运铁路公司，并允许从事跨地区、跨行业的经营活动，包括商业、旅游业、宾馆业、广告代理业、不动产借贷业、信息服务业、电气通信业等，迅速扭转了国有铁路经营长期恶化的局面。

外国国有企业的改组具有以下特点：

（1）把原来百分之百国有资本的单一股东的国有企业，改成拥有多个股东的公司制企业，是各国国有企业改组的主要内容。在国外，依据企业资产所有者形式的不同来划分企业类型，这是企业的法律形式。“所有者”与“所有制”是两个不同的概念，同一种“所有制”下可以有不同的“所有者”形式。当国外组建国有企业而开展“国有化”运动时，并未宣布取消私有制；当国外对国有企业进行改组时，也不是简单地恢复“私有化”。本质上，这些都是私有制的实现形式。在国外，客观上存在多种多样的私有制实现形式的变化。各国国有企业的改组，即所谓“私有化”，实际上包含着“公司法”“股份化”“民营化”等多种多样的提法，包含着政府对企业不再直接进行行政管理，即政府与企业的关系发生了变化。

（2）通过立法和司法来出售国有企业的股权。各国对国有企业股权的出售都经过议会立法，并由政府严格执法。国外的国有化运动，是依法进行的；对国有企业改组，即通过出售国有企业存量资产来改变国家的持股比例，也是依法进行的。如法国、意大利、奥地利等国在 80 年代中后期都先后颁布有关国有企业改组的专项法令，法国还成立了专门委员会，依据法令规定的条款，负责出售国有企业存量资产的相关事项，包括对原国有企业存量资产的估价和最终出售价格的决定。

（3）出售国有企业的基本方式是把国有企业改造为股份有限公司和有限责任公司。在改造的整个过程中，注重出售时机，采取分期分批出售的做法，力求卖个好价钱。从实践的结果看，出售的都是盈利的国有企业，亏损的国有企业卖不出去。如意大利的大型国有企业改组，一般要经历 3 ～ 5 年的时间；奥地利法令规定国有企业改组过程中政府给予资助，进行内部整顿，改善财务状况，然后才把国有企业出售出去。

（4）通过资本市场出售国有企业股权并形成稳定的“核心”股东队伍。如法国规定出售国有企业股权的正常程序是通过资本市场，在主要考虑股市价格和资产的市场价值的基础上，分析现实利润和未来前景，进而实现对国有企业的改组。为了形成稳定的“核心”股东队伍，在利用资本市场公开出售的过程中，也可通过其他途径来出售国有企业股权，如法国埃尔夫石油公司的股份制改造，是由 10 个大企业和银行各自购买 1% 的股权，这些股东在购买国有企业股权之后的一定时期内不得再抛售股票，以避免国有企业改组的波动。同时，向埃尔夫石油公司内部职工出售约占国有资产 10% 的股权，职工持股后一般不会再出售股票，以利于形成稳定的股东队伍。

（5）对特殊行业中的国有企业股权出售予以特别规定。如意大利规定，垄断性行业和社会公益性行业，包括能源、运输、电信、国防、公共服务等行业的国有企业股权出售，必须经过国家批准，而且个人股东持股不得超过 5%，若超出 5% 则要限期解决，在解决之前只有 5% 的投票权。法国规定，在卫生、安全、防卫等领域的国有企业股权出售若超过 5%，事先须经政府有关部门批准。

一些国家对国有企业进行改组的直接原因是国有企业经营状况恶化，亏损严重。国外国有企业经营亏损的原因是多方面的，包括政策性亏损，如公益性领域的国有企业为其他各类企业提供廉价服务而造成的亏损；还有历史遗留性亏损，如在收归国有时的陈旧落后企业一直沿袭下来的亏损。但与国有企业本身直接相关的两个内在原因是经营不善和决策失误，这与国有企业的低效率运行直接相关，是造成大量国有企业亏损的根本原因。由于国有企业亏损而引起的负债，更加重了政府的财政负担。如国有化之后的法国航空公司，在经营不善而造成亏损的情况下，还盲目扩大公司业务，结果债台高筑，濒临破产。基德律师事务所洛海特先生抱怨国家在长达20多年的时间里未能对该公司发挥股东的应有作用，迫使政府对这家国有企业进行改组。意大利政府支付的国有企业员工医疗费和退休金这两项费用就占全年财政收入的近一半，使国家财政不堪重负。又如英国30多年的实践证明，大企业的国有化结果未能达到预期的目标，反而需要政府给予巨额的财政补贴，从而影响了英国的经济发展。这些国家曾经出现有声有色的国有化运动，在实践证明不能成为发展经济的一条出路之后，不再维持原先的信念和做法，于是改组国有企业的抉择便产生了。

为适应国内外激烈的市场竞争，更多地吸收社会资本，也是各国对国有企业进行改组的重要原因。如法国1993年通过专门法律对国有企业进行改组，就是基于使国有企业成为跨国公司等现代企业的目标，采用股份制办法来吸收社会资本，加速企业的发展，因为政府没有那么多钱给国有企业。

欧洲各国的国有企业改组还有一个内在原因，就是欧共体《马斯特里赫特条约》要求各国的所有企业都处于平等竞争的地位，加入欧共体的国家不得对企业进行直接行政干预和采取行政保护措施，政府应取消对企业的财政补贴，使国有企业与其他各类企业在平等条件下竞争。随着科学技术日新月异和欧洲一体化加速推进，各国加快了国有企业改组的步伐，如法国在1997年9月宣布对法国电信公司进行改组，正是迫于世界电信技术的飞跃发展和欧盟决定自1998年1月1日起各国必须开放电信业市场的严峻形势，不得不打破法国电信业一家公司垄断市场的局面，并以此摆脱国有企业因冗员过多、效率低下、开支庞大而在未来市场竞争中所处的不利境地。

各国对国有企业改组的结果是，政府与企业的关系在法律上发生了重要变化，两者由过去适应“公法”调整转变为适应“私法”调整，即由原来的直接行政关系转变为财产关系和民事法律关系。国有企业改组的直接效果是明显的，对国家来说，减轻了政府财政负担，减少了政府财政赤字；调整了产业结构，增强了基础设施；增加了股票供给，扩大了资本市场的作用。对企业来说，引进了市场竞争机制，提高了企业经营效率；弱化了对政府的依赖，硬化了企业自身的财务约束；减少了企业富余人员，提高了企业员工报酬收入。国有企业改组过程中的主要困难是，国有企业股权出售形成了买方市场，愿卖的多，有能力买的少，吸引外商购买又有诸多限制；失业人数增加，引起社会动荡，如意大利那不勒斯南方金融公司员工抵制改组，甚至组织起来占领企业。这些困难和问题在各国的表现程度是不同的，各国解决问题的措施也不尽相同。社会生产力总是不断发展的，经济技术总是不断进步的，国有企业同其他各类企业一样，仍处于一个动态的演变过程。

（原载董有德编著：《国有企业之路·美国》总序，
兰州，兰州大学出版社，1999）

附　　录

On Companies

●“公司”研究第一人

——记中国人民大学博士生导师邓荣霖

在中国经济学研究领域，有“厉（以宁）股份、吴（敬琏）市场、邓（荣霖）公司”之称。其中，邓荣霖因在20年前率先开创公司研究新领域赢得学界的赞誉。他一向主张国有企业应建立现代企业制度，并回归公司法管理。在邓教授从教40年前夕，记者采访了这位著名学者——中国人民大学博士生导师邓荣霖。

邓教授是福建长乐人。只见他目光炯炯，思维开阔，精力过人，一点也看不出已是年过花甲。采访的话题就从20年前邓教授富有远见地开创公司研究说起。

1961年，邓荣霖毕业于中国人民大学工业经济系，并留校任教。1979年，作为国家公派访问学者赴南斯拉夫大学进修。1982年，回国开创现代企业和公司理论与实践研究的新领域。他率先开设“公司概论”课程，并在国家经济工作部门和经济体制改革部门参与有关企业转制的公司制度研究活动，发表了大量论著及论文。

公司问题研究对于我国经济体制改革具有极其重要的现实意义和战略意义。在我国，邓教授较早提出我国企业的主要组织形式将是公司，并较早地系统提出了“建立并发展具有中国特色的社会主义公司体系”的设想、框架及内涵。在1986年前后的历史条件下，由于仍然处于有计划的商品经济过渡体制之中，企业形态主要是工厂组织形式，他却把主要精力用于研究并论证通过公司组织形式来推动我国社会主义商品经济的发展。邓教授认为，公司是大型企业的主要形式，在国民经济发展中起骨干作用，在科技进步中起主导作用。在 1984 年 9 月和 1986 年 12 月参加公司法起草工作及随后的一些研讨会时，他坚持不懈地建议尽快制定并实施公司法，以规范我国公司法律形式和公司经营行为。邓教授这些独到的见解，在我国企业界和理论界受到重视。近年的实践表明，现代公司制度正在成为我国社会主义经济发展的骨干力量和改造传统企业制度的基本途径。

邓教授在我国经济体制改革领域十分活跃，享有很高的声望。近年来，邓教授参与了国家经贸委关于全国国有企业产权制度改革和产权交易问题的专题研究，研究成果已作为国家现代企业制度改革文件的重要依据。此外，参加了国家体改委组织的全国控股公司方案的研究，多次直接向国务院领导汇报研究成果并提供咨询。

著作等身的邓教授在三尺讲台上辛勤耕耘了 40 个春秋。1986—1996 年，他先后担任中国人民大学工业经济系副主任、主任，1997—2001 年是国务院学位委员会工商管理学科评议组成员。记者问邓教授治学有何秘诀，邓教授笑答：一定要处理好“专”与“博”的关系。

他说，一个教师不能只“抱”着一门课。讲生产管理，如果不了解财务管理，这门课是讲不好的。从总体上说，教师的专业知识面尽可能拓宽一点。知识面越宽，越有利于把握“专”门知识在总体知识中的地位和作用。具体而言，在每一堂课上又必须把重点内容讲得专一点、深一点。要紧紧围绕“专”的要求来扩展知识面，而“专”的深度又要考虑到听课学生的状况，只有这样才能恰如其分地把握讲课的广度和深度。邓教授深有感触地说：“讲好一门课是一辈子研究的结晶。”

学生和课堂在邓教授心中是极为神圣的。在采访中，他自豪地说：“所有的课都是我早到。”邓教授家在东城，而中国人民大学在城西。为避开上班高峰，邓教授经常是早上 6 点就从家往学校赶。有一次，邓教授右臂骨折，医生开了 80 多天的假。为了不影响正常教学，邓教授和往常一样，准时步入教室。望着邓老师缠满绷带的手臂，许多学生感动得热泪盈眶。

“经天宏论开心钥，济世良方破霹雷。娓娓清言疑尽释，迷花深处不思回。”这是一位学者赠给邓教授的一首诗，道出了邓教授从教 40 年对经济学和管理学教学与研究的远见和执着。

（原载《中国教育报》，2001-08-20，记者：唐景莉）

● 理论不止　创新为魂

——邓荣霖教授著《论公司》评价

我国公司理论研究体系的开创者、被理论界和实业界誉为“邓公司”的著名管理学家邓荣霖教授的新著《论公司》一书，2002 年 5 月由中国人民大学出版社出版，这是我国管理学界的幸事。该书是邓荣霖教授 20 年来在公司理论领域研究成果的总结，也是继 1987 年出版《工业公司概论》、1989 年出版《公司经营学》后邓荣霖教授在公司理论研究领域的又一力作。我有幸在《论公司》这本书刚刚问世就拜读了全书，感觉有以下几个特点：

（1）启蒙性。20 世纪 80 年代，在我国许多地方开始组建工业公司，但在理论方面缺乏支持，在实践方面不知从何处着手的情况下，邓荣霖教授考察介绍了以美国为代表的发达国家组建公司的经验，适时地提出了对我国改革实践具有指导作用的系统公司理论。在《美国工业公司管理》（1984）一文中，邓荣霖教授在考察美国工业公司产生发展的基础上，系统介绍了美国工业公司六种组织结构：直线与参谋式组织结构、事业部制组织结构、超事业部制组织结构、战略经营单位、矩阵组织、多维结构和模拟性分散管理结构；全面阐述了美国工业公司的决策机构：作为最高权力机构的股东大会，作为最高决策机构的董事会，执行董事会决策的总经理。在《合理组建工业公司，提高经营管理水平》(1984)一文中，邓荣霖教授指出，我国合理组建工业公司必须坚持“实行政企分开，实行自愿互利，采用多种组织形式”的原则，应当特别重视提高经营管理水平对公司建设的重要作用。在《公司的地位和作用以及清理和整顿公司问题》(1985)一文中，邓荣霖教授提出，“公司是依法成立，从事经营活动、自负盈亏的法人企业”，理解公司的特征必须坚持“公司是企业，公司是法人企业，公司是依法成立的企业”三个要点；正确发挥公司的作用，需要解决以下三个问题：坚持组建公司的基本条件（包括要有公司的物质条件，要有公司的组织条件，要有公司章程，要建立账户），加强公司的建设（包括提倡多种形式的公司，鼓励公司之间的竞争），尊重公司相对独立的经营自主权限。在《〈工业公司概论〉前言》一文中，邓荣霖教授从公司的特性、公司的产生、公司的作用、公司的形式、股份公司、公司的组建、公司的组织机构、公司的内部关系、公司的外部关系、跨国公司、公司法等方面，提出了系统的公司理论框架。邓荣霖教授提出的上述观点，虽然今天大家已经耳熟能详，但在当时的历史背景和历史条件下，却是极具洞察力的创新观点，对于理论界、企业界、政府经济体制改革部门正确认识公司这种新的企业形式起到了启蒙作用。正如当时的国家体改委领导对邓荣霖教授 1985 年在国家经委召开的“公交系统清理、整顿公司工作座谈会”上的发言《公司的地位和作用以及清理和整顿公司问题》所作的批示：“此文有理论，有分析，又从中国实际出发，很有启示。这是目前把公司问题说得比较清楚的一个材料。”

(2)前瞻性。邓荣霖教授在公司理论研究方面提出了许多超前的，并为日后我国改革开放和经济建设的实践证明是正确的观点。例如，他 1987 年提出的“我国公司发展的趋势表明，股份有限公司和有限责任公司将成为我国社会主义公司体系中的两种最基本公司责任形式”的观点，不仅被证明是正确的，而且被 1993 年底我国颁布的

《公司法》所采用。针对我国公司发展过程中存在的问题，他呼吁，"为了保证我国公司的健康发展，应当尽早地颁布我国公司法。这是我国公司体系的极其重要的组成部分，是公司存在与发展的法律依据，是公司从事经营活动的行为准绳"（1987）；"我建议，我国公司法应当尽快出台。通过立法，明确公司的法人地位；规定组建公司的法律程序；防止行业性垄断公司的出现。这是使我国公司健康发展的根本保证"（1991）。他1993年初提出的"公司理论是企业集团的理论基础；我国企业集团发展的关键在于解决公司中的政企不分问题；公司法是企业集团的法律基础"等观点，不仅极富创见，而且对我国企业集团的健康发展具有重要的指导意义。他1993年提出，"转换国有企业经营机制的一个更深层的问题，尚未引起人们的足够重视，这就是培育企业家问题。这是一个具有深远意义的战略性问题"，"企业家不是一级政府官员，而是专门从事企业经营活动的职业家。企业家精神的核心是创新意识"。这些观点深化了人们对转换企业经营机制的认识，矫正了人们对企业家的误解。针对当时乃至今天学术界和企业界许多人坚信的股份制企业包括股份有限公司和有限责任公司两种形式的错误认识，他早在1995年就指出，"我想澄清一个概念，不能把有限责任公司纳入股份制的含义里"，"我们今天是从法律的角度来研究公司，所以必须讲明白，股份有限公司，就是股份有限公司；有限责任公司，就是有限责任公司。不能再把这两种公司合起来叫什么股份制，这个概念是不科学的"。"那么，怎样提才是正确的呢？规范的提法就是公司制度。我主张以后用公司制代替股份制的提法"。这些观点，对于澄清人们对股份制和公司制的认识具有重要的指导作用。此外，他提出的"现代企业包括公司制企业、独资企业和合伙企业"（1994）；"董事不是官员，也没有行政级别，董事必须具有经营才能"，"开发新产品，开发新技术，开辟新市场，利用新人才，应是董事的职能"（1994）；"董事不是官员，经理不能选举"（1994）等观点，也是极具创见和预见的观点，已被我国企业改革的实践证明是正确的。

（3）系统性。邓荣霖教授对公司理论以及以公司理论为核心的企业理论进行了系统研究，主要分为四个阶段。第一阶段是对公司理论的开创研究（1984—1989年）。在这一阶段，邓荣霖教授从考察发达国家的公司组织入手，最早建立了比较系统的公司理论体系，并将之运用于我国实践。该体系包括公司的形成和发展、公司与技术进步和经济发展的关系、公司的企业特性、公司的经营管理特点、我国公司发展的理论与实践等。第二阶段是以公司理论为核心，从不同角度对企业进行研究（1989—1996年）。在这一阶段，邓荣霖教授以公司理论为核心，对企业的制度形式、企业的组织形态、企业的经营管理、以企业制度为核心的国有企业改革、现代企业制度的建立、与公司化改造相关的整个经济体制改革和企业立法等问题进行了深入研究。第三阶段（1991—2001年）以公司理论为核心，对企业集团的组织形式、企业集团组织结构、企业集团组织机构、企业集团的经营管理、企业集团的跨国经营战略、企业集团的法律基础、企业集团的母子公司体制进行了系统研究。第四阶段从公司治理的角度深化了对公司理论的研究（1994—2001年）。在这一阶段，邓荣霖教授对公司治理结构、董事与经理制度、内部人控制、经营者激励与约束、独立董事制度等公司理论的深层次问题进行了研究，进一步完善了公司理论体系。

（4）综合性。邓荣霖教授对公司理论的研究体现了综合性的特征，主要表现在三个方面。第一，学科的综合。邓荣霖教授研究公司理论，是将经济学、管理学和法学等学科结合在一起进行的。这种学科的交叉性，不仅体现了邓荣霖教授“‘专’中有‘博’，‘博’中求‘专’”的治学信条，也使邓荣霖教授的研究视野更加开阔，理论创新具有更持久的生命力。第二，中国现实与国外经验的综合。邓荣霖教授研究公司理论，一方面考察和借鉴了国外发达国家公司理论和实践的先进经验；另一方面，也是最重要的，就在于他的研究是立足于中国改革实践的理论创新。这样的研究思路，使邓荣霖教授的研究成果更具有现实性，更加符合中国的国情，对我国企业的公司化改造更具有指导意义。第三，理论与实践的综合。邓荣霖教授的公司理论主要来自对我国企业改革实践的提炼和升华，然后又把形成的公司理论应用于企业的改革实践。这种理论与实践的紧密结合，使邓荣霖教授的公司理论体系进一步丰富和完善，也经受住了时间和实践的检验。

邓荣霖教授《论公司》一书的重要学术价值，这里只是略窥一二。相信凡是读过《论公司》一书的读者，一定会被邓荣霖教授广博的学识、敏锐的学术洞察力所折服。

“经天宏论开心钥，济世良方破霹雷。娓娓清言疑尽释，迷花深处不思回。”这首诗道出了邓荣霖教授对公司理论研究的远见和执着。

（原载《南开管理评论》，2002（4），作者：薛有志）

●《论公司》评介

中国人民大学出版社新近出版的《论公司》一书，收集了邓荣霖教授在公司及现代企业制度理论研究方面的五十篇文稿，我们从中可以清楚地看到他对公司及现代企业制度理论研究的思想脉络发展，以及他在公司理论研究领域所作出的突出贡献。

公司是现代市场经济中主要的企业组织形式之一，也是现代企业制度的典型形式。在我国国有企业进行一系列改革和建立现代企业制度，就是要有效地利用公司这种制度形式，为经济发展奠定微观基础。因此，认清公司的性质、内涵、特征及其在经济发展中的重要作用，并将其与我国的企业改革和发展实践紧密地结合起来，无疑具有重大的理论价值和实践意义。中国人民大学的邓荣霖教授，从考察经济发达国家的公司组织入手，建立了比较系统的公司理论体系，并将之运用于我国以建立公司制度为核心的国有企业改革的实践。该体系包括公司的形成和发展、公司与技术进步和经济发展的关系、公司的企业特性、公司的经营管理特点、在我国发展公司的理论与实践研究等。他以公司理论为核心，从不同的角度对企业进行了多方面的研究，包括企业的制度形式、企业的组织形态、企业的经营管理、以建立公司制度为核心的国有企业改革和建立现代企业制度、与公司化改造相关的整个经济体制改革和企业立法等。

邓荣霖教授分析了以美国为典型代表的发达国家公司的产生、发展、企业特性、经营管理特点及其在经济发展中的重要作用，并对比分析了我国公司的历史与现状及其在经济发展中的作用，提出了在我国如何发展公司的具体对策。他指出，公司是依法成立，从事经营活动、自负盈亏的法人企业，公司的产生是现代工业生产社会化和科学技术进步的客观要求，公司是适应社会主义市场经济发展要求的企业组织形式，公司的组织形式在实践中不断调整，公司可以有效地实现科学的经营管理等。他在 1984 年提出，要合理组建工业公司，就要实行政企分开、自愿互利和采用多种组织形式。在 1987 年出版的由他主编的《工业公司概论》一书中，他系统地提出了“建立并发展具有中国特色的社会主义公司体系”的理论框架，包括确定公司的企业性质、确立公司的法人地位、通过公司组织形式来推动我国社会主义商品经济的发展、通过多种公司形式形成我国合理的社会主义企业模式；利用有限责任公司和股份有限公司的有效形式促进我国社会主义公有制经济的发展；利用跨国公司的形式来壮大我国的经济力量并进入国际市场；制定并完善公司法及相关配套的经济立法等。这一理论框架为我国以后的经济改革和发展实践所证明。邓荣霖教授在 1992 年以后发展和建立了独特的关于现代企业制度的理论体系。

他在对公司理论研究的基础上，从多个方面展开了对企业的研究。他认为，独资企业、合伙制企业和公司制企业是最基本和最主要的企业制度形式和法律形式。在对企业组织形态的考察上，他指出企业组织包括小企业、大企业和大企业的变形体，其中大企业包括由多个事业部和分公司组成的单一法人公司、多厂联合企业、集资组成的托拉斯式的大企业以及各种专业性和综合性的大型公司。大企业的变形体则包括企业集团和跨国公司，而企业集团和跨国公司的组织基础是公司，从而把小企业、以公司形式存在的大企业、各种企业联合形式、企业集团和跨国公司全部纳入企业组织体系，使其成为一个统一的整体，有利于形成大中小协调发展、合理分工的企业组织体系，又能够发挥公司在整个企业组织体系中的核心作用。他对企业经营管理的研究，是从研究发达国家公司的经营管理情况开始的，主要内容包括：适应科学技术革命的要求，公司这种组织处于不断改组之中，包括调整、合并和新建等形式；从公司的组织机构来看，公司实现了决策机构、执行机构和监督机构的分开，从而各司其职，合理分工；公司的组织结构有直线与参谋式、事业部制、超事业部制、战略经营单位、矩阵式、多维结构等多种形式。邓荣霖教授认为公司的经营观念和经营战略对于公司的生存和发展起着决定性的作用，他把公司经营观念分为空效观念和时效观念两大类。在对公司的经营管理进行分析的基础上，他研究了企业集团的组织与管理、企业集团的母子公司体制等内容。

1992 年后，邓荣霖教授把重点放在研究现代企业制度以及与建立现代企业制度相关的经济体制改革上。这实际上是他在 20 世纪 80 年代初建立的比较系统的公司理论体系，及其后提出的“建立并发展具有中国特色的社会主义公司体系”理论框架在新形势下的延伸和进一步发展。他认为现代企业制度是以公司制度为主体的市场经济体制的最基本成分，现代企业制度就是现代公司制度。现代企业制度包括现代企业产权制度、现代企业组织制度和现代企业管理制度三个组成部分。同时，建立现代企业制度涉及经济体制改革的方方面面，包括政府职能的转变、国有资产管理体制的改革、市场体系的发育、人事制度的改革、行业组织的建设、法制的健全和社会保障制度的建立等方面。他认为政府的职能包括维护消费者的利益、维护企业的合法利益、协调消费者与企业之间的利益冲突、协调企业与企业之间的利益冲突、健全和完善社会公益事业和社会中介组织，以及通过法律手段和宏观调控手段指导企业健康发展等方面。在国有资产管理体制的改革上，他认为改革国有企业产权制度是建立现代企业制度的核心内容，而国有企业产权制度改革，关键就在于国有资产管理体制的改革，在于国有资产人格化代表的确认；要实现产权清晰和政企分开，其前提是政资分开，实现国家财产的原始所有权和公司法人财产权的合理分解，并确立法人产权。

另外，邓荣霖教授的论述还涉及市场体系的发育、人事制度的改革、行业组织的建设、我国法制的健全和社会保障制度的建立等多个方面。

在研究过程中，邓荣霖教授长期关注国有企业的改革和发展。从20世纪80年代的如何把国有企业改组为工业公司、如何加强国有企业的技术进步和经营管理、如何建设企业集团等，到90年代以来的对国有企业建立现代企业制度和转换经营机制、如何培育企业家、如何激励和约束经营者、如何进行资本营运和重组兼并、如何有效地进行专业化经营与多元化扩张，以及对国外国有企业发展情况的对比研究等，他从理论和实践结合的角度提出了许多真知灼见。

邓荣霖教授能够将理论和实践紧密地结合起来，注重理论研究的现实性，注重将中国企业的发展和经济体制的改革与国际接轨，并寻求事物发展的一般规律性。从这个意义上讲，邓荣霖教授在特定的时代背景下作出的研究是富有远见和前瞻性的。我们希望有更多的读者能够从这本书中得到有益的启示。

（原载《中国工业经济》，2002（7），作者：吕政）

● 现代企业制度：中国企业发展的方向

——访中国人民大学工业经济系主任邓荣霖教授

在华北、东北八省、区、市经济工作座谈会上，江泽民曾指出，要通过改革，转换经营机制，建立现代企业制度，使国有大中型企业真正成为“四自”的法人实体和市场竞争的主体。那么什么是现代企业制度？它的基本思路又是怎样的？带着这样的问题，记者走访了我国较早开始进行“现代企业制度”方面理论研究的学者——中国人民大学工业经济系主任邓荣霖教授。

问：“现代企业制度”这一课题是怎样提出来的，其意义何在？

答：从1978年到今天，我国的改革开放取得了很大的成就。但从总体来看，国有企业改革的效果不很明显，下放权力、扩权让利、利改税、承包经营责任制等都没能取得应有的效果。当前国有企业的主要问题是效益差、效率低，要改变现状必须进行制度改革，由传统的国有企业制度向现代企业制度转变。这种制度转变总的来看是要适应市场经济体制的要求。

市场经济最基本的两大要素是企业和消费者，这两大要素构成市场经济体制的循环关系。另外还要加上政府要素，政府调节两者的关系，既为企业服务，又为消费者服务。市场经济体制反映这三大利益集团，即企业、消费者和政府之间的关系。在三大集团中，企业及相应的企业制度是核心内容。10年改革中，企业改革是中心环节，建立现代企业制度是前10年改革的继续和发展。

问：什么是现代企业制度，它的基本内容是什么？

答：现代企业制度是以公司制度为主体的市场经济体制的核心内容，分为三个基本部分：第一，现代企业的组织制度；第二，现代企业的产权制度；第三，现代企业的管理制度。

问：您能否对比传统国有企业制度，更详尽地说明一下呢？

答：好的。先说企业的组织制度。传统国有企业组织形态比较落后，其主要表现为：单纯生产型、单一工厂型、单一所有制，由国家承担无限责任。而由多个工厂联合组成的多厂企业——公司企业——是在市场经济条件下最有效、最先进、最典型的企业组织形态，其优点是极其明显的：极大地提高企业的专业化协作水平，其社会化大生产程度远高于单厂企业。如上海嘉宝照明电器公司由4个厂联合组成，工效提高几十倍，产量占全国的1/10。公司制比单厂制更易实现工商结合、工贸结合、农工商结合，有利于生产与科研的结合。把科研机构与工厂、车间融为一体就是公司。公司还有利于产业资本与金融资本的结合。现代企业的特点之一便是参与融资活动，通过资本市场活动带动企业的发展。公司更可以以科技为后盾完成综合利用社会资源和保护环境的任务。公司的规模经济效益好，它符合经济批量规模及技术日新月异变化的要求，并可通过自身的多样化经营来分散风险。总之，公司是高度专业化与整体多样化的结合，能充分适应市场的多变化、多样化。公司企业组织机构由决策机构、执行机构和监督机构组成，是分工与协调的统一。

国有企业体制改造成现代企业制度，即通过不同方式将原企业改造成公司。必须明确，这是作为现代企业的真正公司，不是那种政企不分的挂牌公司。当然，公司的形式也有多种，包括有限责任公司、股份有限公司、国家独资有限责任公司等。

现代企业产权制度的最基本内容是公司法人产权制度。出资者是股东，拥有所有权。在过去企业资产属全民，但全民只是一种虚设，实际上是所有者代表“缺位”。而公司对产权划分十分明确。公司产权制度分两个层次：第一是股权，指出资者的权利，认资不认人，股东权利与出资额联系在一起。股东的权利主要有选举权和收益权。第二是董事会，拥有公司资产的实际控制权，也就是法人产权。由董事会聘任的总经理，依据董事会授权所享有的则是经营权。经营权与所有权分离，构成公司制度内部的机制。现在往往说某某公司的股东，而不是某某股东的公司，就体现了股东是公司制度的一部分，公司拥有独立的法人财产，公司有权支配财产。而过去企业的经营却是由企业之外的政府来操纵的，所以很难搞好。

再者，公司法人产权制度对公司资产采用价值化管理，改变了旧体制下的实物化管理、固定化管理、行政化管理，保证了国有资产的增值。

传统的国有企业管理不是真正的现代企业管理，只是单独生产活动的组织。而现代企业管理制度最主要的是具有公司经营管理的特征，它是生产与流通的结合，是公司内部能力与外部环境的结合，是经营战略与具体管理方法的结合。它非常重视公司的战略计划，在市场经济下，企业计划不仅不能削弱，反而更要加强。同时，企业还要做好各方面的管理工作，包括生产管理、销售管理、人力资源管理、研究与开发管理及财务管理等。现代企业制度就是现代公司经营管理制度，而不是单纯的工厂生产管理。

问：建立现代企业制度面临什么问题呢？

答：建立现代企业制度要解决两大问题。第一是要确认企业的法律地位，实现政企分开，落实企业自主权；第二是要为企业创造良好的外部环境，就是体制改革。包括转变政府职能、改革国有资产管理体制、建立社会保障制度、减轻企业负担、完善市场体系等。

（原载《中国企业报》，1993-10-04，记者：黄迅海）

● 著名经济学家邓荣霖教授认为：现代企业制度有六大优势

在由国家体改委、《改革月报》杂志社等有关部门联合召开的“国有大中型企业走向市场研讨会”上，著名经济学家邓荣霖教授提出对现代企业制度的看法。邓荣霖认为，现代企业制度有六大优势：

第一，现代企业制度可以极大地提高专业化协作水平，造就新的社会生产力。他举例说，上海嘉宝照明电器公司，原为四家灯泡厂，重复生产。组成电器公司后，对灯泡生产分工细了。你搞这个，他搞那个，分工很明确，专业化水平提高了。一加一大于二。

第二，现代企业制度可以做到工商结合、工贸结合、农工商结合。邓荣霖指出，我们现在很多产品质量太差。吉林造纸厂是我国最大的新闻纸生产厂之一，但质量不高。原因主要是原料差。原料是有关部门拨给它的。造纸需要纸浆，纸浆需要纤维，纤维需要一定木材。国外造纸公司把木材种植、纸浆生产连为一体。这样工贸结合，传统工厂制度做不到这一点。

第三，现代企业制度能够实现生产科研相结合。邓荣霖认为，现代企业是生产科研的结合体。现代企业很重要的一点是科研，不光是生产。而科研主要侧重于应用、开发研究。应当说，一个国家的应用、开发研究主要在现代企业。现代企业有这个实力，而传统的工厂制度没有这个实力，做不到。

第四，现代企业制度可以做到产业资本和金融资本相结合。邓荣霖强调，这点很重要。过去我们讲企业资金都是产业资本，企业不能参加融资活动。现代企业制度下，企业资金的扩大靠什么，要靠融资。产业资本和金融资本的融合是现代企业制度的一大特征。

第五，现代企业制度有利于实现社会资源的综合利用。邓荣霖说，目前，所有企业都面临两大挑战：一是资源短缺；二是环境污染。解决不了资源、污染问题，算不上是现代企业。现代企业凭借它雄厚的经济实力、资本实力和科技后盾，有力量从根本上解决这些问题。

第六，现代企业制度可以带来规模经济效益。邓荣霖指出，规模效益有两层含义。第一个层次，企业内部的生产规模。一是批量，一是技术更新。这两个因素的综合才构成生产的规模效益。第二个层次，规模效益。这是指公司整体的经营效果。传统企业生产单一产品，吊死在一棵树上，产品一旦没有出路，这个企业就完了。现代企业可以多种经营，可以打破行业、所有制、地区的限制，这是现代企业制度的优势。

邓荣霖最后说，我们搞现代企业制度，说通俗一点，就是发挥这六大优越性。不符合这六条，就是走歪了。

（原载《法制日报》，1993-12-06，记者：周万韫）

● 公司制：国有企业改造之途径

——访著名工业经济学家邓荣霖教授

中国人民大学工业经济系主任邓荣霖教授是我国最早系统研究现代公司制度的著名专家。最近《中共中央关于建立社会主义市场经济体制若干问题的决定》提出要建立现代企业制度，为此，我们走访了邓教授。

问：什么是现代企业制度？它与现有国有企业制度的本质区别是什么？

答：现代企业制度是以公司制度为主体的市场经济体制的最基本的成分。这个定义包含两个层次：第一个层次，现代企业制度是市场经济体制的一个最基本成分。再一个层次，现代企业制度是以公司制度为主体，现代企业制度就是现代公司制度。或者说现代公司制度就是现代企业制度最典型的组织形式。因此，《中共中央关于建立社会主义市场经济体制若干问题的决定》提出要按公司制度改造现有国有企业制度，这是建立现代企业制度的基本途径，在这里我想着重讲现代公司制度与传统国有企业制度的区别。

现有国有企业本质上是一种所有者财产与企业财产不分，所有者直接经营企业财产的“自然人”企业。公司是所有者财产与企业法人财产相分离，所有权与经营权相分离的法人企业。这种区别具体表现在：公司制度下产权主体明确，产权责任清楚，这就改变了现有国有企业制度下政府部门都以所有者身份从企业外部对企业行使所有权职能，形成企业产权责任不明确、国有企业实际上无人负责的局面；公司制度使企业有独立的法人财产，因为公司是企业，是法人，公司享有完整的法人产权，这就改变了现有国有企业没有独立的法人财产的状况；公司制度下企业具有独立的法人资格，具有独立民事行为能力和责任能力，这就改变了现有国有企业无权独立地以其全部财产承担民事责任，只是名义上的法人的状况；公司制度能够真正实现政企分开，公司法人权利、责任、义务都在有关法律和公司章程上明确规定，使得政企分开有了保证，这就改变了现有国有企业制度下政府实际上以企业主身份管理企业，政府职能与企业职能难以真正分开的状况；公司制度下企业承担有限责任，国家对企业债务既不是承担无限责任，也不是没有任何责任，这就改变了现有国有企业发生亏损，一般通过挂账、财政补贴办法进行扶持和保护，而国家实际上对企业承担无限责任的状况；公司制度下企业决策机构、执行机构、监督机构之间形成相互独立、权责分明、相互制衡的机制，这就从根本上改变了国有企业领导管理体制的责权利不明确的状况，使国有企业经营机制的转换有了根本保证；公司制度下企业经营人员专业化，没有行政级别，企业拥有专业经理人员队伍，这就改变了现有国有企业厂长、经理由政府部门直接任命，有行政级别，把企业经理人员列入政府行政干部队伍系列的状况。

以上区别表明，公司制度适应社会化大生产的要求，适应科技进步的要求，是我国社会主义市场经济中最重要、最先进的现代企业组织形式，有利于克服旧的计划经济体制下形成单一工厂型、单纯生产型企业，国家承担无限责任的弊端。

应当指出，这里讲的公司是既是企业又是法人的真正公司，是规范的公司。因此，建立现代企业制度既要用公司制度来改造传统的单厂的国有企业制度，又要按照公司机制来改变现有的一些政企不分的挂牌公司。按公司制度改造现有国有企业，不只是把工厂名称改为公司名称，而是要明晰国有企业的产权关系，转换国有企业的经营机制，建立适应社会主义市场经济体制要求的现代企业制度。

问：现代企业制度的内容是由哪些部分构成的？

答：现代企业制度有三个基本组成部分：第一，现代企业组织制度，也就是公司组织制度，按公司制度改造现有国有企业就是要充分发挥公司组织制度的优越性。公司作为现代企业的组织形式与现有的单厂式国有企业比较起来具有明显的优越性，这些优越性表现在：极大地提高专业化协作水平，形成新的社会生产力；有利于实现工商结合、工贸结合、农工商结合；实现生产与科研的结合；能够做到产业资本与金融资本的融合；能够实现社会资源的综合利用；能够带来规模经济效益。

国有企业制度改造成现代企业制度，即通过不同方式将原企业改造成公司。必须明确，这是作为现代企业的真正公司，不是那种政企不分的挂牌公司。当然，公司的形式也有多种，包括有限责任公司、股份有限公司、国家独资有限责任公司等。

第二，现代企业产权制度，也就是公司法人产权制度。出资者是股东，拥有所有权。过去，企业资产属全民，但全民只是一种虚设，实际上是所有者代表缺位。而公司对产权划分十分明确。公司产权制度分两个层次：一是股权，指出资者的权利，认资不认人，股东权利与出资额联系在一起。股东的权利主要有选举权和收益权。二是董事会，拥有公司资产的实际控制权，也就是法人产权。由董事会聘任的总经理，依据董事会授权所享有的则是经营权。经营权与所有权分离，构成公司制度内部的机制。

再有，公司法人产权制度对公司资产采用价值化管理，改变了旧体制下的实物化管理、固定化管理、行政化管理，保证了国有资产的增值。

第三，现代企业管理制度，也就是公司管理制度。传统的国有企业管理不是真正的现代企业管理，只是单独生产活动的组织。而现代企业管理制度最主要的是具有公司经营管理的特征，它是生产与流通的结合，是公司内部能力与外部环境的结合，是经营战略与具体管理方法的结合。它非常重视公司的战略计划，在市场经济下，企业计划不仅不能削弱，反而更要加强。同时，企业还要做好各方面的管理工作，包括生产管理、销售管理、人力资源管理、研究与开发管理及财务管理等。现代企业制度就是现代公司经营管理制度，而不是单纯的工厂生产管理。

问：山西是我国能源重化工基地，山西国有企业对全国经济发展起了重要作用，您认为山西国有企业改革应从哪方面入手？

答：山西省十几年对国有企业的改革取得了一定成效，尤其对基础工业、能源工业部门作出了很大贡献。为使山西国有企业改革取得更大成效，我觉得要从两方面努力：第一，国有企业本身具有更大的内在动力和外在市场压力，要更加主动地按现代企业制度要求逐步建立起以公司制度为主体的现代企业制度；第二，应当为国有企业改革创造良好的外部环境，包括转变政府职能，建立社会保障体系，完善市场体系，加强法律建设，使国有企业改革有良好的经济环境和社会环境，有法律的根本保证。

（原载《山西日报》，1993-12-23，记者：程肖芬）

董事不是官员　经理不能选举

——中国人民大学教授邓荣霖谈建立现代企业领导制度

邓荣霖，中国人民大学工业经济系主任、教授，他温良睿智、思路清晰，极具学者的儒雅风度，主要著作有《工业公司概论》《公司经营学》《现代企业组织与领导》。

记者：《企业法》的颁布，给国有企业党委领导下的厂长负责制画上了句号，实行了厂长（经理）负责制。新近颁布的《公司法》又将进一步改造国有企业不适应市场经济的部分，可以说是对传统企业领导制度的一种变革。

邓荣霖：现代企业领导制度是中国特有的一种经济现象，它是相对于传统的国有企业制度来说的。现在我们要把国有企业推向市场，首先要构造一个微观企业制度来代替传统的国有企业制度，这个企业制度就是现代企业制度。现代企业制度最基本的一个特征就是同市场经济相适应，它以公司制度为主体。公司制度是最典型、最重要的现代企业制度的组织形式。因此，要建立现代企业制度就是要用公司制度来改造传统国有企业制度，这是改造传统国有企业制度的基本途径。现代企业的两个最基本的内涵是现代技术和现代管理。公司制度从组织形态上保证了具有现代技术和现代管理，要提醒大家注意的是，要把原来的工厂制企业改造为公司制企业并不是全部。我前面提到了，是以公司为主体的改造，同时应强调亦可采用其他形式进行。

记者：公司制度在国外已存在300多年，涉及组织机构、产权制度和管理制度。目前，我们用公司制度改造传统国有企业，涉及很多深层问题，难度很大，那什么是关键问题呢？

邓荣霖：关键问题是要政企分开，政资分开。在公司制中建立一个现代企业领导制度也是很重要的。《公司法》对领导制度的要求，包括决策机构、执行机构和监督机构。

公司的最高决策机构是股东大会。股东是法律确认的、明确的具体的公司资产的所有者。作为多元投资主体来讲股东比较好明确，但对国有资产而言，主要是明确投资者。国有资产投资者应是国有资产经营的中介机构，如投资公司、控股公司、国有资产经营公司和将来要出现的国家独资公司等，这些机构是企业性质的，不是政府机构。强调政企分开，其他资产如乡镇企业、集体企业也还存在不明确投资者的问题，也要按公司法规范起来，明确起来，这就是改革的任务。股东的目标就是要追求投资报酬率，这与国有企业有很大的不同，在计划经济体制下，国有企业投资效益低的一个很重要的原因就是投资目标不明确。要用公司制度改造国有企业，首先要明确股东的含义和概念。明确股东的含义，就是要明确产权，没有明确的产权制度就不可能产生完善的领导制度。我们在实际工作中选出的董事应具备企业家素质。董事不是政府官员，应改变过去由政府直接任命股东、董事长和经理的做法。

我们要强调的是经理作为执行机构与决策机构要分开，其职责是执行决策机构的决策。经理是董事会聘任的，不是任命的，也不是选举的。因此我主张要建立经理人才市场，这样有才能的人可以到经理人才市场去应聘。改变过去由政府机构或者某人任命经理的做法，减少失误。这样做的好处是经理可以对企业负责、对消费者负责，改变过去只对上级负责、对主管领导负责的状况。这里要强调的是，经理不实行任期制，董事要实行任期制。另外，经理行为受到市场监督，包括股东监督。股东转移股票，这本身就是对经理经营效果的评价。董事会依据公司章程对经理进行监督。这里要强调的是，董事会与经理不是一般领导与被领导的关系，而是一种授权关系，所以应改变董事会领导下的经理负责制。另外，经理还受到监事会的监督。

（原载《机电日报》，1994-02-04，记者：刘雪梅）

● 产权·产权界定·产权制度

——访著名经济学家邓荣霖教授

现代企业制度是“产权清晰，权责明确，政企分开，管理科学”的企业制度。其中“产权清晰”是现代企业有效运行的基础与前提。然而，究竟什么是产权？产权界定及其产权制度改革的内涵究竟是什么？人们对这些基本概念至今并未达成共识，认识上的模糊不清往往导致改革实践上的偏差。为此，本刊记者专门走访了中国人民大学工业经济系主任邓荣霖教授。邓教授是我国较早开始系统研究产权经济学理论的著名专家，近年来更致力于现代企业的产权制度研究。我们的话题就从现代西方产权经济理论的代表人物罗纳德·科斯（Ronald Harry Coase）谈起。

邓教授：传统的经济学大多把市场运行视为单纯的价格机制操作。而科斯在20世纪30年代所做的企业性质研究却证明：市场运行是要花费交易成本的，如谈判费用、合同费用、信息费用、人际费用等。企业组织、企业制度的安排，正是为了以企业内部较低的组织管理成本来替代某些复杂而高昂的市场交易成本，使资源配置更加有效率。而无论企业外部交易还是内部交易，基本前提是产权明晰。因此，著名的“科斯定理”的实质内容却在其“反定理”之中，即如果交易成本不为零，不同清晰度的产权关系会产生不同效率的资源配置效果。这样，科斯的现代产权经济学理论就将市场运行的考察与产权关系的分析紧密结合起来，重新确立了经济学研究的视角。

记者：从这一视角去考察过渡中的中国市场经济运行，亦不难发现国有企业产权界区模糊而造成资源配置低效的大量实证。

邓教授：国有企业产权制度改革近年来受到社会越来越多的关注，但实质性的推进步履沉重。困难主要来自两方面——思维障碍与利益冲突。

现代企业产权制度最基本的内容是公司法人产权（法人财产权）制度。它包含股权与法人产权两个层次的内容。股权是出资者的权利，在简单商品经济条件下，出资者往往集财产所有者、管理者、经营者于一身，拥有完整的财产所有权，即完整的产权，以求降低交易成本，最大限度地独享资本剩余价值。而在复杂商品经济条件下，集中一体的产权制度日益表现出企业经济规模效益差、出资者与经营者能力错位等缺陷。所有者不得不出让部分财产权利，以寻求代理人，并借助法人产权制度保障所有者权益。这样，就出现了所谓产权分解：股东出资形成公司原始财产，对公司财产拥有原始所有权。它主要体现为与其出资额联系在一起的选举权、收益权，并以出资额为限对公司债务承担有限责任，但并不直接操纵公司财产，而是将财产委托给董事会。董事会拥有公司资产的实际控制权，即法人产权。董事会聘任总经理，总经理依据董事会授权享有经营权。因此，公司法人产权是由股东原始所有权派生而来的，它的存在与作用不能不以所有权为基础，不能不受到所有权的制约，但也不能不拥有自己独立的或相对独立的利益，包括收益分享权能和独立支配权能。法人产权与股东所有权实际上是不同经济主体对同一财产所有权（产权）的分解。

记者：财产所有权的分解是社会化大生产和现代市场经济发展的客观需要。即使是以私有制为基础的西方经济体制，“私有”的实际含义也已经不同于自由竞争时代。典型的如股份公司，由于资本高度社会化、股权高度分散化，很难说公司完全归某个私人所有，也不允许任何一个股东越过董事会直接支配公司财产。一些产权经济学派甚至认为，对现代市场经济来说，生产资料在法律上的最终归属没有意义。无论个人股权、法人股权、国家股权，股东利益都同样取决于公司资产的实际运用效果，因此核心问题是企业制度，是企业家能否自由决策并对决策负责。

邓教授：传统的社会主义计划经济理论往往只强调生产资料归全民所有，并以一个抽象的、非人格化的“国家”代表全民行使包括占有、支配、处分、收益等在内的一切财产权能，实际上国有资产原始所有权代表缺位，法人产权代表也缺位，形成无人负责的局面。没有人格化代表的“全民所有”，等于没有产权界区，没有排斥他人权利的法律屏障；没有内在化的利益激励和内在化的责任约束，等于承认“全民”中的每一分子都有权利使他人受损或受益，这就是造成“大家拿”的根源。所谓国有企业产权不明，不是说国有资产的最终归属不明，而是指国家与企业双方对同一国有资产的责权利关系分不清楚。企业通过清产核资，明确了国有资产的“家底”，这是产权界定的基础，但并不等于解决了国有资产产权界区模糊的问题，还需要在此基础上进一步明确：国家以什么方式来管理这部分国有资产？相应的责权利是什么？企业以什么方式来经营这部分国有资产，相应的责权利又是什么？

党的十四届三中全会明确了国家对国有资产拥有终极所有权（原始所有权），企业享有法人财产权（法人产权），意味着国有企业财产所有权的分解已经明朗。但要建立起相应的产权制度，还要经历相当复杂甚至是痛苦的改革过程。产权的本质是“利得权”，产权分解不是一般的产权理论，而是原有利益格局的调整。

原始所有权与法人产权之间是原生与派生的关系，这就决定了企业法人产权的确立取决于财产终极所有者的表现。国有企业产权制度改革，从本源上说，主动权在国家，矛盾的焦点在于国有资产人格化代表的确认，在于国有资产管理体制改革。政企分开的前提是政资分开，即政府的行政管理职能与资产管理职能分开，国有资产的政府管理职能与国有资产的经营机构职能分开，国有资产的经营机构职能与企业经营职能分开。国有资产经营机构以产权作为商品，调整资本结构，提高国有资产即国有资本的配置效率，实现其对企业参股或控股的职能，不能行使政府的行政管理职能或行业管理职能。政府不能以行政领导的身份直接干预企业，同样也不能以资产管理者的身份直接操纵企业，因为国有资产管理仍然是政府职能之一，允许其直接进入企业，岂不是新的“政企合一”？我认为，应构造一批国家投资公司、国家控股公司、国有资产经营公司以及有条件的集团公司作为国有资产经营机构即国有资产经营实体，由国家授权，独立从事国有资产的价值化经营，向其参股或控股企业派出国家股权代表，进入企业董事会，以维护国家终极所有权利益，追求国有资产收益最大化，实现国有资产的优化配置。这样，有利于真正实现政企分开，也有利于国有资产进入产权市场。这也是企业实现自主经营、自负盈亏的前提条件。

记者：国有资产终极所有者行为的规范，其结果是国有资产的产权主体从国家转向企业，从抽象化转向人格化。企业成为独立的产权主体，对国有经济运行效率将具有主导性作用。那么，怎样才能保证企业产权主体的行为规范呢？

邓教授：企业法人产权的确立，不仅具有使外在利益内在化的激励功能，而且具有使外在责任风险内在化的约束功能。产权制度改革的核心不是放权让利，而是让企业真正能够以其全部法人财产承担盈亏责任。因此，要建立有限责任制度，解除国家对国有企业所承担的无限连带责任，运用破产机制促进企业的新陈代谢；要构造企业内部法人治理结构，形成股东所有权、董事会法人产权、总经理经营权三者既相互分离又相互联系，既相互统一又相互制衡的机制；要建立产权市场、经理人才市场，在企业产权转让和企业家竞争风险中强化企业的约束机制。这三方面与前述国家原始所有权界定，构成国有企业产权制度改革的基本内容。

记者： 您是否认为铁路企业的产权制度改革也应遵循上述思路？

邓教授： 基本原理是适用的。铁路企业建立公司产权制度的前提是政资分开、政企分开。这是最重要的一步。无此，企业不可能成为产权主体。另外，铁路企业国有资产所占比重很大，这或许有行业特性的原因，但完全国有制，实践证明资产运用效率低、效益差，也不利于企业制度规范，还是应设法形成多元投资主体。这里需要解决两个问题：一是要区分铁路资源性资产和经营性资产。对资源性资产，国家可以掌握控股权，以利于合理开发，形成良性循环，保证资产的有效、节约使用。而对经营性资产，即具有资本性质的、能增值的国有资产，实际上就是国有资本，则应放开参与竞争，使其以实现盈利和资产增值为主要目标。二是社会投资收益问题。我个人认为，在当前铁路运输企业资金利润率偏低、运输能力短缺的情况下，可以考虑以运力作为投资回报。

（原载《铁道经济研究》，1994（3），记者：肖月）

● 人才市场：求职者的福音

——中国人民大学博士生导师邓荣霖教授访谈

国务院学位委员会工商管理学科评议组成员、中国人民大学工商管理学院博士生导师邓荣霖教授，就十五大后人才市场的发展问题接受了本刊记者的采访。

记者：十五大后，随着市场经济体制的建立和完善，人才市场的发展趋势会有怎样的变化？

邓荣霖：随着市场经济的发展、市场体制的建立和完善，中国的人才市场必将有更大的发展。企业改革的深入进行，必将对劳动力市场有更多的要求，劳动力市场将占有更重要的地位。

记者：在所有制结构的调整和国有资产重组中，人力资源处于什么地位？

邓荣霖：进行所有制结构的调整，首先要求劳动力结构的调整，只有进行劳动力结构的调整，才能进行所有制结构的调整。在国有资产重组中，当前的最大障碍就是人力资源的重组；盘活资产存量，从经济发展的角度看，需要大批人才，从技术进步的角度讲，需要高新人才。

记者：请您谈谈人才的历史发展阶段及其特点，中国当前具有什么样的特色？

邓荣霖：人才共经历了三个历史发展阶段。农业社会阶段，人才的特点是体力型，劳动力由权力支配，有人身依附关系；工业社会阶段，人才的特点是资本支配一切，人才流动的特点是人才流向资本密集型方向，金钱支配一切；信息社会阶段，人才的特点是知识、智慧支配一切，知识型、智慧型人才是人才发展的方向，人才的要求是发挥他的才能，给他用武之地。中国当前三种情况同时存在，在不同地区不同部门之间，三种人才的比重不同，从趋势看，是向信息社会阶段发展。我们的人才市场应该建立在信息社会基础之上，初级的劳动力市场被资本市场取代，资本市场逐步被信息市场取代。

记者：中国和世界在信息产业方面就业问题上存在哪些差距？

邓荣霖：从当前世界看，全世界就业人员的50%在信息产业，信息产业所占的比重，包括它的服务和产品，如电视、电话、电脑、电信、电力、交通等，发达国家已超过50%，而且会越来越大。在国外如果不会电脑，很难找到理想工作，对人才的知识、信息技能要求更高；中国这方面的需求也越来越大。但值得关注的是，一方面，许多外企和合资、民营高科技企业很难找到合适的人才；另一方面，一些人才找不到合适的工作。这种沟通就需要通过人才市场，只有人才市场发挥更大的作用，才能实现人力资源的合理配置。

记者：十五大后的人事制度改革将会朝什么方向发展？

邓荣霖：第一，人才将由单位人变成社会人。例如上海开始实行网络化，即所有人才到网络注册。

第二，人事工作由原来的封闭型向开放型转变。改变过去的某个人来掌握一个人命运的局面，让人才进入市场，增加选拔、任用的透明度。人事制度不改革，无法适应社会生产力的发展，无法适应改革开放的要求。解放生产力，必须先解放人才。

记者： 您能阐述一下人才市场的作用吗？

邓荣霖： 第一，人才市场是求职者的福音。人才市场能否发展要看它是否为人才着想，为人才服务，为各种人才提供一个寻找职业的基地。

第二，它是为企业和各单位选聘人才提供的场所，是人才需求者的来源。

第三，在现阶段，它的发展有利于推动、深化人事制度改革。

记者： 十五大后，人才市场的建设应该从哪几个方面着手？其中的决定性因素是什么？

邓荣霖： 首先要为各类人才提供资格和条件鉴定。测评的标准、方法必须科学化，去掉人为的因素，加强制度建设，人才自己掌握自己的命运。怎么来测评人才不是某个人的做法，而是要建立一个科学的资质鉴定制度。

其次，报酬问题要逐步公开化。

最后，要处理好人与制度的关系，制度建设是人才市场建设的基础，是决定性因素。如一个厂长不一定能搞好一个企业，但搞垮一个企业只要一个厂长就够了。所以说，人才市场应是一个法制的市场，应按制度进行建设，减少随意性。如何处理好人与制度的关系，是必须解决的问题。

记者： 人才的社会化、职业化在人才市场中扮演一个什么样的角色？

邓荣霖： 职业在人才市场中是一个重要概念，传统的人事制度恰恰忽略了职业的独特性。企业家和公务员是两类不同的职业，传统的人事调动常把他们混为一谈，实际上，一个成功的企业家不一定是一个成功的公务员。社会上要建立一整套培训体系，如果一个人要当经理，除了经过资质鉴定外，还要经过培训，人才市场作为中介组织，必须对供需双方负责。

职业，是以所供职的工作为谋生手段，并对该项工作一心一意，全力以赴，为之奋斗。职业的成就，是一个人最高的成就。职业可以改变，当经理的可以从事行政工作，搞技术的也可以搞管理，但必须有一套科学的流动制度，一方面按制度流动，另一方面必须参加培训，取得资格，资格是聘任的前提。

记者：人才市场怎样才能做到人尽其才？

邓荣霖：一是招聘中鼓励企业使用各种人员，包括初级人才和体力人员，而不是人员学历越高越好。当前在中国，劳动密集型企业不能被取消。在企业中，存在大量高新人才从事一般性工作的情况，造成人力资源的浪费，要鼓励企业聘用标准合适的或稍微高一点的人才。

二是要建立人才考核的制度。对人才素质的测评应是全面的，强调道德品质，要围绕职业对人才的素质要求，包括技能、才能、知识、体质，甚至包括心理素质、性格，进行测定、量化，使人的素质和岗位要求相适应。

三是针对中国当前高级人才供不应求、初级人才供大于求的现状，对高级人才市场要加快人事制度改革，对一般员工加强培训。

记者：对于高层次经理人员报酬应采取什么做法？

邓荣霖：对于高层次经理人员报酬应采取薪金制度，不能用行政级别来划定工资，而应实行市场议价的方式。高级经理人员报酬可按三部分划分。（1）基本工资。保证经理维持中上生活水平标准。（2）年度奖金。如果超额完成业绩，发年度奖金，可使经理达到较高水平。（3）长期奖励。以三五年创造的利润增长率、净资产增长率、净资产利润率为考核标准，采用股票、期权的奖励方式，克服短期行为。

这样做有利于提高经理人员的积极性，解决他们的社会保障问题，树立长期经营的观念，有利于杜绝公款消费的问题。

（原载《北京人事》，1998（2），记者：刘静）

● 市场经济条件下铁路运输企业改革的思路

——访著名经济学家邓荣霖教授

编者按：运输企业改革是铁路部门的热点论题，也是部门外热心人士的瞩目焦点。近日，本刊记者就此采访了中国人民大学工商管理学院博士生导师邓荣霖教授。一直密切关注中国铁路改革的邓教授就铁路运输企业改革总的思路及企业定位、塑造多元投资主体等具体问题做了精辟论述。

邓教授：市场经济条件下铁路运输企业改革总的思路应该是按照现代企业制度的方向来改革中国铁路运输企业。建立现代企业制度，对铁路运输企业来说，基本的目标是增强铁路运输企业的市场竞争力。增强铁路市场竞争力，主要应着眼两个方面：一是要分析铁路运输企业的客户（或用户），也就是广义的消费者，怎样真正使铁路运输企业的客户对铁路运输感到满意。铁路运输企业必须改变计划经济体制下等着客户上门的思路，应该走出去，争取客户，争取市场。二是要分析铁路在各种运输方式中的比较优势。这一点十分重要，铁路运输企业要赢得市场就得充分发挥其比较优势，铁路运输部门应加强铁路在交通运输方式中的比较研究。

在现行的社会经济条件下铁路运输企业的优势在于大批量的笨重货物运输和长距离旅客运输，现阶段货物运输的主要方式是铁路。

不仅在我国，即使在发达国家，铁路运输仍是货运的一种最基本方式。近几年来，随着高科技、信息技术的发展和知识经济时代的到来，铁路确实遇到了公路和其他运输方式的挑战，但它还是占据很重要的地位。当前中国交通运输业面临新的竞争形势，竞争正在加剧。1990 年和 1998 年相比，在全社会的旅客周转量当中，铁路在 1990 年占 46.4%，1998 年为 34.92%；公路在 1990 年占 44.6%，1998 年为 56.25%；民航在 1990 年占 4.1%，1998 年为 7.45%，这是一种趋势。

铁路面临着与公路、民航的激烈竞争，今后这种竞争还会非常激烈。但近几年铁路通过多次大规模提速，开行夕发朝至列车，在中长距离旅客运输方面采取一系列措施，从民航方面又抢回了部分市场份额。

记者：建立现代企业制度旨在塑造规范化、制度化的市场主体，作为经济活动微观组织的企业应该定位明晰。铁路运输企业定位一直比较模糊，建立现代企业制度过程中，应如何解决运输企业的定位问题？

邓教授：这个问题十分重要。从我国目前的实际情况来看，铁路运输企业在明确定位的过程中主要应解决以下三个问题：

一是要明确铁路运输企业是一个利益体，有自己的独立利益，所以其经营活动应与其利益挂钩。

二是要给予铁路运输企业自主权，即有权决定运输企业的经营活动。如广深铁路股份有限公司有权在规定的范围内决定运价。只有这样，铁路运输企业才是真正的企业，有市场经济条件下的企业（在计划经济体制下不是真正的企业，是政府的延伸机构、附属机构）必须具备的特征。铁路运输体制改革，建立现代企业制度，必须做到政企分开，即明确政府和企业各自的职责。

三是要给铁路运输企业合理定位，我认为目前这一问题并没有解决。就全路而言，铁路是个大法人；到了铁路局，铁路局说我是法人；而到了铁路分局，分局也说自己是个法人（目前的定位中铁路局是市场主体，但并不能真正行使其自主权）。法人内部不能再有法人，企业定位之后，企业就是利益体，是个法人，不存在二级法人、三级法人，不能套用过去计划经济、军事行政化管理方式，应按市场化要求去做。

记者：公司制作为现代市场经济体制下企业制度的典型形式，是铁路运输企业改革的首选组织形式。铁路运输企业进行公司制改造，应该朝什么方向发展？

邓教授：一是要明确的是我国铁路还需要大发展，中国铁路与国外发达国家包括发展中国家铁路相比还有差距。以美国为例，美国不仅高速公路四通八达，而且每1万平方公里土地就有290公里铁路，中国仅66公里。中国目前铁路仅6万多公里，即使加上“九五”期间建设的新线，也只有7万多公里，仅相当于印度水平。铁路发展可带动经济发展。铁路是基础设施，能促进相关行业发展，如水泥业、建材业等，投资铁路即投资基础设施建设，对拉动经济增长作用明显。反过来，经济发展了，也能促进铁路行业的发展，两者相互促进。因此在我国铁路不属于夕阳行业，对铁路发展要充满信心。

铁路发展在中国遇到的最大难题是资金短缺，中国铁路之所以发展慢，就是因为铁路投资单一。以“九五”期间为例，铁路建设大约要投资2 500亿元，从动态上看约4 000亿元，资金缺口较大。铁路要发展，必须解决资金问题。应从根本上改变过去投资单一的状况，形成多元投资主体的格局。多元投资主体的最好形式是公司制。

目前铁路建设资金主要来自铁路建设基金。由于铁路建设基金融入铁路的货运价格中，导致铁路运输企业利润率下降。铁路建设基金占货运价格50%以上，实际上是对客户变相提价，导致利润分配转移，这实际上也是政府进行价格管理的变相做法。铁路建设基金本质上是国家财政资金，政府仍是唯一投资者，铁道部代表国家收取基金，与市场经济下先缴税后分配利润的通用规则不符合。市场经济下利润、税金截然分开。而目前这种不符合市场经济的做法，是难以调动积极性的。

另外铁路建设资金的一部分来源于国家开发银行贷款，同样会产生新的问题，其中之一就是利息的支付。对于运输企业来讲，贷款导致成本增加，成本增加又导致贷款增加，贷款增加又导致成本上升，形成恶性循环。铁路全行业亏损的原因相当复杂，既有铁路自身的原因，也有体制原因。区分开投资和贷款对分清铁路亏损原因也是有利的。

现在铁路建设相当一部分通过贷款去完成，这使铁路一投入运营就注定亏损。现在铁路建设贷款的比例相当大，约占整个投资的 1/3，建设基金的收取，一方面是变相提价，导致铁路企业失去了客户，难以摆脱困境，另一方面建设资金的收取占用了铁路的价格空间，使铁路企业在低于成本的运价下运营，连年亏损，无法还贷。

二是要明确多元投资主体，进行公司制改造，筹集资金。可以允许多方筹集资金办铁路，包括吸引国内外的资金。广深铁路股份有限公司在香港上市，就有境外投资者介入。铁路作为国家的基础设施，政府可以作为投资者，但也应该是多元投资。另外，政府要有明确的铁路产业准入政策，在一定的条件下，应放松对其他投资主体的准入限制，并采取有效措施，吸引各方面的投资者，包括私人投资者、社会法人投资者以及国外的投资者（也可以是外资独资修建铁路），来参与我国的铁路建设。政府不要成为铁路运输企业的单一投资者，而应既作为铁路的投资者，又作为铁路建设的促进者，吸引更多的投资者。这样有利于铁路的发展，有利于解决资金不足的问题，对铁路建设来说，效果更好。

三是要分析国际资本参与铁路投资的动向。如美国铁路资本等参与投资的条件是：允许私人直接进入国际资本市场；有明确的铁路产业准入政策；以股份公司为主体；制定合理的符合市场经济规律的管制铁路政策。

四是要突破一些观念上的障碍。按照多元投资主体对铁路运输企业改制后，融资渠道就比较多，通过直接融资和间接融资，铁路建设就能加快，最终受益者是政府，并能带动国民经济的发展。因此需要突破一些观念上的障碍。一要突破计划经济的思维方式，按照市场经济的思维方式来改革铁路；二要重视铁路运输企业的利益，运输企业既然是法人主体，就只能用经济手段而不能用行政方式来进行利益调整。

对于引入外资或私人资本建设铁路，比较敏感的问题是在非常情况下如何保证国家对铁路运输企业的控制权。对此，在不同的情况下，国家对铁路的管理可以发生相应的变化。以美国为例，早在1828年，美国允许私人兴建、经营铁路，1861—1865年南北战争以后，美国政府通过赠与土地、减免税收和其他的投资方式，促进了铁路建设。从19世纪70年代到20世纪初，美国又通过股份制的形式，从国内外筹集资金建设铁路，促进了铁路的发展。到20世纪初，美国的铁路里程达到40万公里，其中1850—1910年这段时间就建设了37万公里铁路，每年达6 000公里。第一次世界大战期间，美国政府宣布接管铁路，并承诺保护各铁路公司的财产。在接管期间，按过去三年收益的平均值给铁路公司股东分红，并承担接管期间铁路的维修、设备更新等费用。战争结束以后，政府又把铁路移交给各铁路公司，尽管接管的三年期间，铁路经营是亏损的，但铁路在战争期间充分发挥了国防作用。

总而言之，铁路运输企业进行公司制改造，应该朝着多元投资主体的方向发展，主要形式为有限责任公司和股份有限公司，如果条件具备，也可以在境内外上市，国有独资只在必要的时候采用，不过现在看来已没有太大的作用。多个投资主体的存在，有利于解决铁路建设资金的不足，分担风险，促进铁路建设的发展；有利于转化铁路运输企业的竞争机制，使其能够真正参与到市场竞争中去；有利于铁路投资体制的改革，做到政企分开。

记者：铁路公司制改造将会牵涉许多层面，具体而言需要进行哪些方面的改革?

邓教授：一是要做到政企分开。将有关政府的职能从铁路企业中分离出去。

二是要做到政资分开，也就是管理国有资产的机构和经营国有资产的机构要分开。目前铁道部、铁路局和铁路分局这些既带有政府职能又带有行业管理职能的机构就面临改革，以适应政企分开和政资分开的要求。但无论怎样改都要有一个对铁路国有资产负责的机构，这是一个非常重要的问题。

三是投资和贷款要分开。投资者是以股东的形式出现，对于投资者来说盈利和风险并存。投资成立的股份公司，即铁路运输企业，就是市场主体。它有权去举债、去贷款。国外铁路建设，一般都要有50% 的资本金，然后才能借贷，铁路运营以后就要还贷。

四是要改革现有铁路建设基金制度。在原有体制下，采用铁路建设基金制度是有成效的，确实发挥了很大的作用，但它的有效性依赖的基础是“政企合一”的体制。因此，铁路要进行市场化的改革，必须改革现在的铁路建设基金制度。铁路建设不能光靠铁路企业自身的积累，铁路要大发展，不能仅用一条运营铁路的盈利来投资另一条铁路。

五是要加强铁路系统内部的资金管理，强化铁路自身资金流通的功能。作为一个企业，铁路运输企业的财务管理应该改进。财务管理的基本功能有三：筹集资金、运用资金和控制资金，这里就涉及一系列的管理、服务等工作要做。现在铁路企业一方面资金很紧，另一方面资金利用浪费也很大。

记者：铁路行业的改革需要铁路企业自身锐意进取，但也离不开方方面面的支持。请您着重谈谈政府对铁路的政策问题。

邓教授：政府对铁路管制的核心问题是运价的管制，运价直接影响到铁路运输企业的收益，影响到铁路的投资回报率，也关系到铁路能否在国际资本市场成功进行融资或集资。应该肯定，铁路是基础设施，国家应该对其运价进行管制，国外也都是采取这种做法。但是，铁路要筹集资金，必须处理好投资回报率这个现实问题，而投资回报率的直接影响因素之一是运价。政府如果规定了铁路的运价，同时就应该承诺一定的投资回报率。总体来说，应该改变这种硬性管制的政策，在一定范围内规定限价，给铁路企业一定的定价权，也就是在一定的范围内，采取与市场经济体制相适应的、更为灵活的运价管制政策。

针对铁路项目投资大，投资回报期比较长的特点，国家应该给铁路企业一些必要的支持。这些支持包括赠与土地，并授予相应的开发经营权。通过铁路企业对这些土地的经营开发，提高土地的综合利用效率，带动铁路沿线经济的发展。

因为铁路还有一定的公益性的特点，所以铁路在一些情况下要承担一定的社会义务，比如救灾运输、军队运输、支农运输等。这些低于成本的运输，国家财政应当给予适当的补贴。

记者：现代企业制度可以说是一个制度集合，那么铁路企业在公司制改造中应进行哪些制度性建设？

邓教授：一是产权制度建设。主要是两项制度：第一项制度是股东制度。股东制度就是要明确谁是股东，谁是投资者。股东的权利和义务应该是对等的，比如股东的分红权、投票权、转移权和对铁路公司承担的责任应该是对等的。另外，多个股东之间的关系应该是平等的。第二项制度是企业法人产权制度。铁路运输公司是法人，拥有法人财产自主权。多个股东出资，组成一个铁路公司，铁路公司的财产是法人的统一财产。而作为铁路局来说，特别希望拥有财产支配权。

二是组织制度建设。国有铁路企业改为公司制企业后，其组织制度建设包括如下内容：第一，铁路公司内部的组织结构要理顺。最重要的一条，铁路公司是法人，内部的单位不是法人。这就要处理好铁路公司和内部单位的关系，主要是处理好集权和分权的关系，哪些权限集中在铁路公司这个法人总部，哪些权限分散在法人内部的各个单位。内部各个单位不管叫分局、分公司还是叫站段，都不是法人，这是铁路公司组织结构的一条基本制度。铁路公司是个利益体，不存在行政关系。不是像我们现在这种体制，铁道部管铁路局，铁路局管铁路分局。铁道部与铁路局的关系是利益关系，而目前改来改去铁道部实质上仍是个大利益体，通过清算办法和高度统一指挥，把各局、分局的收入都“圈”进来，这还是军事化调拨制度，基层单位是没有积极性的。第二，铁路公司组织机构要理顺完善。以铁路股份公司为例，主要处理好股东、董事、经理三者的关系。体现在铁路公司组织机构建设上，主要是建立三类机构：第一类是股东大会，这是铁路股份有限公司最高的权力和决策机构。要发挥股东大会的作用，要有组织制度保证，否则无人来投资。第二类是董事会。董事会应该由股东大会选举，它负责两件事：一是法人财产支配权，因为股东出资，形成了铁路公司的财产，董事会代表法人；二是对铁路公司重大运营决策作出反应，并起决定作用。董事会要保证其决策能够执行，不能违背股东大会的决议。为保证其决策能够执行，还要聘任经理，负责铁路公司日常工作指导。第三类是监事（会）机构，保证铁路公司运行符合国家法律，贯彻政府的政策，能够反映投资者的利益，能够维护铁路职工的利益。

三是管理制度建设。包括两方面内容：一方面，铁路公司管理工作的目标是开拓市场，扩大市场，提高市场竞争力。这一点跟过去不同，过去铁路公司要对上级负责，完成上级布置的运输任务。另一方面，对现在的铁路公司的管理工作要改进。现在铁路公司的管理跟不上市场用户的需求，跟不上科技的进步，跟不上信息时代以及知识经济时代的要求。虽然这些年铁路行业在这方面有所改进，但步伐不大，且缺乏制度性建设。

（原载《铁道经济研究》，1999（3），记者：晓宇、盛明、铁晶）

● 走出建立现代企业制度的几个误区

——访著名学者、中国人民大学工商管理学院博士生导师邓荣霖教授

早在1993年11月召开的党的十四届三中全会作出的《中共中央关于建立社会主义市场经济体制若干问题的决定》中就明确提出：建立现代企业制度，是发展社会化大生产和市场经济的必然要求，是我国国有企业改革的方向。江泽民总书记在党的十五大报告中重申了“建立现代企业制度是国有企业改革的方向。要按照‘产权清晰、权责明确、政企分开、管理科学’的要求，对国有大中型企业实行规范的公司制改革，使企业成为适应市场的法人实体和竞争主体”。从1995年6月国务院确定百户现代企业制度试点开始，迄今已四年多了，全国企业建立现代企业制度进展如何呢？从总体来看，成绩不小，但从中央和人民群众希望建立的真正的名副其实的现代企业制度看，差距还很大。为什么在理想和现实之间出现如此大的差距呢？最近，记者采访了率先参加国务院现代企业制度调研组、从60年代就开始研究公司制度的中国人民大学工商管理学院博士生导师邓荣霖教授。

走过场、图形式是建立现代企业制度的第一个误区

记者：您是研究现代公司制度的专家，中央已经三令五申要建立现代企业制度，并把对国有企业实施规范性的公司制改组作为改革的方向，为什么在改制中出现欲速不达或改制后国有企业效益仍不见转机呢？

邓荣霖：我先举个例子，最近我去了一个地区，刚刚宣布已经基本建立现代企业制度，还向上报了文件。但我一看，那里的企业问题一大堆，根本就没有建立起现代企业制度。该地区为什么敢于宣布基本上建立起了现代企业制度呢？我认为主要是走过场、图形式。中国搞了几十年的计划经济，计划经济的最大特点就是形式主义的经济，一级对一级，只要把上一级主管部门应付过去，一切就安然无事了。但市场经济不同，市场经济是讲求实效的经济，讲求实实在在的效果。去年我到日本参加一个国际学术会议，顺便去了松下公司。松下公司总部也到下属各部门去检查工作，但是检查者从来不是靠听取部门经理汇报，而是先去看材料仓库，原料是不是积压，原料积压就意味着流动资金不畅；接着看成品库，你的产品是不是卖出去了。如果积压必然有问题，要么就是不畅销，要么是其他问题。松下公司是从效果、结果反过来看工作，而我们习惯于看过程就够了。只注意听汇报，看过程，因而容易走过场。用计划经济的形式主义搞现代企业制度改革只能是自欺欺人。因此，国有企业不能起死回生不能埋怨现代企业制度不灵，而是从根上没有按规范的公司制企业运作。

对现代企业制度认识不清是建立现代企业制度的第二个误区

记者：您说的“走过场”确实是事实，但为什么会出现“走过场”现象呢?

邓荣霖：“走过场”首先是个态度问题，为了应付上级检查，急功近利，加上我们现在对政府官员业绩考核也不够科学，涉及政治体制改革。另外还有对现代企业制度本身的认识问题。至少对现代企业制度的含义概念没有真正弄清楚。从客观上分析，我们搞现代企业制度不是先学好了再搞，而是先发文件，先搞起来再说。什么是现代企业制度?现代企业制度是以公司制为主体，是市场经济体制的基本成分。而什么是公司，至今很多人并没有弄清楚。我说公司至少有以下特征。

第一，公司是企业，是以营利为目的的经济组织，而非政府的附属机构，公司不承担政府行政职能。我最近到浙江某地看到一块牌子，什么轻工业总公司，旁边还有一块牌子，什么轻工局，据说是一套机构（班子）两块牌子，说它是公司它不是，说它是政府机构也不像，这种“两不像”最终要垮掉。公司也不是行业协会，不是行业组织，公司不承担行业管理职能，公司也不是社会团体组织和社会福利组织。公司本身是个利益体，不是慈善机构，更不是扶贫组织。

第二，公司是法人。具有法人的三大特征：一是拥有独立支配法人财产的权力；二是享有民事活动的权利，公司民事权益受到损害，有权进行控告；三是有承担民事活动的义务。因此，公司是法人意味着公司组织在法律上的人格化，虽然公司有千万个人，但法律上把它看成一个人。公司和国有企业的区别至少有四点：一是公司是真正的法人企业，而国有企业不是真正意义上的法人企业，只是名义法人企业，只具有自然人企业的特征；二是公司有明确的资本金，但国有企业没有明确的资本金；三是公司以其法人财产对债权人负责，公司的债权债务是清楚的，公司以其法人财产为限来承担责任，一旦不能承担责任就会破产，而国有企业因为有国家对其承担无限责任，债权债务关系不清，因此对国有企业进行公司制改造，就是一场脱胎换骨的改革；四是公司作为真正法人制度，必须建立董事会制度，建立法人治理结构，而国有企业是人治的，厂长负责制既可以负责也可以不负责。

第三，公司是联合体。它是两人或两人以上集资联合组成的经济实体。组成公司后，原来的人的法律主体资格就消失了，法律只承认公司是法人；集资联合组成公司之后的财产，是公司法人的统一财产，不再是原来出资者的单个财产，这是公司与合伙企业的本质区别。讲公司是联合体，一是应为经济实体，公司不能只挂个牌子，什么事都不干；二是公司是经济联合组织的一种形式，不是经济联合组织的全部形式。目前社会上出现的横向、纵向经济联合体不能称为公司，公司必须是紧密型联合，是高级经济联合组织形式，但也不要排除那些初级型、松散型的联合。

第四，公司与企业集团的关系。它们之间既有联系，也有区别。企业集团是以母公司为核心的包括子公司在内的经济联合组织，只有先办好公司，才能办好企业集团。公司是一个企业，企业集团是多个企业的联合，所以企业集团本身不是一个企业，不是离开母、子公司去单独搭一套班子来管母、子公司，这是背离企业集团原理的。总之，对公司的一些基本概念和原理尚未弄清楚，而盲目地建立现代企业制度，其公司的规范程度和质量就可想而知了。

过多地改为国有独资公司是建立现代企业制度的第三个误区

记者：国有企业实行公司制改造有多种形式，有的改为有限责任公司，有的改为股份有限公司，有的改为国有独资公司，还有的改为股份合作制的。在国有企业改成公司的形式上，您认为是否有失误的地方？

邓荣霖：在国有企业改制形式的选择上最大的失误是过多地改为国有独资公司，这也是导致现代企业制度走过场的重要原因之一。现在抓的100家试点企业，就有83家改为独资公司。所谓独资公司，就是只有一个股东。现在国有企业产权不清，就是因为是单一股东，如果把单一股东的国有企业——工厂、商店改为一个国有独资公司，它照样产权不清，旧的产权机制仍然转变不了。因此，群众戏称为"穿新鞋走老路""换汤不换药"。有的国有企业虽然没有改成独资公司，而是改为有限责任公司或股份有限公司，但是国有企业资本仍占到80%以上，股东没有相应分散，仍由国企代表说了算，仍然达不到转变机制、政企分开的目的。

公司组织机构形同虚设和职责不明是建立现代企业制度的第四个误区

记者：据我观察，现在所谓的已经基本建立现代企业制度的地方，要说走过场，最大的过场是公司治理法人制度没有落实，不知您有何看法。

邓荣霖：你说对了，建立现代企业制度，建立健全的科学的公司机构是关键。人们之所以说那些宣布基本建立起了现代企业制度，或虽未宣布，但也自认为进行了改制的企业为“走过场”，也主要是反映在公司组织机构形同虚设或相互职责仍然不清方面。公司组织机构主要是决策机构、执行机构、监督机构三大块。决策机构有两种：一是股东会和股东大会，是最高决策机构，也是最高权力机构。公司没有主管部门，公司自己做决策，股东自己做决定，召开股东会、股东大会。二是董事会，是常设决策机构，董事会对股东会、股东大会而言是执行机构，但就整个公司来说，董事会属于决策层，总经理属于执行层。股东会与董事会的关系是委托信任关系，而不是领导与被领导关系。董事会决策的基本原则是集体决策、民主决策。董事会里董事长与副董事长之间的关系是平等关系，关键时刻多一票的关系，不是领导与被领导关系。董事长是主持董事会，不是领导董事，他的原则是少数服从多数。执行机构要单独设置，保证决策机构的独立性，决策机构集中力量去决策。执行机构就是执行决策机构的决策，贯彻要有力。执行机构实行个人负责制，不能搞集体负责制。这里的个人负责制是指以总经理为首的一个指挥系统，不是指总经理一人说了算。总经理与董事会是委托代理关系，代理行使公司日常的经营权。为此，公司的权力经过两次分离，一次是股东与董事的分离，一次是董事与经理的分离，这是一种机制，权力既相互约束又相互协调。监督机构有股东会产生的监事会，还有党委、工会组织等，也要发挥作用。股东会、董事会、经理层、监事会之间是相互协调又相互制约的关系。现在的情况是，有些所谓建立了现代企业制度的企业长年不召开股东会，原来的党委书记、厂长（经理）摇身一变成了董事长、总经理。董事长也不是由股东大会选举产生，而是由上级组织部门任命，总经理也不是由董事长提名经股东会批准而是由上级提名。加上董事会中非股东董事太少，真正懂经济管理的人太少，董事会结构不合理，也影响董事会的质量，进而影响公司的决策水平与管理水平。如果公司的法人治理结构不能按规范化的公司制运作，它们之间的权责不清，这和传统国有企业领导体制有什么两样？总之，产权是前提，组织是保证，管理是基础。现在企业改革的任务主要是两个：一是把传统国有企业制度改造为公司制度；二是把近几年建立起来的一些不规范的公司进行规范化改造。

记者：感谢邓教授抽出宝贵时间接受采访。

（原载《经济师》，1999（9），特约记者：李启明）

● 独立董事：要么打破“内部人控制”，要么成为“新一代摆设”

在今年 4 月召开的全国企业改革与管理工作会议上，国家经贸委明确提出今后要在大型公司制企业中逐步建立独立董事制度。独立董事的到来能解开国企改革中的一些死结吗？

记者：对目前正在提倡的独立董事制度，许多人寄予很大的希望。您对目前兴起的争聘独立董事的风气怎么看？

邓荣霖（中国人民大学工商管理学院教授，博士生导师）：总体来看，形势喜人，作用有限。形势喜人，是因为国内从经贸委到众多企业，上上下下都认识到了独立董事在完善企业法人治理结构中的重要作用，并积极行动起来，引进“外脑”改善和提高董事会的质量。这与以往只注意“两权分离”而不注重提高董事素质相比是一个很大的进步，确实可喜可贺。作用有限，是因为现代企业制度建设在我国起步时间不长，企业尤其是国有企业法人治理结构尚不健全，国有资产所有者空位问题仍未解决，现有人事制度下形成的“新三会”与“老三会”相互牵制的矛盾依然存在，在这种情况下，光靠引进一两位外部董事就能改变企业现状的想法是不现实的，搞得不好，独立董事可能成为新的摆设。

记者：如果说对国有企业而言独立董事作用尚有限，那么对民营企业和股权明晰的股份制企业作用又如何呢？

邓荣霖：对于纯粹的民营企业而言，独立董事的作用是显而易见的。这些企业花自家钱请外人不是来摆谱、装点门面的，而是要真真实实地借助人家的信息、知识、智力来为自家企业发展服务的；对于股份制企业，要具体情况具体分析，如果股东持股比例合理，公司章程中责、权、利明确，不存在大股东操纵的现象，那么应聘而来的独立董事的作用也会比较明显，因为他们的意见与建议会比较完全地体现于公司决策中，从而起到应该起到的作用。

记者：您能具体谈谈目前影响独立董事发挥作用的因素有哪些吗？

邓荣霖：就我国企业的现状来看，影响独立董事发挥作用的因素主要有以下几个方面：首先，有些企业尤其是国企集体决策机制不完善，决策层和经营层交叉重叠形成“内部人控制”，从而使外部董事的话不起作用；其次，在部分股份制企业里，由于股本结构不合理，容易出现大股东操纵现象，从而使外部董事摸不到企业实际情况，从而无法提出合理化建议；最后，有些独立董事对参与企业决策的职能认识不够，思想认识还停留在原先的企业顾问的思维模式上，对企业的发展关心不够，也就提不出什么真知灼见。

记者：对一般企业来说，花钱请外部董事，除了改善董事会自身形象外，总体上还是真心诚意请专家们来指点的。为了不辜负这些企业的苦心，真正发挥独立董事的作用，您认为企业应该加强哪些方面的建设呢？

邓荣霖：主要是加强制度化建设，将设立独立董事作为一项制度固定下来，明确聘任标准及参与决策程序，强化激励约束机制，真正做到企业花了钱能请到“高人”，让独立董事拿了人家的钱能尽职尽责。

记者：我们在谈到发挥独立董事的作用时，更多地强调了企业和专家双方各自的主客观因素，没有考虑内外部董事合作中出现的情况。假如出现外部董事与内部董事相互勾结从而损害其他股东利益的现象该怎么办？

邓荣霖：这种情况不能说没有，但估计很少。因为能荣膺独立董事的，大都是知名人士、专家权威，在当前更是这样，可以相信这些人还是很珍视自己的名声与信誉的。当然，如果出现上述内外勾结情况，给企业造成重大损失，一旦查实，不管是内董还是外董，都是要负法律责任的。但要从根本上杜绝这种现象，还是要从制度建设上着手，尤其是完善激励制约机制，强化独立董事的责任心。

（原载《中国经济快讯》，2000（24））

图书在版编目（CIP）数据

论公司 / 邓荣霖著 . —北京：中国人民大学出版社，2019.10
ISBN 978-7-300-27400-3

Ⅰ. ①论… Ⅱ. ①邓… Ⅲ. ①公司 - 企业管理 - 文集 Ⅳ. ① F276.6

中国版本图书馆 CIP 数据核字（2019）第 190604 号

论 公 司
邓荣霖　著
Lun Gongsi

出版发行	中国人民大学出版社		
社　　址	北京中关村大街 31 号	**邮政编码**	100080
电　　话	010–62511242（总编室）		010–62511770（质管部）
	010–82501766（邮购部）		010–62514148（门市部）
	010–62515195（发行公司）		010–62515275（盗版举报）
网　　址	http://www.crup.com.cn		
经　　销	新华书店		
印　　刷	涿州市星河印刷有限公司		
规　　格	160mm × 230mm　16 开本	**版　　次**	2019 年 10 月第 1 版
印　　张	25.25　插页 5	**印　　次**	2020 年 2 月第 2 次印刷
字　　数	314 000	**定　　价**	80.00 元